国家社科基金
后期资助项目
GUOJIA SHEKE JIJIN HOUQI ZIZHU XIANGMU

本雅明历史哲学思想研究

On Benjamin's Historical Philosophy

纪逗 著

中国社会科学出版社

图书在版编目（CIP）数据

本雅明历史哲学思想研究／纪逗著. —北京：中国社会科学出版社，2022.11
ISBN 978 - 7 - 5227 - 0385 - 5

Ⅰ. ①本… Ⅱ. ①纪… Ⅲ. ①本亚明（Benjamin，Walter
1892 - 1940）—历史哲学—哲学思想—研究 Ⅳ. ①B516.59

中国版本图书馆 CIP 数据核字（2022）第 174961 号

出 版 人 赵剑英
责任编辑 冯春凤
责任校对 张爱华
责任印制 李寡寡

出　　　版 中国社会科学出版社
社　　　址 北京鼓楼西大街甲 158 号
邮　　　编 100720
网　　　址 http://www.csspw.cn
发 行 部 010 - 84083685
门 市 部 010 - 84029450
经　　　销 新华书店及其他书店

印刷装订 北京君升印刷有限公司
版　　　次 2022 年 11 月第 1 版
印　　　次 2022 年 11 月第 1 次印刷

开　　　本 710×1000 1/16
印　　　张 12.25
插　　　页 2
字　　　数 230 千字
定　　　价 76.00 元

国家社科基金后期资助项目

出 版 说 明

    后期资助项目是国家社科基金设立的一类重要项目，旨在鼓励广大社科研究者潜心治学，支持基础研究多出优秀成果。它是经过严格评审，从接近完成的科研成果中遴选立项的。为扩大后期资助项目的影响，更好地推动学术发展，促进成果转化，全国哲学社会科学工作办公室按照"统一设计、统一标识、统一版式、形成系列"的总体要求，组织出版国家社科基金后期资助项目成果。

全国哲学社会科学工作办公室

目　　录

导论　走出苦难历史的现实途径

在马克思看来，人类文明史绵延数千年，直到他所生活的时代即资本主义时代，人类依然没有进入真正的生存状态。"自由人联合体"思想是马克思面向未来解放给出的承诺，兑现这个承诺依然是当下人类精神必须面对的时代课题。20 世纪末苏联解体和东欧剧变再次使这一承诺落空，可以说"20 世纪末，一个政治弥赛亚主义在自身的制度化进程之中断裂了。马克思对未来的承诺，被极权主义挪用和吞噬。人们怀着拯救承诺的愿望，对马克思文本的继承问题开始了新的探索"。① 在资本主义全球化蔓延和社会主义处于低潮的今天，我们再次面对马克思解放诺言的现实化问题，同时也把马克思的解放诺言与历史中苦难记忆的关系再一次提出来。

20 世纪后期，本雅明的著作重新受到人们的关注，绝非偶然。他的星座、碎片概念对形而上学理论体系的拒绝，他对过去经验的重视，以及他对语言符号差异性和意义关系的论述，无疑都与今天的哲学具有某种相同性，尤其是他的历史和时间意识，他在艰难时期对马克思主义的坚守，更是与这个时代有某种巧合。"冷战"结束之后，自由主义把社会主义运动的低潮看成是共产主义的终结，断定政治和历史已经终结，自由民主制度被视为人类社会最后、最理想的组织形式。面对现实中资本主义的扩张和资本主义发展的新形态，面对战争和世界贫困，人们不得不反思，历史因为自由民主制的扩张终结了吗？什么是历史，我们需要什么样的历史意识和政治观念？正因为本雅明的著作完成于 19 世纪前期那同样令人悲观的时刻，他敏锐的历史意识和富有启发性的关于过去、未来的时间观念才倍受当代思想界的青睐。本雅明的历史和时间意识，是我们这个时代认识自己的现实和未来的重要理论资源。

---

① ［加拿大］弗莱切：《记忆的承诺：马克思、本雅明、德里达的历史与政治》，华东师范大学出版社 2009 年版，第 13 页。

本雅明生前那些艰涩的文字，死后成了西方思想界的珍贵"启迪"，影响了诸多领域的知名人物；在世时寂寂无名、四处碰壁的这位边缘人，死后终于饱受赞誉，被各派视为知识分子的偶像。现代主义者苏珊·桑塔格（Susan Sontag）不无惋惜地称本雅明为"欧洲最后的知识分子"。本雅明思想中的犹太神学、西方哲学和马克思主义曾经令后人难以分辨他的哲学是犹太神学还是马克思主义，他与索勒姆、阿多诺、布莱希特寥寥几位人物的来往曾经为他的思想蒙上了一层神秘的面纱。

瓦尔特·本雅明（Walter Benjamin）1892 年生于德国柏林一个犹太富商的家庭。在中学时代，本雅明受到古斯塔夫·维内肯（Gustar Wyneken）"反独裁"、"回归自然"的教育思想的影响。本雅明曾经把他与维内肯的相遇说成是他早年"精神方面有决定性的事件"。他在进入大学后，狂热地参加以新教育、新生活为宗旨的青年运动。后来，当维内肯怂恿他的追随者参加第一次世界大战时，本雅明便与他的这位"精神导师"分道扬镳了。同样对本雅明起过精神启迪作用的还有乔治·西美尔（Georg Simmel），在柏林进修哲学期间，本雅明听过他的讲座。1912 年，本雅明第一次接触到犹太复国主义，但他对这种"宗教"或者说"民族情绪"持保留态度。本雅明一生也没有认同他自己的犹太血统，正像他写给路德维希·斯特劳斯（Ludwig Slrauss）的信中所说，他享受的是"自由的教化"。1919 年，本雅明完成博士毕业论文《德国浪漫主义艺术批评概念》，与家庭的关系也最终宣告破裂。本雅明开始了卖文为生的生涯，1925 年他以《德国悲剧的起源》这一论文申请法兰克福大学美学研究方面的讲师职位，结果被驳回。本雅明获得博士学位后，就开始四处碰壁。柏林、海德堡、基尔本以及法兰克福，这四所大学无一例外地拒绝了他，甚至在法兰克福学派的研究所，他也一直是个边缘人物。这些事实和本雅明本人的学术水平及所作的努力关系不大，它背后是学术理念的冲突。

从 1925 年到 1933 年间，本雅明一直是个自由撰稿人的角色。1926 年年底到 1927 年年初，本雅明造访了"红色之都"莫斯科，除了私人原因外，主要是考察自己加入苏共的可能性，结果他放弃了。本雅明成为一个现实意义上的"流亡者"是在 1933 年，纳粹在德国上台，本雅明流亡法国巴黎。从 1933 年到 1940 年这 8 年间，他在巴黎和西班牙、丹麦、意大利等地逃避残酷的政治迫害。其间开始了他著名的"19 世纪的巴黎"的研究。本雅明试图以一种开放的方式来表现整个 19 世纪西方资本主义社会的虚幻性，但这个宏大的工程并未完成。1940 年 9 月 26 日，在纳粹占领巴黎后，本雅明被迫逃亡西班牙，在法西边境被困最终自杀身亡。

本雅明一生的重要著述包括：《论总体语言和人的语言》（1916）、《未来哲学纲要》（1918）、《德国浪漫主义中的艺术批评概念》（1920）、《神学——政治片断》（1920—1921）、《暴力批判》（1920—1921）、《翻译者的任务》（1921）、《论〈亲和力〉》（1921—1922）、《德国悲剧的起源》（1924—1925）、《单向街》（1925）、《莫斯科日记》（1926—1927）、《超现实主义》（1928）、《卡尔·克劳斯》（1130—1931）、《什么是史诗剧》（1931）、《柏林纪事》（1932）、《弗朗茨·卡夫卡》（1934）、《作为生产者的作者》（1934）、《机械复制时代的艺术作品》（1935）、《讲故事的人——尼古拉·列斯科夫作品随想录》（1936）、《爱德华·福克斯：收藏家和历史学家》（1937）、《波德莱尔笔下的第二帝国的巴黎》（1938）、《论波德莱尔的几个主题》（1939）、《历史哲学论纲》（1940）。

20世纪前期欧洲的黑暗时代和社会主义运动的低潮，使本雅明痛感历史和时间观念在无产阶级革命意识中的重要性。他借用犹太神秘主义中的弥赛亚观念，重新阐发了马克思历史唯物主义中共产主义运动的现实性。在他看来，历史不是历史主义所认为的是过去的客观事实堆积而成，建立在过去、现在和未来空洞的线性时间链条上；同样，历史时间也不是庸俗马克思主义所认为的是连续和均匀流逝的物理时间。社会历史的发展并不是不可打破的连续线性阶段构成的，共产主义社会不是未来的某一时刻开始的人类社会发展阶段，正如马克思所说共产主义是现实运动。连续的、线性的社会历史是压迫者构造的历史，它试图抹去受压迫者的苦难，真正的历史恰恰应该打断这一线性进程。未来作为人的解放并不是单纯的理想，而是应该随时成为当下人类解放的意识和政治实践；过去并不是线性积累的一个环节，它是承载着受难者解放希望的碎片，这些希望应该从线性历史的废墟中拯救出来，革命的意识应该把过去与未来连接于每一个可能打断线性历史的"当下"时机中。

本雅明对现代性进行的救赎式批判，不仅对当下资本主义发展的新现实具有深刻的批判性，同时也为新时代中国特色社会主义建设超越西方现代性问题，探索一条独特的、具有世界历史意义的现代化之路，开启人类文明新形态提供了深刻启示。

一 人类历史的终结还是"意识形态历史"的终结

"冷战"结束之后，"历史终结论"成为国际政治领域一个热门的话题，福山的《历史的终结？》在全球范围内引起了人们的广泛关注和讨论。福山进一步在其颇受争议的著作《历史的终结和最后的人》中，从理论上论证了资本主义自由民主制度终结历史的可能性。在福山看来，自由民主制度作为一种政体不仅在现实中已经战胜了与之相竞争的各种意识形态，例如，世袭的君主制、法西斯主义和共产主义，而且，与这些意识形态相比，它是人类最好的一种统治形式。自由民主制度是人类政治意识形态所能够想象出来的最完善的制度，人类在理论上不可能再构想出更高的社会政治组织形式，这就是福山所谓的"历史终结"。可以看出，福山是通过对资本主义自由民主制度和其他意识形态的比较中得出的结论，自由民主制度理念已无需改善，它是解决人类社会秩序问题的最佳秩序方案。人类已经达到政治理论制度的终点，人类历史虽然还将持续存在，但在本质上不会再有阶段性的进步和变化。

福山的历史终结论，在 20 世纪 80 年代苏联和东欧剧变之后的几年中，赢得了许多的追随者，但是很快越来越多的反对声音从各种思想阵营中发出，德里达便是反对阵营中的一员。在《马克思的幽灵——债务国家、哀悼活动和新国际》一书中，德里达针对福山所宣扬的"历史终结论"给予了针锋相对的回应。德里达尖锐地指出，自由民主制度与其所批判和已经解体的某种"马克思主义"和"社会主义"的现实形态具有本质上的一致性，都是作为一种文化假设和意识形态。自由民主制度在根基上是建立在有限的政治和正义基础上，作为一种以资产阶级利益为重的意识形态，从发展趋势上看不可能解决人类面临的重大问题。因此，历史不会因为自由民主制度而走向终结，相反，作为一种意识形态，它和某种形式的"社会主义"和"马克思主义"将面临同样的命运即必然被解构。而构成对于任何一种意识形态解构力量的，正是蕴含在历史中的正义力量，在德里达看来，这种正义力量就包含在马克思的共产主义解放诺言中。这种解放表现为"人的本质的真正占有"和"人向自身、向社会的即合乎人性的人的复归"，当历史中的这种正义力量还没有成为人类生存的现实状态时，它便以"幽灵"的形式存在于我们中间并时刻纠缠着我们。在德里达看来，马克思关于未来社会的解放承诺，不是一种将来时的社会理想，它就像无法驱除和视而不见的历史魔鬼伴随着我们，"它们必定会继续纠缠着我们，除非我们寻找到跟它们和平共处的办法——就像在马克思的'幽灵'（共产主义从它出现之时起就一直是这样的一个幽灵）这个引人注目的例子中一样"。① 因此，马克思主义不但不会像福山等人所说的那样，已经退出历史舞台和不再有效用，相反，它作为存在于历史

---

① ［英］斯图亚特·西姆：《德里达与历史的终结》，北京大学出版社 2005 年版，第82 页。

中的不可解构的正义力量，会对一切作为意识形态的历史构成威胁，包括某种特定的对待马克思的态度。德里达坚持说，所谓历史的终结或马克思主义的终结，不过是某种特定的历史概念和对待马克思的某种态度的终结，这种历史观念本身和现实形态作为一种意识形态，从世界历史自身发展的逻辑来看，被解构是必然的。德里达认为，马克思主义作为一种正义的和批判的精神和现实实践，只要人与自然、人与人、人与历史的对立和矛盾还没有解决，就不可能退出历史舞台。因此，德里达认为我们"不能没有马克思，没有马克思，没有对马克思的记忆，没有马克思的遗产，也就没有将来：无论如何得有某个马克思，得有他的才华，至少得有他的某种精神"。①

在人类历史上福山并不是唯一宣称"历史终结"的人，很多基督教信徒也曾经不只一次地预言过最后的审判和人类历史的终结，他们这些设想的实质在于，要用超越现实的理想社会关系形式，批判现实并解决人类面临的重大矛盾问题。但是，基督教信徒尽管为我们理解现实存在、政治、历史和正义的内涵留下了丰富遗产，却没有为人类的解放指出一条现实途径。面对以往出现过的各种各样的历史终结论，我们都不得不关注人类社会发展中面临的各种现实困境和冲突。正如德里达在批评福山时指出的，西方自由民主制度并没有实现人类的真正解放，没有给人类和整个世界带来真正的福音，相反，奠基于彻底理性化生产方式之上的自由民主制度，把现代人塑造成"生产机器""欲望机器""经济动物""消费动物"和"原子个体"，任何历史终结论都不得不面对人类的真实生活经验。现代社会面对的现实困境，仍然对自由民主制度提出了巨大的挑战，正如怀特海所言，任何一种关于人类社会划一的福音都是危险的。苏联和东欧某种马克思主义现实形态的瓦解，并不意味着马克思共产主义理论的彻底崩溃，同样也不意味着自由民主理念和资本体系获得了最终的胜利，并且终结了人类解放的可能。马克思人类解放的理想以及在阶级和国家消亡基础上的"自由人的联合体"的观念，仍然为我们思考人的全面发展和真正历史提供了丰富的理论遗产。

二　终结苦难历史的可能性

历史似乎又回到了本雅明生活的 20 世纪前期同样令人悲观的时刻，

---

①　[法] 雅克·德里达：《马克思的幽灵：债务国家、哀悼活动和新国际》，中国人民大学出版社 2008 年版，第 15 页。

面对当时严峻的政治局势和德国社会民主党的进步论信仰以及披着科学外衣的寂静主义末世论，甚至第一个社会主义形态的苏联也停留在历史必然性观念和进步论的幻想中，本雅明对臣服于自然科学已经失去回应人类苦难能力、沦为优胜者的历史编撰学的现代历史观念进行了批判。本雅明要启迪人类的历史觉悟，彻底扭转总是根据胜利者的利益书写的历史，让历史中的苦难重新显现，他努力探寻被虚假历史连续体掩埋起来的历史真实画面。在现代性危机时刻，本雅明对历史和时间观念的重新思考，旨在使历史从暴力循环中解放出来。本雅明对马克思的自由未来与苦难记忆的关系做出的回应，为我们这个时代继承马克思的文本，解决"马克思主义向何处去"这一时代课题，提供了重要的理论资源，同时也开启了马克思主义阐释的崭新维度。

在危机和灾难时代，文化和历史命运问题成为摆在人们面前的时代课题，生活在 20 世纪上半叶欧洲黑暗时代的本雅明，切身感受到西方由传统社会向现代社会演进过程中，人类生存经验变得逐渐贫乏以及资本主义不断走向法西斯集权的过程。在现代性走向危机时刻，作为科学狂欢时代和历史进步论信仰时代的守夜人，本雅明以生命为代价，揭示出现代性不但没有实现人的解放，反而堕入新的野蛮状态。正如尼采批判历史进步论时指出的："人类并没有按照今天所相信的方式，代表一种更完美，更强壮与更高尚的发展。'进步'"仅仅是一种时髦观念，那就是说，一个错误的观念。今天的欧洲较之文艺复兴时的欧洲价值要小得多；向前的发展并不依据任何手段，任何必然性，同样也不依赖于崇高，先进与强大"。①与他同时代的许多思想家不同，本雅明在资本主义纪念碑倒塌之前，就做出了启蒙已经沦为神话的判定。通过对现代性起源的探究，通过 20 世纪的问题在 19 世纪已经露出的端倪进行的经验考察，本雅明试图揭示现代性危机产生的根源，为人类走出苦难历史和实现真正解放，提供真实的精神前提。

对现代性进行救赎式批判构成本雅明历史哲学的内在底蕴，本雅明以一种独特的、与同时代的思想家格格不入的方式，从人类生存经验入手，对现代性展开批判性的考察。现代性带给他的切身体验是："我们变得贫乏了。人类遗产被我们一件件交了出去，常常只以百分之一的价值压在当铺，只为了换取'现实'这一小铜板。经济危机即将来临，紧随其后的

---

① ［德］尼采：《上帝死了——尼采文选》，上海三联书店，1989 年版，第 326 页。

是将要到来的战争的影子"。① 本雅明认为，现代性历史和时间观念切断了与过去和传统的血脉联系，隐藏在过去的原初起源和人类本真生存状态的隐秘种子，不能为现代人辨识，导致现代性切断了重返原初统一生命和历史的通道。本雅明从探究现代性危机产生的认识论根源出发，探究整体性生存经验和历史断裂的根本原因。经过启蒙洗礼的现代理性，试图借助感性经验把知识建立在确定性和真实性基础上，却把人类借以表达完整心灵以及超自然生命的象征性和神圣性的高级经验一并抛弃。现代性认识范式把可以实证的"当前化"和"现实化"的感性经验作为认识的起点，认为可以通过对感性经验的分析和抽象达到对于本质的认识，在本雅明看来，这是一种与其他存在分离的、囿于人的偏见和主体性视域的认识范式。现代理性把本质上作为整体的世界，分裂为"纯粹的现象"和"纯粹的本质"两种异质的存在。把在有限时间和空间中存在的现象，看作是真实的实体，因为与人类最低级层次的感官经验相契合，被当作唯一真实的存在，成为真理的唯一经验来源。在可以直接被人的感官经验吸纳的现象背后，现代理性认为通过逻辑抽象可以归纳出事物的本质。作为整体的存在被人的主观意向性划定的界限，分裂成为现象和本质两种不同质的存在，这种世界观在实质上是现代自然科学世界观，其逻辑基础是形而上学思维范式。在人类主观建构起来的世界图像中，无论是作为现象的存在还是作为本质的存在，都是经过人的主观错觉过滤的、在人为划定的界限内建立起来的世界图景，因此，不可避免地打上了现代理性的狭隘性和主观性的印记。在本雅明看来，现代性认识范式的根本错误在于，隐含于具体事物中不可见的、伴随着事物存在的超越性精神，因为不能被人的感官经验直接捕获，被当作虚假和神秘的东西被排除。"本质原本蕴于其中"的存在本性，在人类主观建构的世界里，有限的、个别的事物因为失去了整体性和统一性的精神内涵，沦为暂时性和过渡性的纯粹事实，丧失了存在的确定性和合法性。与此相对应，蕴含于现象中的精神性存在因为失去了表征自身的现实形式，沦为一种"幽灵"性的存在，以解构人类建构起来的虚假世界的批判性和否定性力量显示出来。正如古希腊的毕达哥拉斯指出的："所以世界上的现象是由两种基本对立的元素——有限和无限相互作用形成的，虽然人们只能对有限（数）有所了解。"② 人作为自然生命体，感觉经验有自身的限度，不能把真理奠基在最低级的感官经验

---

① ［德］瓦尔特·本雅明：《经验与贫乏》，百花文艺出版社 1999 年版 258 页。

② ［英］保罗卡特里奇主编：《剑桥插图古希腊史》，山东画报出版社 2005 年版，第277 页。

上，本雅明认为，只有放弃把人有限的感官经验和狭隘的主体视域作为真理的前提，才能在与世界万物的相互融通中，超越个体有限的视域来领悟世界的辩证统一性和整体性。对于有限性和无限性相互作用形成的世界的把握，需要超越感官经验的界限、具有象征性和神圣性的高级生命经验。本雅明借用犹太神学中的弥赛亚观念来表达存在的辩证统一性，启迪人们从自我主体性的狭隘视域和偏见中超拔出来，换言之，从主体性的僭越中觉醒，对存在的辩证统一性有所把握和领悟。本雅明认为，以往任何时代都没有像现代社会这样，建构起有限与无限之间的截然对立，原本辩证统一的世界在物质—精神，主体—客体，现象—本质，时间—永恒的认识框架中被分裂，无论是自然界还是人类社会，都经历着深刻的分裂和异化。生活在现代社会中的个体猛然发现，自然、他人、社会和历史都变得如此陌生和不可理解，同自己相对抗和敌视，个体的现实生存成为碎片化状态，历史断裂为废墟。本雅明对现代人真实生存状态的呈现，揭示出启蒙重新陷入由人自身建构起来的神秘力量的操控。现代性切断了人与自然和他者之间的血脉联系，已经无法辨认世界原初的整体性和统一性，个体沦为生活在暂时性中、被商品吞没的很难被认出的"大众"，成了受流俗时间规制的"历史性"和"文化性"的动物。在现代社会，一切都可以被复制，没有个体尊严和价值，自然被剥夺了存在的意义，成为人类生存和发展的手段和工具，历史成为建立在过去、现在和未来三个空洞的、匀质的时间链条上的客观事实的不断堆积。

本雅明认为，现代历史观念和历史书写已经成为敌视人类生存实践和精神生活的力量，为统治阶级维护自身权力提供辩护。这种历史观念刻意抹杀被压迫者的历史，导致隐藏在历史中被压迫者未实现的生命诉求，无法得到现实回应。在本雅明看来，现代历史观念已经沦为胜利者维护自身权力的"文化财富"，真正的历史观念必须彻底扭转通过移情于胜利者进行的历史书写，使历史能够呈现被抹去的压迫者曾经遭受的苦难，给予这种苦难以现实回应。这种历史观为当下政治实践提出的迫切任务是打断胜利者建造的虚假的历史连续体，捕获被压迫者历史中隐藏的真理，这是实现人类真正解放必不可少的历史观念。在本雅明看来，只有在历史被打断的裂缝处，才能窥探历史的真实面目，而打断历史连续体的"瞬间"，成为把人类从苦难历史中救赎出来的真正历史时刻。真正的历史时间并非过去、现在和未来的均匀流逝，而是使尚未完结的过去与现在共处，它开启彻底解放的未来维度，"因为这是一幅不可复得的过去的画面，随着每一没有认识到自己就处于其中的现在的到来，这一画面都有消逝的危险。"① 本雅明的历史哲学试图把现代历史观念割裂和遗忘的过去，重新引入人的现实生存中，彻底扭转现代历史观的未来主义趋向，把历史发展的方向从对虚无缥缈的未来的期待，转向隐含着历史起源的过去。在本雅明看来，真正的历史意识是逆向梳理历史，"起源即是目标"，审视历史的视域必须从胜利者转向被压迫者，从对未来的期待转向对真实过去的呈现，把空洞、匀质的连续线性时间，转变为过去、未来在当下共处的弥赛亚式时间，历史的节奏呈现为一系列向过去和起源的辩证跳跃。真正的历史书写应该是对承载着原初起源和人类真实生存状态的历史时刻的记载，而这些历史时刻发生在历史连续体被打断的时刻，在那一刻历史作为一个单子呈现出来，本雅明认为在以单子形式存在的历史事件中包含着整个人类历史。可以说，本雅明的历史哲学是历史学领域的一场哥白尼革命，这种历史观是对虚假的历史连续体的解构，试图弥合被现代性分裂的人类整体性生存经验，拯救历史中带有真理性的碎片。在本雅明看来，人类历史性生存中蕴含着绝对性和永恒性的起源，人类真实的生存状态呈现为时间维度上的历史统一性和空间维度上的世界整体性。一旦人背离这种辩证统一的整体性生存状态，便陷入一种无法逃脱的、背离自身本性的异化生存状态。历史中不断沉积的未实现的弥赛亚诉求——人类真正解放的诉求，对现实实践提出迫切的革命要求，它开启真正未来的可能性。在本雅明看来，"没有比试图根据自然科学的精确模式来解释经验更为糟糕的事情了。这里的关键并不是建立在时间上的因果关联，而是曾经存活于人们记忆中的相关事物"。② 本雅明试图从自然科学的概念系统中拯救真正的历史经验，使历史中蕴含的弥赛亚精神进入人的现实生存实践中，成为一个单子式的"整体经验"。为了恢复被现代社会抛弃的东西，本雅明在现代性废墟中努力挖掘带有真理性的碎片，努力把历史建立在高级经验基础上，使历史的辩证意象呈现出来。历史中蕴含着弥赛亚期待，过去的历史事件都是辩证的，既是由碎片组成的废墟又包含着意义和未实现的诉求，未来就存在于过去和当下人的现实生存中。本雅明从历史遗存中，探寻出未被理性俘获的、有待拯救的意义。历史辩证意象的呈现，首先要打断历史的连续性幻象，历史不是如历史主义所认为的是由发生在过去的连续客观事实构成的，建立在过去、现在和未来三个空洞的线

① ［德］瓦尔特·本雅明：《经验与贫乏》，百花文艺出版社1999年版，第296页。

② Walter Benjamin, Selected Writings, Vol. 2: 1927–1934, ed. Michael W. Jennings, Cambridge, Mass. and London, Belknap Press-Harvard University Press, 1999, p. 553.

性时间链条上。在本雅明看来，在线性历史观和历史目的论基础上开启乌托邦，并没有把握未来与现在和过去的关系，并没有掌握未来的意义，与此相反，未来在过去和现在中的存在，才构成了实践的真正历史意识基础，线性历史观理解的历史只能是由碎片组成的废墟。在现实和历史中隐含的弥赛亚力量，作为一种不可解构的正义力量，不断对人类建构起来的有限政治和历史进行解构，它被本雅明看作是未来解放诺言获得实现的现实力量。

在本雅明看来，现代性是蕴含在人的现实生存中的超越性精神和神圣起源不断被遗忘和衰亡的文化形态，本雅明与这种获胜的现代文明格格不入，他奋起反抗摧残神圣精神的发达的现代物质文明，这使他难逃被迫流亡和死亡的命运。别尔嘉耶夫在《历史的意义》一书中指出："西方一些优秀人物已经感觉到了这种令人窒息的、由于玛门在古老的欧洲获胜、由于宗教文化——神圣的和象征的文化在没有灵魂的、技术的文明中的死亡而引起的忧患。"① 本雅明无疑是这些优秀人物之一，在资本主义鼎盛时期，他判定启蒙已经走向自己的反面——神话。无疑，现代性使人的主体意识成熟起来，但是，却没有真正实现人的主体性自由，相反人再次被网罗在神秘的无形力量之中。旨在追求主体自由获得最大实现的现代启蒙，导致主体性的丧失和生存的异化这样悖论的结局。当人把自身抬高到世界之上，把自身作为唯一的主体，而把其他存在作为与人相对立的客体时，同时从居高临下的主体性视角来审视世界和人类历史时，人便丧失了理解世界的辩证统一性的能力。现代性对于自然的征服，并没有使人接近自然内在的生命和灵魂，相反，使人不断与自然隔绝，再也无法读懂自然的语言和生命的表达。主体性的僭越造成世界整体性的破坏，在破碎的世界和历史中，人的主体性无法获得实现。现代性彻底丧失了文化赖以生存的超越自身限度的精神基础，当把人有限的自然生命无限抬高，成为世界主宰和评价标准之后，应运而生的是争取生命本身的意志，这种意志是享受生命和主宰生命的意志。对于有限的自然生命的强调，使超越自然生命的象征性和超越性就淡出现代人的视野。追求自我强大的现代性却最大程度地灭绝个性，这就是历史的怪诞，也是历史辩证法的证明。现代人的精神生活是贫困的、庸俗的和压抑的，缺少勃勃生机和创造力，它是一种导致死亡的文化，而非展现真正的、高级的生命样态，主体性的僭越导致的正是主体性的丧失。现代性的发展过程是与超越性和神圣性割裂，瓦解文化的

---

① ［俄］别尔嘉耶夫：《历史的意义》，学林出版社2002年版，第169页。

象征性的过程，把文化赖以奠基的超越性和整体性精神基础抽空，使"文化将自身与其有生命力的源泉分离开来，自己为自己挖掘了坟墓。"①现代性没有使政治、历史和人的现实生存逃脱暴力和神话逻辑，在现代社会"无论是个体生命瞬间，还是一种生活经历，都不具有深刻内涵，不趋向永恒。任何瞬间、任何经历都不过是加速生命过程、使之更快地到达坏的无限性的手段，它们成了吞噬未来、吞噬未来的强盛、未来的幸福的吸血鬼。"② 现代性是永恒精神的摧毁者，是神圣事物的毁灭者，生活的超越性内涵被彻底摧毁。在历史的深处蕴含着永恒的传统，过去似乎是死亡了，但是它作为现存事物的一种深层积淀，继续活在今天和我们身上。在本雅明看来，真正的历史和时间观念是使历史中的永恒呈现出来，它是使人类获得救赎的唯一力量。

在本雅明看来，现代社会依然没有逃脱历史命运的辩证法，这种命运表现为现代性具有转向自己反面的倾向，一切事物都包含着内在矛盾，并且自身孕育着死亡的种子，现代性依然没有能够建立在超越矛盾和对立的精神基础之上。在本雅明看来，拯救现代性危机的根本途径是恢复世界的辩证统一性，在此基础上重建政治和历史观念。与以往有限的政治和历史观念不同，这种精神基础是超越人的主观界限的整体性和绝对性存在，本雅明的历史哲学思想不仅是对现代性危机的拯救，而且是为实现人类彻底解放，超越以往一切非正义的有限政治和历史，提供的一种历史认识和书写方式。

三 本雅明历史哲学思想的国内外研究现状

（一）国外研究现状

作为一位充满神秘、偏离正统的犹太裔德国思想家，本雅明的作品在生前鲜为人知。在 1940 年死于逃亡途中后，他的朋友德国犹太复国主义者索勒姆和法兰克福学派的阿多诺一起整理了他的遗著和书信，他的两卷本著作在德国出版后产生了很大反响，60 年代在西方学界引起轰动效应，出现了本雅明第一次研究热潮。20 世纪 70 年代，拉西斯、索勒姆、阿多诺、阿伦特等人介绍本雅明的作品相继问世，他们从各自的视角出发对本雅明的思想进行了阐释。80 年代中期和 90 年代，随着第二代传记作家诸如伯纳德·威特（Bernd Witte）、理查德·沃林和伊格尔顿的本雅明传记

---

① 〔俄〕别尔嘉耶夫：《历史的意义》，学林出版社 2002 年版，第 173 页。
② 〔俄〕别尔嘉耶夫：《历史的意义》，学林出版社 2002 年版，第 176—177 页。

著作的出版，"本雅明热"（the Benjamin cult）开始出现，出现了第二次本雅明研究热潮。今天，本雅明著作在英语世界的翻译出版，推动了本雅明的研究。本雅明已经远远超出了哲学家、思想家和魏玛共和国文化批评家的范畴，他的思想成为大量文章、书籍和讨论的主题，甚至已经超出了学术的范围，在音乐、漫画、戏剧、电影、小说的创造领域产生广泛影响。在过去的20年里，这位德国裔犹太思想家在西方世界已经成为一个象征和神话，本雅明研究被乔治·斯坦纳（George Steiner）称为"本雅明工业"（Benjamin industry），现在专门研究本雅明的网站已经成立。正如阿伦特所说，本雅明在死后赢得了非商业、非利润的名声。20世纪的学者中，没有谁像本雅明（和福柯）那样，他的著作在西方被广泛阅读并适合于众多的各不相同的思想和政治倾向者。

本雅明是犹太神秘主义者还是马克思主义者，历来存在争议，甚至人们用一连串的否定性陈述来描述他：他学识渊博，但却不是学者；他研究的主题包括文本及其注释，但他却不是语文学家；他曾对神学和神学的阐释类型而不是宗教深深着迷，但他不是神学家；他翻译普鲁斯特、圣·琼佩斯和波德莱尔的作品，但却不是翻译家；他写文学评论，但却不是文学批评家。① 本雅明的作品涉及传统的哲学、美学、史学、语言—翻译学、文学艺术批评理论，以及新近兴起的政治法学、种族问题、媒体研究、建筑理论、视觉艺术等等文化研究，具有跨学科的性质。正如有的学者指出的："本雅明被今天各种不同的人分别视为历史唯物主义、否定神学和文学解构主义的权威学者，但他本人从来没有找到一个政治、宗教或学术的家园"。② 从《德国悲剧的起源》这部著作起，本雅明就力图"打破根据文学的内在性质把文学划分为单独的各个领域的教条，为艺术作品的诞生创造条件，通过对艺术作品的分析，取消对学术研究的学科划分，意识到文学作品的目的就是完整地表达某一时代的宗教、形而上学、政治和经济的倾向，而这些内容是决不会被局限在某一个领域之内的"。③ 本雅明的思想可以在各个学科领域之间进行交叉阐释和渗透性解读，这导致了越来越专业化的学术空间一下被打开了，人们不得不面对一个复杂的阐释空间。

当代的著名思想家布洛赫、阿多诺、德里达、利奥塔、福柯、哈贝马斯、利科等人均受到过他的启发，甚至现代主义者与后现代主义者都声称

---

① ［美］汉娜·阿伦特：《黑暗时代的人们》，江苏教育出版社2006年版，第145页。

② 转引自刘北成：《本雅明思想肖像》，上海人民出版社1998年版，第2页。

③ ［德］毛姆·布罗德森：《本雅明传》，敦煌文艺出版社2000年版，第178页。

本雅明站在他们一边，启蒙的宣传家和批评者都试图瓜分他的遗产。他去世前的谜一般的《历史哲学论纲》，留下了诸多的猜测和无尽的阐释空间，启发人们去更深入地探索历史、革命、时间和正义问题。

关于本雅明的历史哲学理论，主要存在三种不同的认识：第一种是历史唯物主义的解释，代表人物主要是前本雅明全集的两个主编罗尔夫·蒂德曼（Rolf Diedemann）和施韦彭豪瑟尔（Herrmann Schweppenhäser），开此先河的恰恰是阿多诺。第二种解释是媒介理论，这方面的代表一个是布莱希特，另外就是马克思主义的一些批评者。第三种解释是一种神学解释，主要强调本雅明的作品受到了犹太教特别是犹太教神秘主义的影响，持此种理论的就是本雅明的好友——索罗姆。近年来，随着本雅明著作的翻译和出版，在这些战线之间又出现了一种本雅明文献学，正如哈贝马斯所说，这种学术研究面对着那些几乎将本雅明的形象撕碎的派别来说，无疑提供了一种矫正。①

围绕着历史哲学这一问题，本雅明研究中主要牵涉到犹太文化中的拯救、正义、时间等重要观念，这些重要的观念与本雅明的马克思主义历史观之间究竟有什么样的关系，一直是人们讨论的核心问题。本雅明思想中是否包含了犹太教神秘主义和马克思主义两个方面的融合，是讨论本雅明历史观念无法回避的问题。

1. 对本雅明历史哲学中的犹太教神秘主义的研究

以索勒姆为代表的一批犹太思想家，强调本雅明思想与犹太教神学的深刻联系。索勒姆在《瓦尔特·本雅明》、《瓦尔特·本雅明和他的天使》、《关于犹太教和犹太主义危机的两封信》、《本雅明：一个友谊的故事》等作品中，对本雅明思想中的犹太教神秘主义成分进行了解读。索勒姆认为天使一直是本雅明思考的重点，从个人的天使演变为历史的天使，在20年的时间里对本雅明的思想发展一直起着重要的推动作用。索勒姆强调，对马克思主义的接受受到犹太教思想影响，使本雅明的内心处于两难境地。他因此批评新左派将本雅明当作马克思主义的先知。苏珊·汉德尔曼（Susan A. Handelman）在《救赎的碎片》中对本雅明的犹太教神秘主义作了系统介绍，内容涉及语言和救赎、塔木德的弥赛亚主义等方面，强调了本雅明思想的犹太神秘主义倾向。罗尔夫·蒂德曼在《历史

---

① 阿多诺、德里达等：《论瓦尔特·本雅明：现代性、寓言和语言的种子》，吉林人民出版社2003年版，第402页。

唯物主义还是政治弥赛亚主义》中，通过对本雅明《历史哲学论纲》的解读，肯定了本雅明的后期著作依然带有犹太教神学的意蕴。他认为本雅明在 1940 年的论纲中关于政治实践的理念是一种政治的弥赛亚主义，但又既不把真正的弥赛亚主义当真，也没有真正变成政治。吉奥乔·阿甘本在《弥赛亚与统治者：瓦尔特·本雅明的法律问题》中，通过探讨哲学和犹太教的关系，也就是法律时代和弥赛亚时代的关系，对弥赛亚时代的特征作了揭示，同时对本雅明在法律问题中阐述的"例外状态"作了宗教的阐释。

2. 对本雅明历史哲学中马克思主义的研究

与索勒姆相反，法兰克福学派的西方马克思主义者阿多诺在《本雅明文集》、《和本雅明的通信》、《本雅明文集》导言、《美学和政治》、《关于本雅明》等著述中，对本雅明的思想作了世俗的历史哲学解释。在《本雅明文集》导言中，他认为"本雅明既远离体系的专横，也不向有限屈服，的确这些在他看来是内在同一的：成体系的哲学勾勒真理那无用的幻象，这个幻象积淀在神学中，本雅明则执意将之忠实而激进地翻译到世俗中来"。① 虽然阿多诺对本雅明作品的神学成分不满，但是他还是对它进行了世俗化的理解，阿多诺的《否定辩证法》和与霍克海默共同撰写的《启蒙的辩证法》深受本雅明的影响。哈贝马斯在《特本雅明：提高觉悟抑或拯救性批判》、《论本雅明的〈历史哲学论纲〉》等文章中，揭示了本雅明对马克思主义范畴的独到应用和带有拯救性批判的思想特征，哈贝马斯试图用交往行为理论将本雅明的洞见带回到唯物主义的社会理论中。

3. 对本雅明历史哲学中马克思主义和犹太教神秘主义关的研究

罗尔夫·蒂德曼在《历史唯物主义还是政治弥赛亚主义？——阐释〈关于历史概念〉的论点》一文中，以《历史哲学论纲》为文本依据，探讨了本雅明思想中的历史唯物主义与政治弥赛亚主义之间的关系问题。他指出，本雅明在他的历史观与马克思的历史观的关系上是未作结论的。但是，本雅明认为他的观念在马克思的观念中已有预示，作为一种先行，这点是确定无疑的，但是他也没有忽略他们之间存在区别这一事实。并且认

---

① 阿多诺、德里达等：《论瓦尔特·本雅明：现代性、寓言和语言的种子》，吉林人民出版社 2003 年版，第 118 页。

为，真正的神学与超越庸俗马克思主义的历史唯物主义之间是可以相通的。尤金·哈贝马斯在《瓦尔特·本雅明：提高觉悟抑或拯救性批判》一文中，认为本雅明想把启蒙和神秘主义结合起来的想法是不成功的，因为他身上神学家的一面使他无法用弥赛亚性质的经验理论服务于历史唯物主义。就这点来说，只能让步于索勒姆的观点。雅克·德里达在他晚期的著作中深入分析了本雅明的历史思想，对本雅明的时间观、革命观和正义观进行了深入分析，强调了弥赛亚主义与弥赛亚性的区别，借鉴了本雅明关于未来的思想，阐述了马克思主义的未来民主思想。在理查德·沃林的《瓦尔特·本雅明：救赎美学》中，作者以整体化的视角看待本雅明历史哲学中的马克思主义和弥赛亚主义两个方面的维度。

4. 对本雅明的现代性文化批判理论的研究

在本雅明后期思想中，尤其在其未完成的手稿《拱廊街计划》中，在批判现代社会的同时，进一步阐述了他的历史观，特别是在本雅明死前写的被称为"哥白尼革命"的《历史哲学论纲》中，批判了进步论的历史观和历史主义，受到了新近研究者的高度重视。彼得·奥斯本在《时间的政治——现代性与先锋》中阐述了现代性的时间结构问题，通过把关于历史分期和文化变迁的争论与关于时间的哲学文献联系起来，系统论述了本雅明的时间观念和历史观念。戴维·弗里斯在《现代性的碎片》中，阐述了本雅明后期著作的意图是发展一种现代性理论，对始于 19 世纪早期巴黎拱廊街的有关现代性史前史的研究是其现代性理论的重要内容。詹姆逊在《后现代主义与文化理论》《晚期资本主义的文化逻辑》中，从文化视角阐释了本雅明思想中的后现代主义倾向，称本雅明为 20 世纪最伟大、最渊博的文学批评家之一。罗尔夫·迪德曼在《停顿的辩证法——接近拱廊街计划的方法》一文中，系统描述了本雅明拱廊街计划研究的目的、过程和研究内容。海因茨－迪特尔·基茨泰纳在《19 世纪历史哲学的寓言》中，通过对启蒙运动以来历史观念的变迁，说明本雅明历史理论对现代性的碎片性的寓言式描述和救赎的可能性。米夏埃尔·勒维在《"格格不入"：瓦尔特·本雅明〈历史哲学论纲〉中辩证的文化概念》中，作者在本雅明的《历史哲学论纲》的论述中找到了辩证的文化概念，对本雅明思想中的文化内涵进行了解读。欧文·沃尔法思在《打碎万花筒：本雅明的文化史批判》一文中，通过对把本雅明理解为文化和文化史批判的观点的回应，突出本雅明计划中的政治激进主义，从本雅明早期文章《暴力批判》到最后的《历史哲学论纲》都表明了他的革命倾向。

5. 对本雅明政治思想的研究

雅克·德里达在《〈友爱政治学〉及其它》中，对本雅明早期作品《暴力批判》进行了解读，指出法律和正义的泾渭之别，法律建立在神秘暴力的基础上并由神秘的暴力来守护。麦克尔·罗维在《政治哲学中改变世界的尝试：从卡尔·马克思到瓦尔特·本雅明》一书中，在对马克思主义在当代形势下如何发展进行分析时指出，作为20世纪具有原创性的革命哲学家，通过对技术、进步论和现代性问题的批判，本雅明开启了马克思思想史上新的篇章，是对马克思本人思想新的阅读和阐释。特里·伊格尔顿在《沃尔特·本雅明或走向革命批评》《审美意识形态》等书中，也对本雅明思想作了马克思主义维度的政治性的解读，他认为，本雅明阐释了"革命批评"面临的关键问题，本雅明在坚定的马克思主义语境中，预言了后结构主义的许多当代主题。

6. 对本雅明方法论的研究

本雅明历史哲学思想有着深厚的方法论基础，他反对近代理性的同一性的认识论和体系哲学。本雅明提出的"星座"、碎片、单子思想，为新的历史意识的形成奠定了认识论基础，汉娜·阿伦特在《黑暗时代的人们》一书中，对本雅明独特的经验论方法进行了阐述，指出本雅明方法中和阿多诺等法兰克福学派相区别的最奇特的马克思主义的特点，同时指出本雅明方法中受歌德"原初现象"影响，从最小的经验碎片中直接探测真理的特征。

纵观国外对本雅明历史哲学的研究，大部分仍局限于或者从马克思主义、或者从犹太教神秘主义阐述本雅明的历史观念。一些试图融合这两种思想的研究者，也只是把二者强硬地拉到一起。因此，关于本雅明历史哲学思想中的马克思主义和犹太教神秘主义之间的关系仍然有待进一步的拓清，因为二者的关系是把握本雅明思想核心的关键。

（二）国内研究现状

在20世纪80年代后期"文化热"期间，本雅明进入中国年轻一代学人的视野。《读书》杂志曾在1988至1989年间连载有关本雅明的介绍，《文学评论》和《文化：中国与世界》都发表了长篇评论文章，《世界电影》和《德国哲学》分别刊载了其名篇"机械复制时代的艺术作品"和

"历史哲学论纲"的中译。本雅明的代表作《发达资本主义时代的抒情诗人》亦作为"现代西方学术名著"丛书的一种于1989年由三联书店出版，90年代又数次重印。

国内翻译出版的本雅明的著作有：《发达资本主义时代的抒情诗人》《本雅明文选》《经验与贫乏》《莫斯科日记/柏林纪事》《德国悲剧的起源》《迎向灵光消逝的年代　本雅明论艺术》《机械复制时代的艺术作品》《巴黎，19世纪的首都》《单行道》《本雅明：作品与画像》《驼背小人——一九〇〇年前后柏林的童年》《写作与救赎——本雅明文选》《启迪——本雅明文选》《作为生产者的作者》《德意志人》《评歌德的〈亲和力〉》《德国浪漫派的艺术批判概念》《开箱整理我的藏书》《本雅明论教育》《无法扼杀的愉悦　文学与美学漫笔》《艺术社会学三论》。翻译出版的本雅明研究著作有：斯文·克拉默的《本雅明》伊斯特·莱斯利的《本雅明》《本雅明：一个友谊的故事》《瓦尔特·本雅明——行囊沉重的旅客》《视读本雅明》《沃尔特·本雅明或走向革命批评》《论瓦尔特·本雅明　现代性寓言和语言的种子》《本雅明传》《本雅明——破坏·收集·记忆》《瓦尔特·本雅明——救赎美学》《记忆的承诺：马克思、本雅明、德里达的历史与政治》《本雅明论摄影》等。国内学者的传记专著有刘北成的《本雅明思想肖像》，相关的研究专著有：秦露的《文学形式与历史救赎——论本雅明〈德国哀悼剧起源〉》、朱宁嘉的《艺术与救赎——本雅明历史理论研究》、于闽梅的《灵韵与救赎——本雅明思想研究》、上官燕的《游荡者，城市与现代性》、王才勇的《现代性批判与救赎——本雅明思想研究》、石天强的《流浪在破碎的世界中　本雅明语言思想评述》、周晔的《本雅明翻译思想研究》、邢崇的《后现代视域下本雅明消费文化理论研究》、刘志的《政治诗学——本雅明思想的当代阐释》。另外还有大量本雅明研究的博士、硕士论文和学术文章不断问世。

较早研究和介绍本雅明的国内学者有：张旭东、王杰、杨小滨、朱立元、刘象愚等，大部分作品涉及的是美学、文学和艺术领域，在有关20世纪西方美学和马克思主义美学的论著中，本雅明都会占据重要的一章。研究本雅明较早的学者张旭东在1988年和1989年陆续发表文章《寓言批评——本雅明"辩证"批评理论的主题与形式》《现代"文人"：本雅明和他笔下的波特莱尔》《书房与革命：作为"历史学家"的"收藏家"本雅明》《性格与命运：本雅明与他的卡夫卡》等，1989年3月由他和魏文生翻译的《发达资本主义时代的抒情诗人》由北京三联书店出版，在1989年第5期的《当代电影》和1990年第1期的《世界电影》上又刊登了他翻译的《论波德莱尔的几个主题》和《机械复制时代的艺术作品》。王杰和杨小滨也分别1989年发表了论文《什么是理解艺术的基础——瓦·本杰明艺术人类学思想评析》和《废墟的寓言——瓦尔特·本雅明的美学思想》。

近些年来，研究本雅明历史观和时间观的博士、硕士论文日益增多，研究的主题集中在对本雅明历史哲学思想中的犹太神学思想、马克思主义以及神学与马克思主义之间的关系进行的阐释。主要有：蒋文的《起源即目标——本雅明思想研究》，陈廷的《现代性视域中的本雅明"历史——时间"概念研究》，陈晓翔的《弥赛亚的思想——本雅明救赎思想探析》，郭广的《现代性的批判与救赎——本雅明神学马克思主义思想研究》，教佳怡的《本雅明政治思想研究》，孟宪超的《弥赛亚的力量：苦难、承诺与救赎——本雅明〈历史哲学论纲〉中的记忆问题》，王静云的《本雅明的马克思主义思想研究》，税茂的《"起源就是目标"——论瓦尔特·本雅明的历史哲学》，孙善春的《神学还是马克思主义？——读解本雅明的〈历史哲学论纲〉》等。近些年研究本雅明历史哲学思想的期刊论文也大量提升，大多集中于对本雅明历史哲学思想中的弥赛亚救赎观念的研究，以及对本雅明历史哲学中马克思主义历史和本雅明的政治哲学思想的解读，主要有：王晓升的《现代性视域中的历史概念——本雅明的历史观剖析》，高山奎的《从"两面神"思维到救赎史观——试论本雅明历史唯物主义的神学根基》，葛行路和罗松涛的《历史中的革命与救赎——〈历史哲学论纲〉中的"新天使"与本雅明》，蒋迪的《本雅明的弥赛亚概念及其历史哲学的"神圣"内涵》、《本雅明的自然历史观与世界历史观批判及神圣历史观建构》，路坦的《踯躅于历史骸山的新天使——瓦尔特·本雅明历史哲学中的天使与救赎观念》，胡国平的《未完结的历史——论本雅明历史哲学中的伦理维度》《记忆的收藏家与时间星丛——晚期本雅明的历史哲学》，孙秀昌的《本雅明"历史天使"意象探微》，胡康佳的《尼采的哲学：本雅明历史唯物主义中游荡的幽灵》，郭广的《本雅明对历史主义进步观的批判与重建》，罗富尊的《政治弥赛亚主义和历史唯物主义——本雅明学说的思想渊源和理论特质》、曲瑞华的《本雅明的历史思想探析》等。

与西方学术界相比，中国大陆对本雅明历史哲学思想的研究还很薄弱，大部分著作和论文的主题集中在美学、文学和文化批评领域。关于本雅明的历史、时间、革命、正义等方面的理论还没有系统研究，从时间的视角审视本雅明的历史观和正义观就更加少见。国内研究者从马克思主义视域来读解和评价本雅明的比较多，也有部分学者在神学视域和文化视域展开对本雅明的研究。由于本雅明思想中同时保持对马克思主义和犹太文化思想的开放态度，所以中国学者大部分都是从某一方面展开研究，阐明本雅明思想中存在的两个方面，贯穿起来进行统一解读，尚需做出一定的努力。

纵观国内外对于本雅明的时间、政治和历史观的研究文献，大体包含有以下几种观点：

1. 把本雅明的思想视为马克思主义或者犹太教神秘主义两种互不干涉的思想倾向，对其作派别性的解释。

2. 认为本雅明历史思想中的马克思主义和犹太教弥赛亚思想是两种不同的理论取向，两者充满张力，使得本雅明的理论陷于两难的尴尬境地。

3. 认为本雅明的历史观融合了犹太教弥赛亚思想和马克思主义两种不同的理论向度，这种独特性使本雅明的思想更加具有深刻性和生命力。但是这种融合并没有能够真正应用到马克思主义的实践中去，只停留在理想和浪漫的维度。

四、本书的主要理论观点

本雅明的思想和风格卓尔不群、很难归类。由于他弃绝了意识哲学依靠逻辑体系构成世界本质的主张，强调了经验的复杂性，在经验论、星座化和寓言化的认识方式基础上从事写作，其文本具有零碎化，断言多、详细说明少这些特点，这是阅读和理解本雅明著述的一个较大障碍。同时，本雅明保持了对各种思想的开放性态度，德国古典哲学、浪漫主义、施米特的政治神学、犹太教弥赛亚思想、马克思主义、超现实主义这些思想流派都对本雅明产生过重要影响，他对这些思想既吸收又都保持一定的距离。这导致本雅明的思想具有某种拒绝阐释和解读的特质，更遑论能够达到共识性的理解。相对于目前国内外学界已有的本雅明历史哲学思想的解读方式，本书得出的主要思想观点和结论有：

第一，时间意识是历史观念的核心，深入理解人类的时间意识，有助于认识历史的本质。时间在无形中隐藏着人类历史的密码，规范着人的实践活动，人类历史上存在的线性论的、循环论和末世论的时间观念，并不能帮助人们理解历史，掌握自己的过去和未来，形成正确的实践观念。客观时间本身包含着对事物进行把握的主观因素，内在的主观时间也就是时间意识并不是要完全符合绝对外在的客观时间，主观时间依赖于社会活动和人的存在节奏，依赖于人对生存意义的理解。过去不像物理主义和实证的历史主义所说的已经完全逝去，与当前和未来无关，未来也不是这些学说所理解的与现在没有关系，不可经验。在人的实践活动中，过去与未来都与现在的人类时间意识紧密联系在一起，过去和未来甚至就在现在之中发挥作用，未来也在过去之中。

第二，本雅明研究中历来存在着他是马克思主义还是犹太教神秘主义的争论，争辩的双方并没有提供可靠的理论论证。本文通过分析本雅明后期作品中关于政治和历史的观念，论证了他的思想中尽管借鉴了犹太文化中的时间观念，但是他的历史唯物主义不是犹太神秘主义的，相反，本雅明的历史哲学是马克思主义的。因为，本雅明在接受了马克思主义之后，一直到最后一部作品的完成，都是在批判资本主义的异化和文化幻象；他反对历史主义和机械的实证的马克思主义，并不是反对历史唯物主义；他强调拯救过去的经验，辩证地看待历史现象，促成打破资本主义意识形态的革命意识，在当时无产阶级革命最低潮的德国拯救革命。本雅明对马克思主义的理解是独特和深刻的，超越了当时第二国际、德国社会民主党和前苏联马克思主义的理解范式，在欧洲历史陷入最危机时刻，试图把马克思主义中蕴含的、能够打断暴力统治的现实解放力量发挥出来，使之成为扭转历史前进方向的无产阶级革命实践。

第三，本雅明的认识论、历史观和政治主张之间存在着内在的理论关系。星座化的认识，对经验碎片中意义的拯救，对超越理性的经验意义的把握，实质上为他理解过去提供了认识论支撑，即过去、历史废墟、幻象都是辩证的，包含着乌托邦意义，包含着未来。由于未来不是按照时间顺序一步一步到来的某个时间点，连续性的时间是可以断裂的，所以未来可以"降临"，可以"跳跃"出时间的链条，未来不是堆积而成的。这意味着可能性并不是建立在线性时间观念上的，未来的因素在过去和现在之中就存在。实践需要把过去和现在的未来可能性共时化，意义就存在于现实之中。积极的实践观念无疑需要这样一种时间意识，这种时间意识是理解马克思主义的未来社会理想的现实性所不可或缺的，政治概念本身不可完全实证和技术化，它本身有可能性维度，这种可能性不只是评判现实实践活动的尺度，也是实践活动能动性的基础。

第一章　本雅明历史哲学的主旨：
现代性批判

按照罗森茨威格的观点，"如果能够更好地理解和阐释风格独特和拒绝分类的本雅明的思想，应该联系 20 世纪开始时欧洲的文化氛围"。① 当时的欧洲与德国处于这样一种文化氛围中，"在这一时期，工业化带来的强有力的、野蛮的和迅速的进步，使所有古代的价值观和信仰都解体了，而代之以冰冷的、理性的基于商品生产的计算"。② 伟大的思想家所经历的危机标示出他们的思想时刻，20 世纪前期人类面临的生存危机，促使本雅明重新思考时间、政治和历史问题。

在本雅明看来，现代历史观念和历史编纂学已经成为胜利者暴力统治的文化财富，成为现代性衰落和危机的文化帮凶，对现代性的拯救性批判，构成本雅明历史哲学思想的主旨和内在意蕴。本雅明对于历史本质的重新思考，旨在拆穿现代技术理性和历史进步论营造的历史幻境，寻找隐藏在历史废墟中的原初存在和亘古不变的东西，探寻推动人类历史前行的真正动力。本雅明坚信真实的历史画面不会消失，它像封闭在金字塔之下千年之久的种子，至今依然保持其生命力。本雅明通过对现代性及其起源的全景式经验考察，揭示了现代性的物化和神话本质，并在此基础上探寻拯救现代性危机的可能性。

第一节　启蒙重新陷入神话

纵观人类文明史，可以说是启蒙与神话不断循环往复的过程，经过启

---

① On Changing the World Essays in Political Philosophy, from Karl Marx to Walter Benjamin, Michael Lowy, Humanities Press, New London, p. 143.

② On Changing the World Essays in Political Philosophy, from Karl Marx to Walter Benjamin, Michael Lowy, Humanities Press, New London, p. 143.

蒙运动洗礼的现代社会再次由启蒙走向神话，是本雅明对现代性本质特征的判定。试图从自然和外在力量奴役中寻求解放的现代个体，发现自己并没有摆脱超个人力量的奴役，相反，理性和心灵束缚了自身，变换成新的、更大的外在强制力量，威胁着人类现实生存与创造力。现代人没有实现与自然和人类自身的和解，对自然和他者征服和控制的力量越大，威胁人类生存的毁灭程度也就越大。溢出理性规制的自然和他者力量威胁着现代人的生存，正如西美尔指出的，"结果，个性似乎仍然逃脱了历史必然性的暴虐。但是实际上，历史作为一种无理性的事实、一种实在和一种超个人的力量，象自然那样威胁着自我的完整。"① 具有敏锐洞察力和预言家特质的本雅明，在资产阶级纪念碑倒塌之前，就已经洞察到现代社会再次陷入神话之中，现代理性为自身建造起文明和历史的废墟。

一　商品拜物教和物化世界

在汇聚本雅明后期思想的未完成巨著《拱廊街计划》中，他对现代社会及其起源进行了全景式的经验考察。"《拱廊街计划》横跨超过一个世纪的城市最微小的历史细节，巴黎几乎所有的一切都被包容进去，旨在透过对历史遗存的固化存在物的展示，让历史事实自身诉说历史"。② 受马克思的《资本论》和卢卡奇的《历史与阶级意识》关于商品拜物教和物化理论的启发，本雅明认识到在发达资本主义社会，商品取代上帝成为人们膜拜的新物神。他在给好友索勒姆的一封信中写道："《拱形街》主要的写作目的是要向读者'呈现一个由过去传承下来的概念，在前一本书（论德国巴洛克戏剧的）中，所展现的是悲剧的概念，而这里很可能是商品拜物教的特征'"。③ 本雅明以断片的形式指出，在现代社会拱廊取得了和上帝相等同的地位并代替上帝成为人们膜拜的世俗偶像，赞美诗从赞美教堂的灯光到开始赞美拱廊，拱廊的经营者这样说："上帝值得赞美，我的商店也一样"。④ 商品带上王冠，焕发着诱人的光彩，新奇与时尚使商品具有了膜拜价值，其与人相关的使用价值则慢慢淡去。"新奇是

---

① ［德］格奥尔格·西美尔：《西美尔文集　历史哲学问题——认识论随笔》，上海译文出版社 2006 年版，第 3 页。

② Susan Buck-Morss. *The Dialectics of seeing—Walter Benjamin and the Arcades Project*. London, England：The MIT Press Cambridge, 1989, p. 5.

③ ［德］毛姆·布罗德森：《本雅明传》，敦煌文艺出版社 2000 年版，第 278 页。

④ Walter Benjamin, *Arcades Project*, translated by Howard Eiland and Kevin Mclaughlin, The Belknap Press of Harvard University Press, 1999, p. 37.

一种独立于商品使用价值之外的品质。它是那种以不断翻新的时尚为载体的虚假意识的源泉"。① 交换和形式价值取得了胜利，物品被等同于它身上具有的交换潜能，从而具有支配物乃至整个自然和人自身的权力。"在此之前，偶像是服从于等价原则的，而现在等价物本身变成了偶像"。② 在现代社会，人为自己生产的物品赋予了新奇时尚的虚假光环和诱惑力，对商品展示价值的顶礼膜拜不仅使物品本身的生命价值远去，而且导致人自身的迷失，它已远远超出人的控制能力，对生产它的人类实施无形的伤害与毁灭。时尚的统治范围不断扩大，不仅支配了日用品，也支配了宇宙。"梦幻将商品的性格传播到宇宙，这些梦幻使宇宙现代化"。③ 在本雅明看来，在现代社会无生命物质取代了生命物质具有神学上的崇拜价值，整个自然界都变成了特制品，宇宙被赋予了商品性格。商品逻辑不仅塑造了现代人生产和生活的整个结构，精神生活也难逃厄运。对于生活在商品拜物教社会的真正文人——"用自我剖白来换取冰冷的金钱"的波德莱尔，不啻为一幅现代社会的讽刺意象。波德莱尔写道："一所房子不管多么漂亮，首先要有人欣赏它的漂亮，在此之前，它只是多少米高，多少米长。同样，文学能够成为无价之宝，但首先是一个填格子码字的事；一个名字不值钱的文学建筑师只能随行就市，任由买方压价"。④ 本雅明认为现代性的衰落与倒退，集中体现在它对商品拜物教愤世嫉俗的完美领会中。

现代社会对商品的顶礼膜拜，使"物"开始代替"人"成为主宰与价值来源，在此基础上建造起一个物化世界，从物质生活到精神生活，从现实到历史，从自然到人类自身都被赋予了物的特征。"自然而然地，经济结构，甚至在全盘计划之前的经济结构，为商品设定了决定着人类行为的价值。这样，随着自由交换的结束，商品就失去了除了拜物教以外的一切经济特性，而拜物教则将其不良影响扩展到了社会生活的各个方面"。⑤ 商品逻辑不仅成为现代社会经济领域的统治规则，而且逐渐渗入到政治、文学艺术和人的现实生存中，随着商品的形式价值成为目的本身，国家和艺术作品本身也成为目的，绘画的信息价值不断降低，让位于形式价值。在《拱廊街计划》中，本雅明对19世纪繁华都市巴黎进行了全景式的展

---

① ［德］本雅明：《巴黎，19世纪的首都》，上海人民出版社2006年版，第51页。
② ［德］本雅明：《巴黎，19世纪的首都》，上海人民出版社2006年版，第12页。
③ ［英］霍华德·凯吉尔等：《视读本雅明》，安徽文艺出版社2009年版，第156页。
④ ［德］本雅明：《巴黎，19世纪的首都》，上海人民出版社2006年版，第87页。
⑤ ［德］本雅明：《巴黎，19世纪的首都》，上海人民出版社2006年版，第22页。

示，通过对拱廊、全景画、世界博览会、居室、巴黎街道和街垒等城市景
观的发生史考察，本雅明生动揭示出现代性如何被商品拜物教这种新的神
话力量统治着。本雅明指出在 19 世纪的巴黎，工业已经在挑战艺术，艺
术开始被用来为商人服务。"正如随着钢铁建筑的问世，建筑学开始超越
了艺术，同样，随着全景画的问世，绘画也开始超越了艺术。"① "全景画
宣告了艺术与技术关系的一次大变动，同时也表达了一种新的生活态
度。"② 19 世纪出现的拱廊、私人居室、展览大厅、全景画、报纸专栏和
摄影等新的城市景观和文化现象，所有这些产物都即将作为商品进入市
场，物质和精神的创造物随时都可能变成实用的商业艺术。现代性是建构
在对商品形式价值的崇拜基础上，因此，无论经济、政治还是文化艺术，
乃至人们的生存经验，都把形式和物化作为目的本身。物质和文化存在的
价值都以可用于交换的商品价值来衡量，凡是不能转变为交换价值的存在
都遭到无情贬低。无论是自然还是人类自身，无论是物质还是精神，都要
转化为可进入市场进行交换的物的形式。这个物化世界用事实战胜了精
神，用相对战胜了绝对，用现实战胜了理想，用时间战胜了永恒。蕴含在
艺术中的精神性和神圣性品质——"灵韵"消失了，"艺术已经开始怀疑
自己的任务并且不再'与功利难解难分'，不得不把新奇作为最高价
值"。③ 在现代性建造起来的物化世界中，历史也没有逃脱被物化的命运，
在《拱廊街计划》1939 年提纲中，本雅明指出，"这里所表达的是 19 世
纪的历史观所特有的一种眩晕感。它对应的是一种观念，即世界的进程乃
是一个由物化事实组成的无限系列。这种观念所特有的积淀就是所谓的
'文明史'，即一点一点地清点人类的生活方式和创造。"④ 蕴含在历史中
的永恒记忆，被堆积起来的历史事实淹没。

商品拜物教不仅将其不良影响扩展到社会生活的各个方面，人的生存
方式也物化了。技术的普遍性和物化造成的结果是，不仅现代人的服装、
动作和面目表情整齐划一，甚至人们的思维方式也失去了传统的丰富经验
而趋于干瘪的机械性思维。琳琅满目的商品充斥其中的城市生活，成为现
代人生存的典型形态，在《拱廊街计划》的很少几篇完成稿之一《波德
莱尔笔下的第二帝国时期的巴黎》中，本雅明以现代文人波德莱尔的视
角，对 19 世纪从古典社会向现代社会转型时期，巴黎人生存状况的变

---

① ［德］本雅明：《巴黎，19 世纪的首都》，上海人民出版社 2006 年版，第 8 页。
② ［德］本雅明：《巴黎，19 世纪的首都》，上海人民出版社 2006 年版，第 9 页。
③ ［德］本雅明：《巴黎，19 世纪的首都》，上海人民出版社 2006 年版，第 22 页。
④ ［德］本雅明：《巴黎，19 世纪的首都》，上海人民出版社 2006 年版，第 33 页。

化进行了经验式描述。巴黎的城市景观和大都市人生存状况的变化，体现着由技术武装起来的物化世界的特征，"巴黎这座城市是以奥斯曼赋予它的形状进入这个世纪的。他用可以想象的最简陋的工具彻底改造了这个城市的面貌。这些工具是铁锹、铁镐、撬棍等等。如此简单的工具造成了如此之大的破坏！另外，随着大城市的成长，人们发展了把它们夷为平地的手段"。① 同巴黎的城市景观的变迁相伴随发生的是，"与此同时，他也使巴黎人疏离了自己的城市。他们不再有家园感，而是开始意识到大都市的非人性质"。② 与城市外部景观的非人性相对照，资产阶级居室内的布景和装饰呈现出恐怖和死亡的意象，在《单行道》一书中，本雅明指出"这样的内室布景简直只适于尸首居住。'姨妈在这个沙发上只有被谋杀的份儿'。只有在尸首面前，奢华而死气沉沉的室内装饰才令人感到舒适"。③ 这些让人没有舒适感和尽显富足的室内装饰，正如本雅明所说"他们不适合于人老死其中，这正可以解释为什么它们的主人都死于疗养院。所以，在他们死后，这些家私都径直落入旧货商手中"。④

在城市生活中人是作为类型出现的，"在建立于技术的基础之上的人类社会中，武士、牧师和政治领袖都隐没于背景之中，亦或他们在发挥作用时无论如何都必须与机器所造就的经济现实保持一致。因此，技术巩固了历史进化的各种社会层面，而不是个体层面。这样，历史必须研究人民大众，他们相互联系地组织在一起，并受到一般规律的支配。故此，在技术领域富有成效的统计测量法大有可能应用于追踪历史运动的脉络"。⑤ "人群"这种类型化和抽象化的形象，首次出现在现代城市生活中，出现了波西米亚人、闲逛者、拾垃圾者等与现代社会格格不入的"新人"类型，古典社会人的个体性特征消失了。"随着商店的建立，历史上第一次，消费者开始认为自己是大众，在这之前，只有当缺乏的时候才会教会他们这种感觉，因此，商业的马戏团和戏剧因素被大大提高和加强了"。⑥ 弥漫于大城市中的人群不仅是不法之徒的藏身处，而且是社会弃民的麻醉

---

① ［德］本雅明：《巴黎，19 世纪的首都》，上海人民出版社 2006 年版，第 155 页。

② ［德］本雅明：《巴黎，19 世纪的首都》，上海人民出版社 2006 年版，第 26 页。

③ ［德］瓦尔特·本雅明：《单行道》，江苏人民出版社 2006 年版，第 10 页。

④ ［英］霍华德·凯吉尔等：《视读本雅明》，安徽文艺出版社 2009 年版，第 9 页。

⑤ ［英］约翰·伯瑞：《进步的观念》，上海三联书店 2005 年版，第 12 页。

⑥ Walter Benjamin, *Arcades Project*, translated by Howard Eiland and Kevin Mclaughlin, The Belknap Press of Harvard University Press, 1999, p. 43.

剂，在这一点上，他们与商品的处境相同。本雅明考察了人群的类型化特征，不仅行为和服装统一，而且面部表情也统一，那些笑容提供了令人思考的东西，"行人举手投足就像已经适应了机器的节奏，而且只能机械地表达自己的思想情感"。① 本雅明发现，现代人和"赌徒"具有某些相同的特点，"这些形象向我们展示了赌博参加者所信赖的机制是如何控制了他们的身体与灵魂，甚至控制了他们的私人领域，而且无论他们是如何兴奋他们也只能做出一种反射动作。他们就像机器人那样生活，就像柏格森所虚构的那种完全丧失记忆的人物"。② 本雅明在《贝尔托·布莱希特》一文中，描述了布莱希特戏剧中呈现出来的现代人的类型化特征：在现代社会，一个人可以完全被重新组装，一个被妻子派去买鱼的男人，被重新组装为一个令人畏惧的战士。作为类型出现的人群，只是一种偶然的聚合而没有形成真正的共同体，"在雨果笔下，人群被表现成由无形的超自然力量用那些低于人的存在创造出来的一个杂种"。③ 人群表现为偶然的聚合，从社会角度即从他们孤立的私人利益看，他们依然是抽象的。在人群中有一种超自然力，这种超自然力是由私人利益的偶然性和混杂性形成的，而当事人却把这种偶然性加以合理化。在这个由盲从的大众组成的社会里，在实质上个人和人群是疏离的，"他在他们的头顶上挥舞着旗帜，上面写着'世俗、进步、民主'的字样。这面旗帜美化了大众的存在。它遮蔽了把个人与人群分开的门槛"。④ 在现代社会，个体生存是彼此孤立的，人与人之间因为对物质利益的追逐而把对方视为隐性对手和敌人，失去了与他者的先天纽带关联。"大城市的居民退回到野蛮状态，即孤立状态。对他人的依赖感过去因生存需要而得以维系，现在则在社会机制的平滑运作中逐渐减弱。这种机制的每一改进都会消灭某些行为方式和情感方式"。⑤ 本雅明在《单行道》的"帝国全景"一节中写道："人们并不期待会得到同人什么帮助。公共汽车售票员、公务员、手工作业工人、售货员，所有这样的人都感觉到自己是一个难以驾驭的物性力量的代表，他们都在刻意通过对自身粗鲁的展现去宣示这个物性

---

① ［德］本雅明：《巴黎，19世纪的首都》，上海人民出版社2006年版，第210—211页。

② ［德］本雅明：《巴黎，19世纪的首都》，上海人民出版社2006年版，第212页。

③ ［德］本雅明：《巴黎，19世纪的首都》，上海人民出版社2006年版，第126页。

④ ［德］本雅明：《巴黎，19世纪的首都》，上海人民出版社2006年版，第131页。

⑤ ［德］本雅明：《巴黎，19世纪的首都》，上海人民出版社2006年版，第208页。

力量的危险性"。① "事物不再具有温度。你不可能从周围的人那里得到任何安慰……"② 在现代社会，不仅人的现实生存成为原子化的存在，由于物化原则切断了与传统的关联，导致从历史和传统故事中可以继承的直接经验也变得贫乏了。"战略经验被阵地战揭穿了，经济经验被通货膨胀揭穿了，身体经验被饥饿揭穿了，伦理经验被当权者揭穿了。曾坐着马车去上学的那一代人面对着自由天空下的风景：除了天上的云彩，一切都变了，在这一风景的中央，在毁灭和爆炸的洪流力场中，是微不足道的衰弱人群"。③

在本雅明看来，试图挣脱神秘力量桎梏的现代理性，再次陷入无法控制的神秘力量之中，19 世纪资本主义的"盛世"并没有使人获得解放，相反，却呈现出繁荣与衰落、新生与死亡、永远的新奇与永恒的痛苦的辩证意象。本雅明认为，正是 19 世纪资本主义盛世孕育了 20 世纪前期资本主义末世的来临，他揭开现代性繁华盛世的神秘面纱，展示出其特有的幻境与神话内涵。对现代人而言，自己亲手创造的世界变得同自己敌对和陌生了，经过驱魅的现代理性，创造出一个物符化的世界，它阻碍了心灵与存在的直接沟通与理解。面对自己创造的世界，人们变得茫然不知所措，只能听任巨大的偶然性力量的任意摆布。"在通往现代科学的道路上，人们放弃了任何对意义的探求。他们用公式替代概念，用规则和概率替代原因和动机"。④ 本雅明尖锐地指出，在现代社会"人类的自我异化已经达到了如此程度，以致它能够把自己的毁灭经验作为最高等级的审美愉悦"。⑤

从传统社会对上帝的膜拜转向对科学技术和商品的膜拜，现代性建造起一个虚幻和浮华的物化世界，旨在确立人的主体性的现代社会，悖论式地建造起一个使自我最大程度异化的世界。

二　现代性幻象和神话

当人们沉浸在由商品的时尚、新奇营造的繁荣和浮华的时代氛围中时，本雅明已经洞悉现代性的虚幻和神话本质。本雅明深刻感受到，现代性呈现出偶像和骷髅、时尚和陈旧、理性和神话、进步和灾难之间的辩证

---

① ［德］瓦尔特·本雅明：《单行道》，江苏人民出版社 2006 年版，第 35 页。
② ［英］霍华德·凯吉尔等：《视读本雅明》，安徽文艺出版社 2009 年版，第 115 页。
③ ［德］瓦尔特·本雅明：《经验与贫乏》，百花文艺出版社 1999 年版，第 253 页。
④ ［德］霍克海默、阿多诺：《启蒙辩证法》，上海人民出版社 2006 年版，第 3 页。
⑤ ［英］霍华德·凯吉尔：《视读本雅明》，安徽文艺出版社 2009 年版，第 138 页。

意象，同繁华、进步相伴随的是恐怖、野蛮和死亡意象，"永恒的痛苦和永远的新奇"成为现代社会人的生存方式。① 本雅明给资本主义繁荣发展的 19 世纪一个全新的哲学解释是：这个世界是被它自己的幻象主宰着——用波德莱尔的说法，这就是"现代性"。② "它们表现为各种幻境。由此就出现了拱廊——钢铁建筑领域里的第一项；出现了展览世界——它与娱乐业的联系意味深长。在这类现象里还包括闲逛者的经验——他让自己沉溺于市场的幻境。在市场幻境里，人们只是作为类型出现的。与市场幻境相对应的是居室幻境。居室幻境的产生缘于人们迫不及待地需要把自己私人的个体存在印记留在他所居住的房间里。至于文明本身的幻境，奥斯曼成为它的代言人，奥斯曼对巴黎的改建成为它最明显的表现"。③ 本雅明后期未完成的巨著《拱廊街计划》，可以被看作是"现代主义的晦暗说明书"，它用大量事实揭示的现代社会的中心意象是衰亡，现代社会营造的新奇不过是一直存在的现实，现代主义最终表明是他的厄运。在本雅明看来，现代是一个失败的时代，"世界大战把历史进程引入一种危机之中，在这种危机里，消极的进程已经最终显露出来"④。本雅明对现代性进行的全景式解读，为人们展示出时代精神的标志性现象，为时代的衰落提供证词。他深刻揭示出时代的整体衰落：语言的衰落、批评的衰落、理智的衰落、经验的衰落、讲述的衰落等等。本雅明不仅揭示出生活在这个时代的边缘人物的生存困境，同时他自己在这个时代的个人命运，是这个衰落时代最好的证明。"好像这个时代以其占统治地位的特征给这个人的命运上了色并把他逼到一个点上似的，最后他在那儿不能边思索边观察并确认这个过程，而是被这个过程压倒。"⑤《拱廊街计划》用直接的、具体的历史事实，展示了在资本主义盛世的浮华外表下，隐藏的残暴和神话特征，整个现代社会被一种神秘力量渗透和操控。

在本雅明看来，现代性给人的现实生存带来的最大危险在于：它用商品的新奇、科学技术和历史的不断进步以及世俗的乌托邦所有这些幻象，

① ［德］本雅明：《巴黎，19 世纪的首都》，上海人民出版社 2006 年版，第 33 页。

② ［德］本雅明：《巴黎，19 世纪的首都》，上海人民出版社 2006 年版，第 58 页。

③ ［德］本雅明：《巴黎，19 世纪的首都》，上海人民出版社 2006 年版，第 33—34 页。

④ ［德］弗雷德里克黑特曼：《瓦尔特本雅明——行囊沉重的旅客》，北京出版社 2016 年版，第 136 页。

⑤ ［德］弗雷德里克黑特曼：《瓦尔特本雅明——行囊沉重的旅客》，北京出版社 2016 年版，第 164 页。

掩盖资本主义社会的种种矛盾和非人性，致使人们丧失了感受和回应灾难与危险的能力。"资本主义文化的幻境在1867年的世界博览会上得到了最光彩夺目的展示"。① 商品营造的幻境空间承担着麻醉和欺骗功能，用商品具有的娱乐价值来弥补异化生存的痛苦，但这不能解决无产阶级的问题。对于生存于现代性到来中的波德莱尔来说，"一切对我都成为寓言"。② 在波德莱尔眼中，现代社会充满着震惊、自杀和死亡的形象，"现代主义给人的自然创造冲动造成的阻力，远非个人所能抗拒。因此，如果谁感到倦怠而用死亡来逃避，那也是可以理解的。现代主义应该置于自杀这个标记之下。自杀这种行为是那种绝不向敌对精神让步的英雄意志的印证。自杀不是屈从，而是一种英雄敌对激情。这正是现代主义在激情领域里的成就。"③ 本雅明认为"笼罩着商品生产社会的浮华与辉煌，以及这个社会的虚幻的安全感，都不能使社会免于危难"，④ 在现代社会，"人类在这里是作为罪人出现的。它所期盼的一切新事物最终表明不过似乎一直存在的现实；这种新奇性几乎不可能提供一种解放的出路，正如一种新时尚不可能让社会焕然一新。布朗基的宏观思考传达了一个教训：只要幻境在人类中间占据着一席之地，人类就将遭受一种荒诞的痛苦"。⑤ 本雅明认为，表面看来标志着社会进步的现代性，具有对个体自由极其残忍的抑制，正是这种抑制使人作为一个族类本来具有的社会性，越来越走向丧失殆尽的边缘。这一切使城市居民的主体性成为虚构，"主体的主权甚至连目前局势中的空间和时间都支配不了"。⑥ 19世纪是资本主义繁荣发展的世纪，它的繁荣就是衰落，"在这种腐败的外表下，统治阶级通过追求自己的利益而创造了历史"。⑦

　　本雅明认为现代启蒙已经走向反面，现代性蜕变为神话，他对现代性神话本质的断定，对阿多诺、霍克海默的《启蒙辩证法》的现代性批判理论产生了直接影响。根据马克思·韦伯的社会理论，经过祛魅的现代性建立在去神秘化和理性化的基础上，而建立在完全理性化基础上的现代社

---

① ［德］本雅明：《巴黎，19世纪的首都》，上海人民出版社2006年版，第15—16页。
② ［德］本雅明：《巴黎，19世纪的首都》，上海人民出版社2006年版，第20页。
③ ［德］本雅明：《巴黎，19世纪的首都》，上海人民出版社2006年版，第142页。
④ ［德］本雅明：《巴黎，19世纪的首都》，上海人民出版社2006年版，第34页。
⑤ ［德］本雅明：《巴黎，19世纪的首都》，上海人民出版社2006年版，第34页。
⑥ 阿多诺、德里达等：《论瓦尔特·本雅明：现代性、寓言和语言的种子》，吉林人民出版社2003年版，第334页。
⑦ ［德］本雅明：《巴黎，19世纪的首都》，上海人民出版社2006年版，第17页。

会，并没有走出神话历史循环的怪圈，神秘和虚幻的力量再一次活跃起来。韦伯的理论是奠定在这样的基础之上的：抽象的、形式的理性在18世纪已经获得了胜利，19世纪的社会已经成为产品、市场和国家体制都形成组织化的结构。本雅明并没有否认韦伯对现代社会这些特征的描述，但是，现代社会的发展已经处于这样的境地：社会和文化完全建构在纯粹形式和工具理性上，现代化的发展使其理性内容转换成了与理性完全背离的非理性力量，非理性力量与匿名的、工业化所具有的强大力量促成了神秘力量的产生，在现代社会和神话时代之间具有相同的神秘特征。本雅明发现在现代城市，就像在古代的原始森林，神话所具有的威胁和引诱特征在各处活跃起来。"只有轻薄的观察者，才可能否定呼应关系在现代技术世界与神话古代的象征世界之间所起的作用"。① 太古的神话变幻着各种形态继续生存在理性时代，波德莱尔对现代性的真实体验是："与文明社会中的日常震惊和冲突相比，森林和草原上的危险算得了什么？在林荫大道上捕获他的受害者也好，在陌生的丛林中刺杀他的猎物也好，人在这两个地方不都是所有掠食野兽中最完美的吗？"②。在本雅明看来，"自然王国"里运行的是神话逻辑，"神话就是一切；其余的一切，包括数学和哲学只是一种掩饰，一种形成与它自身内部的表象"。③

本雅明曾从中汲取思想营养的德国浪漫主义，在19世纪初已经预言了社会即将发生的变化——现代社会将会被大量的"上帝"渗透和弥漫。现代性曾经乐观地相信，建立在科学技术基础上的现代理性，可以代替上帝来控制和掌握自然和人类自身的命运，理性可以使人类摆脱与世界达成和谐统一的一切阻碍力量，引导人类找到回家的路。可是，无论是神话时代的"众神"、一神教中的"上帝"，还是现代社会的"人造上帝"，都没有能够引领失去原初和谐的人类重返家园，相反却将人类一次次地引向充满梦幻和残暴的死亡之地，经过启蒙洗礼的现代性也没有逃脱永恒轮回的暴力历史的魔咒。在本雅明看来，现代性没有突破神话逻辑的根本原因在于：现代认识范式是建立在主体和客体分离基础上的神话思维，与前现代的神话认识方式没有根本区别。把现实经验与人的经验意识连接在一起，这种关联从真理的角度看只有臆想的和幻觉的价值，因为在经验意识

---

① 阿多诺、德里达等：《论瓦尔特·本雅明：现代性、寓言和语言的种子》，吉林人民出版社2003年版，第334页。

② ［德］本雅明：《巴黎，19世纪的首都》，上海人民出版社2006年版，第99页。

③ ［以］G. 肖勒姆：《本雅明：一个友谊的故事》，上海世纪出版集团2009年版，第29页。

和经验的客观性之间，不可能建立起任何真实联系，它的本质是对世界带有主观臆断性的神话思维，在这种神话思维基础上建立起来的现代性道德、法律、政治和历史不可避免地具有神话特征。与传统神话的"众神"和基督教的"上帝"不同，现代社会的"物化上帝"对时间极度敏感，因为它属于世俗的和非永久的现实世界，在这个世界里它们的能力是转瞬即逝和有死的，在实际上，过渡构成它们能力的基础。现实世界充满了"上帝"，这些"上帝"活着并且当它们的力量达到极点后死去，拱廊街辉煌而短暂的历史为此提供了最好的注释。商品拜物教决定了商品和时间、新异、时尚紧密联系在一起，逐渐地现代和新异变成了同义词。"本雅明在风尚中探测到的，正是这种新社会形式的纯时间逻辑（作为拜物的商品），现代的'时间量度'。因此，把风尚定义为'新异的永恒轮回'（礼仪的、神话般的重演），它的最终表述就是死亡（'唯一的、彻底的新奇性，那永远是同一之物'），以及充满寓意地把现代性解读为地狱。因为新奇性也是'虚假意识的精华'，而据说风尚是这种意识的'无穷无尽的动力因'。"① 在本雅明看来，资本主义已经再次陷入神话逻辑之中，本雅明在追忆自己童年经历时指出，"我强烈感到自己暴露在大自然的力量面前，这股力量把这座城市变成了一片原始丛林"。②

　　与现代神话制造的虚幻的现实生存状态相适应，在历史领域，现代性用物化的历史事实，建造起来一部进步与灾难辩证存在的虚假历史连续体。

第二节　历史的进步与灾难

一　历史进步观念

　　人类在不同历史时期的生存方式与对历史的理解是分不开的，历史进步论是现代历史观的基础观念，"现代性"的概念错综复杂，多有争议，但有一点是明确的："只有在一种特定时间意识，即线性不可逆的、无法阻止的流逝的历史性时间意识的框架中，现代性这个概念才能被构想出来。在一个不需要时间连续性历史概念，并依据神话和重现模式来组织其

---

① ［英］彼得·奥斯本：《时间的政治——现代性与先锋》，周宪、许钧主编，商务印书馆
　　2004 年版，第 194 页。
② ［英］霍华德·凯吉尔等：《视读本雅明》，安徽文艺出版社 2009 年版，第 7 页。

时间范畴的社会中，现代性作为一个概念将是毫无意义的"。① 可以看出，现代性是以连续线性并朝向不断进步的时间意识作为根基的，二者互为表里，它的形成与确立过程与理性精神紧密相关。可以说，现代性的形成和历史进步论的确立是扭结在一起的，历史进步论塑造了现代社会人的生存方式和整个社会的建构。"在过去两百年内对大众和个人事物产生影响的那些观念中，任何一个都不会像进步这一观念那样具有更加重大的意义，也不太可能像进步这一观念对未来产生更大的影响"。② 历史进步论在从传统农业社会向现代工业社会的演变过程中起着重要作用，随着现代性的确立和发展，历史进步论成为人们认识和理解历史的根本原则，在进步的观念下，历史取得了一个朝向世俗的目标连续进步和发展的意象。在古希腊人的历史观念中，历史被认为是围绕一系列发展阶段循环往复的无限过程；中世纪的历史观念不是将历史理解为自然和人类自身的发展过程，而是由上帝干预和启示所设定的一系列历史事件。随着历史进步观念的确立，这些曾经主导着人们对历史理解的观念，被意味着"文明一直朝着一个理想的方向发展，而且现在如此，将来亦复如此"③ 的历史进步观念所取代，历史进步论被现代人坚信是历史演进的本质规律。"而今，我们想当然地认为，我们非常清楚地意识到人类在知识、艺术、组织能力、各种公益事业方面的不断进步，因此很容易就将进步视为一种目标，就像自由或世界大同盟一样，只要依靠我们自身的努力和良好意愿即可以实现这一切"。④ 约翰·伯瑞在《进步的观念》一书中指出，在历史进步论视域下，"人类围绕一种恶性循环周而复始的古代理论因显而易见的事实而被彻底否定。完全受制于经验常规的静态社会的中世纪观念也因各种事件的发生而被风卷残云般地抛弃"。⑤

历史进步论摧毁了历史恶性循环或满足于现状的信念，因此，阐释历史规律的线索要在发展或进步观念中，而不是到自然规律和神那里去寻找。历史进步论反映了人的自我意识的觉醒和提升，人们认识到世俗生活的价值和知识对人类需求的益处，它要克服天意和上帝的观念，使历史不再受外在于人类意志的力量的支配。历史观念的转变对于理解现代社会具有重大意义和价值，历史如同一个序列由过去一路引向现在和未来，人类

---

① ［英］约翰·伯瑞：《进步的观念》，范祥涛译，上海三联书店 2005 年版，引言第 22 页。
② ［英］约翰·伯瑞：《进步的观念》，范祥涛译，上海三联书店 2005 年版，引言第 2 页。
③ ［英］约翰·伯瑞：《进步的观念》，范祥涛译，上海三联书店 2005 年版，第 1 页。
④ ［英］约翰·伯瑞：《进步的观念》，范祥涛译，上海三联书店 2005 年版，第 1 页。
⑤ ［英］约翰·伯瑞：《进步的观念》，范祥涛译，上海三联书店 2005 年版，第 11 页。

一直是从远古文明的原始阶段缓慢地向前发展，过去曾经是乌托邦式的幻象现在变成了现实。历史进步论把整个世界全部纳入人类理性和意志控制的范围，它建立在这样的假设基础上：人类创造的文明一直朝着一个理想的方向发展。"因此，人类进步的观念是一种理论，涉及一种对过去的假设和对未来的预言。它的基础是对历史的一种阐释，这种阐释认为人类是朝着一个确定和理想的方向缓慢前进——一步一步地前进，并推断这一进步将会无限期地持续下去。而且，这一阐释也意味着，作为地球上的伟大事业的问题，普遍幸福的状况将最终得以实现，从而为整个文明进程做出辩护。这是因为，如果不是这样的话，这一方向就并非是理想的方向。尚且有另外一个含义。这一进程一定是人类物理属性和社会属性的必然结果，而且一定不受到任何外在意志的支配；否则其连续性及其结果就不会有任何保障，而进步的观念也会沦为天意的观念"。①

在现代社会，历史进步观念取代了传统社会对于天意和神的信仰的历史观念，它不仅代表着主体性意识的空前觉醒，同时意味着人类征服世界能力的增强。把主宰自身命运和历史的力量归还给人类自身，无疑，历史进步论促进了人的主体意识和主观能动性的提升。但是，现代性和历史进步论把人提升到世界主宰的地位，势必割裂同世界的整体性关联，从而因为主体性的僭越导致人类再度失去主体资格。在本雅明看来，历史进步论并没有兑现自由解放和进步的承诺，相反，却使现代社会陷入巨大的灾难中。作为一种虚假的信仰体系，历史进步论不能为人的真正解放提供任何现实可能性，相反，由于历史进步论对存在于过去的原初本原和苦难记忆的遗忘以及对于历史整体的割裂，它消解了为实现人类解放的现实政治实践中蕴含的、指向当下正义的现实性和紧迫性。被压迫者的解放实践被无限期地推到遥远未来，不仅削弱了被压迫者的革命意识，同时也砍断了其强大的肌腱。本雅明认为，历史进步论不仅没有带来真正的社会和历史进步，相反，它为历史和现实中的非正义力量提供了合法性依据，它的虚假性和欺骗性成为实现人类真正解放的巨大阻碍力量。

二 "进步的观念必须以灾难的观念为基础"

在某种意义上说，历史进步观念是人类理性的觉醒和强大在历史观念上的反映，它力图摆脱凌驾于人之上的天意和神灵对于人类自身历史的宰治，使历史不再受制于外在力量的支配。历史进步论建立在这样一个假设

———————

① ［英］约翰·伯瑞：《进步的观念》，范祥涛译，上海三联书店2005年版，第3页。

基础上：科学技术和理性的不断进步会带来一个理想的世俗社会。理性代替了自然和神灵成为历史中的主导力量，成为历史不断趋向进步的保障。在本雅明看来，历史进步论对于人类历史发展方向和目标的设定，只是对进步的盲目信仰和对历史的虚假构想。根源在于：现代理性得以建立的根基上就是错误的，因为它建立在把人彻底从世界中分离出来的主体—客体二元对立的基础上，除了人之外的所有存在只是作为人实现其目的的工具和手段，完全排除了自然和他者的主体资格，结果是人的主体性是以压迫和剥夺他者为代价获得的实现。历史进步论的实质是人类理性的最终胜利并且最终成为整个世界的主宰，贯穿于历史中的一条主线，无疑是随着生产力和控制自然能力的不断增强，人类不断战胜外在于人的力量，这成为理解人类历史进程的关键线索。这种历史观念的最主要特征在于，它是建立在作为历史主体的人类与作为历史客体的自然和他者之间对立的基础上，因此，它所期待的历史最终的结局只能是人类的胜利以及对自然和他者的征服。这种建立在人与自然、自我与他者分裂和对立基础上的历史思维范式，带来的最大矛盾和灾难是，一旦人类把自身同自然对立起来，理性能力的进步必然导致以破坏整个世界作为代价，结果是征服和宰治自然和他者的力量越大，产生出来的对于人类自身的破坏力也越大，人类越是要征服自然，反过来自然带给人类的是更大的桎梏与奴役。与整个世界相背离的现代理性，已经不是健全的理性，成为凌驾于自然之上带有征服、侵略性质的工具理性，它只追求人类自我利益的最大化，而不顾其他存在的需求和主体利益。现代理性以从外在强制力量的束缚中解放出来和实现自由为初衷，但是却没有认识到，人类获得自由的途径不是通过战胜外在力量来实现，相反，只能通过与外在力量实现真正的和解，才能在使自然和他者成为自身的同时实现自我。结果是，为了摆脱神话统治的现代理性，从自身中产生出理性的"背反"力量，使人类再次陷入神话逻辑。"现代性的历史就是社会存在与其文化之间紧张关系的历史。现代存在迫使其文化站在自己的对立面。这种不和谐恰恰就是现代性所需要的和谐"。① 切断了与自然之间的统一性和整体性关联，现代理性沦为丧失整体性和超越性的工具理性，逐渐暴露出其狂妄和暴力的本性，它运用特有的世俗功能，把现代社会整合为一架与终极价值和意义相脱离的自行运转的机器。被这个自行运转的怪物搅进去的现代人，再也看不到自然与人性的神圣，成为茫然无措的整个机器系统中的一个零件。本雅明认为，与其

---

① 于闽梅：《灵韵与救赎——本雅明思想研究》，文化艺术出版社 2008 年版，第 6 页。

本性相背离的工具理性，在历史发展中必然走向反面，它不仅不能使人类真正走向进步，相反，它把人类引向巨大的灾难。

本雅明洞察到历史进步论所许诺的"未知未来中的隐秘的潜在危险"，他尖锐地指出"进步的观念必须以灾难的观念为基础"。它潜在的危险性在于，工具理性与历史进步论形成共谋，在现代性制造出越来越多的碎片、废墟和被压迫者的苦难的同时，历史进步论却以未来美好社会为托词，把现实生存的异化视为实现未来美好社会必须付出的代价。历史进步论用虚假的未来承诺，为现实存在的非人性和暴力打开了大门，在历史连续进步的外表下，是对历史上苦难记忆的遗忘以及对现实危机的无视。在由碎片组成的现代废墟里，时间的流逝意味的不是进步而是衰落，与索列尔一样，无限连续进步的历史，被本雅明看作是资产阶级为了追求自身利益而建构起来的虚假历史。连续进步的历史观念之所以必须被拆穿，是因为政治上的胜利者用这种历史观念进行的书写方式，试图彻底抹去掩埋在历史中被压迫者的苦难和诉求，同时为非正义的现实统治提供合法性证明。当历史进步论把历史的合理性依据推到无法预知的未来，它就为过去和当下历史的非合理性提供了永远无法兑现的承诺。当现代理性已经背离其本性，不断制造危机和灾难时，历史进步论却通过许诺一个美好未来的方式，使现实压迫和剥削具有合法性。在本雅明看来，进步并没有新的东西，在人类运用理性的手段与目的之间建立起和谐关系之前，所谓的"进步"只能是一场持续不断的暴力和神话的历史循环。历史绝不能停留在历史主义之上，把过去当作事实和财富堆积起来，它掩盖了历史的非正义一面，使人们丧失了感受和回应暴力的能力。正如本雅明针对欧洲的政治危机进行的论述："法西斯主义之所以有机可乘，原因之一是它的对手在进步的名义下把它看是一种历史的常态"。[1] 这种历史观念导致的严重后果是："工人阶级的成员们被进步的理念所腐化、所蒙蔽，看不到伴随人对自然世界的主宰力日益增强而产生的社会倒退。他们被哄得昏昏欲睡，以至于对法西斯力量的兴起所引致的紧急状态视而不见，未能及时作出反应"。[2]

本雅明认为，历史进步论已经成为胜利者为自身的非法统治进行合法性辩护的文化财富，这股进步力量具有的麻醉功能和迷惑性之大，连"历史天使"都只能对不断堆积的历史废墟感到震惊，却无力重新弥合这

---

①　[德] 瓦尔特·本雅明：《本雅明文选》，陈永国、马海良编，中国社会科学出版社1999年版，第407页。

②　[美] 马克·里拉：《当知识分子遇到政治》，邓晓菁、王笑红译，新星出版社2005年版，第106页。

个破碎的世界。本雅明在《历史哲学论纲》中，对"历史天使"做了这样的描述："克利一幅名为《新天使》的画表现一个仿佛从某种他正凝神审视的东西转身离去的天使。他展开翅膀，张着嘴，目光凝视。历史天使就可以被描绘成这个样子。他回头看着过去，在我们看来是一连串事件的地方，他看到的只是一整场灾难。这场灾难不断把新的废墟堆到旧的废墟上，然后把这一切抛到他的脚下。天使本想留下来，唤醒死者，把碎片弥合起来。但一阵大风从天堂吹来；大风猛烈地吹到他的翅膀上，他再也无法把它们合拢起来。大风势不可挡，推送他飞向他背朝着的未来，而他所面对着的那堵断壁残垣则拔地而起，挺立参天。这大风是我们称之为进步的力量"。① 本雅明借助"历史天使"的意象，旨在揭示历史进步观念的欺骗性和破坏力如此之大，它不仅使大众甚至被压迫者无视自身的异化生存状态，更不用说起来反抗，就连试图对现代性所进行的拯救都表现出明显的无力感。历史进步论没有给被压迫者的革命和反抗留下任何空间，在它巨大的欺骗性和虚幻性面前，现代人无视自身的苦难与深陷的危机状态，沉浸在历史进步论编织的神话中。这是面对欧洲最黑暗的时代，本雅明对历史进步论进行的控诉和拯救，由于对不断进步的历史趋势的盲目信赖，人们把当下的野蛮和暴力看作是历史必须经历的过程和承担的代价，历史的真实面目模糊了。这种虚幻的乌托邦不但不能给当下提供合理性和意义，相反，它作为一种欺骗手段，为暴力统治提供了托词，"这种乌托邦主义被禁闭在一种极其空洞和荒谬的存在观中，对于他所造成的暴力行为熟视无睹"。② 当资产阶级把整体性从其制度建构中排除出去的时候，便注定了用一种不触及质的、无限趋向进步的事物外部量的变化来解决人类生存的矛盾终归是一种徒劳。"这样一来，旧的自在之物的二律背反就以新的形态重新出现了：一方面存在和应该继续保持它们的僵硬的、不可逾越的对立，另一方面通过这种纯粹表面、外在的、不触及它们的非理性和事实性的联系，在它们之间创造了一个表面的生成环境，这时，历史的真正主题，即产生（Entstehen）和消失（Vergehen）才真正限于了不可理解的黑暗之中"。③ 按照黑格尔的说法，"假如说，相对的规定一直被推进

———————

① ［德］瓦尔特·本雅明：《本雅明文选》，陈永国、马海良编，中国社会科学出版社 1999 年版，第 427 页。

② ［法］居伊·帕蒂德芒热：《20 世纪的哲学与哲学家》，刘成富等译，江苏教育出版社 2007 年版，第 50 页。

③ ［匈］卢卡齐：《历史和阶级意识——关于马克思主义辩证法的研究》，杜章智、任立、燕宏远译，商务印书馆 2004 年版，第 248 页。

到对立，以至它们都在不可分的统一之中，而每一规定又都被赋予一个独立于其他规定的存在，那么，哪里有这种情况，哪里便会出现上面所说的进展，因此，这个进展就是未解决的矛盾，而且总是显示出当前有矛盾"。①

历史进步论用虚假的时间和历史意识，隐藏了人类现实生存的基本矛盾，为了从根本上剥去历史进步观念的意识形态伪装，本雅明通过对辩证意象的呈现，揭示出历史中蕴含的倒退因素和乌托邦潜能。

第三节 现代性的辩证意象

一 碎片和废墟

现代性在对工具理性、商品的新奇性和历史进步论的盲目信仰中，建构起一个物化的神话世界，这个物神是评估一切价值的标准。它试图用商品提供的新奇幻象和乌托邦愿望来整合世界，但是它的新奇并没有什么新东西，"新奇就是总是如此"，新奇和陈旧联系在一起。在这个取得自律性的世俗世界，完全切断了与世界整体的关联。现代性为实现人的自由建构起来的一切，并没有真正建构起一个和谐的整体世界，也没有真正实现人与自然、自我与他者之间的和解，相反，它建立起一个敌对的世界，在其中，不仅人与自然相互敌对，人与人之间也成了隐形的杀手和敌人。人类不断向自然宣告胜利的同时，自然也无情地摧毁了现代世界。在本雅明看来，现代世界已经坍塌为废墟，留给人的是碎片化的生存，现代人成为原子化的存在，无法感受生存的意义，成为与世界整体隔绝的原子。"随着市场经济的大动荡，甚至在资产阶级的纪念碑倒塌之前，我们就开始把这些纪念碑看作废墟了"。②

本雅明在《拱廊街计划》中用意象呈现的方式，展示了人类如何与自然和神圣领域相脱离，到现代社会最终完全与其起源相背离的历史进程。本雅明指出，古代社会以自然作为统一世界的神圣性力量，古代神话性的宇宙学把自然的力量看作上帝，预示着自然、人类和神圣领域的统

---

① ［匈］卢卡奇：《历史和阶级意识——关于马克思主义辩证法的研究》，杜章智、任立、燕宏远译，商务印书馆2004年版，第248页。

② ［德］本雅明：《巴黎，19世纪的首都》，刘北成译，上海人民出版社2006年版，第30页。

一。这个异教徒的信念在物质的意义上被最近的历史所破坏，众神的伟大的雕刻神像，他们的寺庙的柱子，仅仅以碎片的形式留存下来。当这种建构明显地成为人类暴力历史的痕迹和创伤，古代的众神被胜利的基督教作为异教消除，只留下一个被掏空的自然的神圣精神，而这种自然曾经被赋予生命。相比之下，新的宗教相信对有生命的和充满罪恶的自然的禁欲主义，古代的众神失去了与所从中产生和起源的事物之间的生命联系，成为死亡的外形。"古代自然的活生生的生命在基督教文化中成为死亡的象征，失去了生命。恶魔和地狱成为古代众神的形象。自然世界的生命被剥夺了，成为了罪恶，只具有道德说教的功能"。① 古代众神的大理石和铜像被保留下来，对于巴洛克甚至文艺复兴来说成为恐怖的事情，随之是基督教以上帝作为统一的神圣性存在。现代社会则以人的理性作为一种可以整合世界的力量，这种理性完全与经验现实联系在一起，凡是不能被人的感官经验证明的存在，都被冠之以"神秘性"被排除，现代性所追求的基于人的真实感官经验的最"确切的"知识，提供的恰恰是虚假的知识。现代性没有为世界起源的整体性和神圣领域保留任何空间，由于与存在的绝对本质相分离，现代性无法关照存在的起源——整体和谐的统一世界，必然建立起一个背离存在本性的神话世界。在本雅明看来，现代性没有提供历史解放的出路，它和古代社会和基督教社会一样，没有能够逃脱神话逻辑，没有脱离"自然历史"的本性。正如尼采所说，历史中从来没有什么新事，而是处于无限的暴力更迭的历史循环之中。"在本雅明写作的同时，欧洲人再一次在脸上看到了战争的废墟，作为骷髅存放地的废墟，历史知识再一次没有逃脱"。②

在本雅明看来，现代世界是丧失了统一性的世界，这个世界最显著的特征是分裂与破碎，而对于分裂世界的表征，只能以寓言的形式呈现存在和历史的辩证意象。"这样的意象式语言，在存在和说明之间的关联上没有任何的武断，本质的意象承诺要揭示原初的语言，通过这种语言，上帝把他的创造的意图传达给人类。本雅明把希腊神话和基督教的象征都看作是对物质世界的神圣意义的译解"。③ 经过启蒙的现代性，把古代和基督

---

① The Dialectics of seeing—Walter Benjamin and the Arcades Project, Susan Buck-Morss, The MIT Press Cambridge, Massachusettes, London, England, 168.

② The Dialectics of seeing—Walter Benjamin and the Arcades Project, Susan Buck-Morss, The MIT Press Cambridge, Massachusettes, London, England, p. 170.

③ The Dialectics of seeing—Walter Benjamin and the Arcades Project, Susan Buck-Morss, The MIT Press Cambridge, Massachusettes, London, England, p. 172.

教时代与神圣的绝对物之间的联系作为神秘性完全驱除，导致现代社会不仅与传统和历史断裂，也切断了与神圣性之间的关联。在本雅明看来，存在的绝对性本质正是整合分裂的世界，使具体存在和谐统一的神圣性力量，当现代性切断了与存在本质之间的关联时，资产阶级构建起来的大厦也就坍塌为碎片和废墟了。同精神性本质相脱离的存在，只剩下没有真理内容的形式和物质外壳，因为丧失了整体性，必然成为原子化的存在。用布洛赫的话说，我们生活在事物和人都不再与其自身相互一致的时代，在这样的时代中，它们再也不能与其本质或全部潜能相符合了。"非常普遍的，贯穿整个《拱廊街计划》，废墟的意象作为象征，不仅是资产阶级文化的短暂性和脆弱性的象征，同时也是宣告它的毁灭"。①

二　乌托邦意义

本雅明的现代性批判不是对现代性的完全否定，他采取的是一种辩证的、救赎式的批判。在本雅明看来，现代性呈现出来的是辩证意象，既是由碎片组成的废墟，又包含着等待拯救的原初现象。这种辩证思维使本雅明的现代性批判独具特色，标识出其思想的独特坐标，他跳出了形而上学的思维范式，在一种辩证性的思维框架内呈现世界的对立统一结构。在现代性构建起来的废墟中，本雅明努力挖掘不能被理性同化、沉积在历史中有待拯救的生命诉求，这些被现代性遮蔽和排除的存在本身固有的力量，与人类主观建构起来的虚假世界形成一种张力，从而使事物在一种辩证结构中显示自身。在《德国悲剧的起源》一书中，本雅明看到残破、废墟和碎片中隐藏的意义，它们并没有被理性所贯穿。正如巴洛克戏剧的废墟意象，不仅代表着高度意向性的碎片，而且是客观的由他们自己的诗意建构的确定性，这些因素从来没有成为一个无缝隙的统一体。正是巴洛克诗人给本雅明做了示范，他自身历史时代的"失败的物质材料"可以被提升到寓言的位置，本雅明认识到，现代社会本身及其构造的历史就是这些东西组成的，他开始寻求把握这些因素的经验方式。

在本雅明看来，与新的生产手段的形式相适应的还有集体意识中的意象，在它们之中，辩证地包含着无产阶级社会的因素和乌托邦因素，本雅明意在使"在苏醒的过程中让梦幻因素变成现实"②。在他看来，世界整

---

① The Dialectics of seeing—Walter Benjamin and the Arcades Project, Susan Buck-Morss, The MIT Press Cambridge, Massachusettes, London, England, p. 164.

② ［德］瓦尔特·本雅明：《巴黎，19世纪的首都》，刘北成译，上海人民出版社版2006年版，第30页。

体性的丧失，决定了只能用碎片化的方法来表征分裂的世界和历史，任何
以总体性为旨归的认识论，力图实现在堕落的历史生活里的和解，都只能
是一种假象。本雅明反对现代认识论依据人的主观意图所追求的同一性，
把艺术作品、历史事实汇集起来的统一性分类方法，对于确定事物本质属
性的意图是徒劳的。相反，17 世纪的悲苦剧给本雅明的批判概念提供了
一个理想的对象，因为这些作品本身已经是废墟了。也就是说，通过寓言
化的表达方式，悲剧自在自为地完成了对象征性艺术所声称的总体性特征
的解构。阿多诺坚持说，本雅明秉承巴洛克诗人的独特传统，关注碎片和
具有过渡性的物体，"本雅明从无限的最远到无限的最近中得出历史的观
念"。① 本雅明在每一个包含着希望和乌托邦意义的碎片中，努力把握现
代性的真实经验，以及在其中呈现出来的辩证意象，而非用一种虚假的同
一性来统摄具有辩证存在特性的事物，"自上个世纪以来，哲学进行了一
系列的尝试，旨在把握真正的经验。所谓真正的经验是相对于那种体现在
文明大众的标准化的、不自然的生活的经验而言的"。② 在本雅明看来，
辩证意象是现代性的表征，正如"罗马是永恒的城市，因为一切都是重
叠的，无一物被熄灭，亦无一物仅只是眼前的存在"。③ 他在现代性的辩
证意象中，努力挖掘遗存在废墟中的、不能被现代性所同化的历史沉淀
物。存在的本质不可能消融于现代世界建构起来的理论和实践中，真理必
然像钻石一样在深处熠熠发光。正是遗存在历史中的人尚未完成的生命，
使历史处于未完结和开放状态，同时开始了救赎的可能。"我们这里有一
个人，他不得不收集这个都市的日常垃圾。凡是这个城市抛弃的东西，凡
是它丢失的东西，凡是它唾弃的东西，凡是它践踏的东西，他都加以编目
和收集。他核对骄奢淫逸的流水账，整理废物的堆放处。他对所有的东西
分门别类并作出明智的选择。就像一个吝啬鬼守护着一个宝库那样，他收
集者各种垃圾。那些垃圾将会在工业女神大嘴的吞吐中成为有用的或令人
满意的物品"。④ 本雅明像"地质学家"、"拾荒者"和"深海采珠人"一

---

① The Dialectics of seeing—Walter Benjamin and the Arcades Project, Susan Buck-Morss, The MIT Press Cambridge, Massachusettes, London, England, p. 160.

② ［德］本雅明：《巴黎，19 世纪的首都》，刘北成译，上海人民出版社 2006 年版，第 184 页。

③ 郭军、曹雷雨：《论瓦尔特·本雅明：现代性、寓言和语言的种子》，吉林人民出版社 2003 年版，第 333 页。

④ ［德］瓦尔特·本雅明：《巴黎，19 世纪的首都》，刘北成译，上海人民出版社版 2006 年版，第 148 页。

样，把隐秘存在于现代性废墟中的未实现的弥赛亚诉求，在历史进程被打断的瞬间呈现出来。本雅明用可理解的、有力的"辩证意象"，展现现代文化的倒退因素及其乌托邦潜能，当那种组合完成时，19世纪作为一个印象空间被"全面且综合的现实性"所激发，那是"世俗的启迪"发生的瞬间。

当现代社会沉迷于科学技术、商品世界和历史进步论营造的梦幻世界中时，本雅明对现代文化做出了准确的判断：启蒙走向反面，启蒙演变为神话。与其他寻求拯救现代性危机的思想家不同，本雅明没有完全否定和弃绝现代性建构起来的世俗世界，而是在现代性呈现出来的辩证意象中，对废墟中蕴含的乌托邦潜能进行救赎。触摸现代人的真实处境，是本雅明探究现代社会的独特方式，他远离正统的抽象哲学和历史书写方式。在本雅明看来，经过理性抽象的哲学和历史，已经打上了书写者的主观意图，无法提供真实的历史画面，历史的本来面貌必须到遗存于历史中的具体历史事实里面去寻找。遗存于历史中已经过时的、具有最大限度的具体存在物在诉说着历史本身。他在遗存于历史中的"资本主义世界的缩略图"——拱廊街中，看到了商品拜物教的起源和本质特征，《拱廊街计划》用深入到经验深处的"辩证意象"，展现了现代性的倒退因素及其乌托邦潜能。"就像一个人在海难中爬上已经摇摇欲坠的桅杆顶部随船漂流，但只有在那儿，才有机会发出信号以获救"。① 现代性神话造成的时代危机和巨大灾难，促使"无法对危险视而不见"的本雅明，用毕生精力研究现代性危机及其起源。

现代性批判与救赎是贯穿本雅明全部思想的底蕴，本雅明对现代性及其起源的研究，与同时代及其后来的思想家相比而言，其鲜明特色在于：一方面是其独特的方法，本雅明远离学院派抽象的知性思维方法，采用全景式意象呈现的方式，让历史遗存和现实经验道出现代性存在的秘密，从而避免主观性的染指与僭越。《拱廊街计划》是本雅明用大量的材料建造的一个"具有秘密联系的世界"，一部关于现代性的"魔法百科全书"和这个时代的"辩证意象"。② 对于这种方法，本雅明在《巴黎，19世纪的首都》（1939年提纲）中指出："我们对这些创造物的'阐明'不仅以理论的方式，即通过意识形态的转换进行，而且通过它们可感知的存在来直

①　［美］汉娜·阿伦特：《黑暗时代的人们》，王凌云译，江苏教育出版社2006年版，第161页。

②　［德］本雅明：《巴黎，19世纪的首都》，刘北成译，上海人民出版社2006年版，第2页。

接展开。"① 另一方面的特色是他对现代性采取的辩证态度，他在现代性中探测到的不仅是幻象和废墟，还有其中蕴含的解放潜能。本雅明认为，现代性作为一种走向极端的世俗力量，恰恰促成了另一种力量的产生，毁灭预示着新生，绝望与希望相连，追求自身利益最大化的世俗力量，恰恰促使弥赛亚力量的到来。本雅明对于现代性采取的救赎式批判，批判同时也是拯救。在历史废墟中，他努力挖掘遗留在其中的未完成的生命诉求，在打断历史连续进程的瞬间，让它被记忆捕捉和辨识，成为被压迫阶级革命和解放的契机。

　　本雅明对现代性采取的辩证态度，同对现代性采取全然拒绝与否定的思想之间存在很大差异，这不仅是方法论和批判范式的不同，背后蕴含的是对于存在本质的不同理解。这也是本雅明与他所归属的法兰克福学派的社会批判理论之间处于一种若即若离状态的根本原因，这种不同也使本雅明与后现代思想观念拉开了距离。

---

① ［德］本雅明：《巴黎，19 世纪的首都》，刘北成译，上海人民出版社 2006 年版，第 33 页。

第二章　本雅明历史哲学的方法论基础

本雅明的历史哲学建立在独特的方法论基础上，在本雅明看来，正确认识事物的方式是人与事物的相互通达，换言之，人与事物之间的主客藩篱必须彻底拆除，只有当人与事物达到合一状态时，事物在其自身语言中表征的本质才能被人类辨识、翻译和解释。这种建立在主体与主体之间相互印证基础上的认识方法，与把人类傲慢地提升到主体地位，妄图对认识对象任意指涉的现代性认识范式具有本质上的不同。本雅明认为，人类只有放弃自我才能真正认识自我和其他存在，在"主体性之死"的前提下，让事物自身道出存在的秘密，人只是自然语言的翻译者而不是破坏者，人不能为自然立法。

在本雅明看来，拯救现代性危机的根本途径是在方法论上进行一场"哥白尼革命"，把人从主体的优越位置上拉下来，让自然本身言说，人作为聆听者、翻译者，把自然的秘密表征出来。自然语言展示的是世界的原初状态——一个整体和谐的世界，它是没有被人类强行分裂的世界。基于对世界整体和谐的坚信，本雅明摒弃了现代认识范式，这种思维方式建构起来的只能是一个丧失了神圣起源的破碎世界。他远离当时正统的方法论范式，运用碎片、星座、寓言、文学蒙太奇、停顿的辩证法和辩证意象呈现的方式，试图抓住自然与人自身存在的秘密，进而使他们的本质得以呈现。阿多诺把本雅明的方法称作"知识性核分裂"，[1] 本雅明把他的认识论称为"胆大妄为的放肆"，它的根本在于，摧毁建立在主体性基础上的虚假的同一性逻辑，在一种辩证的框架内揭示世界的辩证统一性，即世界在结成一体时又保持活力，换言之，在世界和谐统一的整体框架中，每个具体存在获得自身的合法性，这种辩证的方法贯穿于本雅明全部著述和思想的始终。

---

① ［日］三岛宪一：《本雅明——破坏·收集·记忆》，贾倞译，河北教育出版社 2001 年版，第 258 页。

第一节　对现代语言观和认识论的批判

本雅明的方法论建立在对现代形而上学语言观和认识论的批判基础上，在他看来，在现代认知范式中，语言已经堕落到交流手段和商业工具的低级层面，不再能够正确命名和表达事物的本质。现代认识论是从外部把握客体的知识模式，坚信客体必然先验地与人的概念结构相符合，得到的却是带有人类主观意向性的知识而非真理。这种工具性知识是对存在的扭曲和主观剪裁，带有强权的神话暴力特征，陷入一种他律的、基于计算和实用原则的功能关系网络中。在《德国悲剧的起源》一书中，本雅明指出"由于哲学是由这种系统概念所决定的，所以就有将自身融入一种概念混合的危险，这种概念混合在各种不同知识之间编织了一个蛛网，试图诱捕真理，仿佛真理是从外部飞来的东西一样"。① 本雅明对现代语言观和认识论的批判，旨在通过爆破人类主观建构起来的语言和知识神话，力图从救赎的立场上超越人类主观意向性和强权性认识，恢复被语言和认识的意指性、交流性和功能性遮蔽的语言和自然之间的真正关系，揭示出语词与事物本身之间的直接关联，把被人类压抑和遗忘的自然本质，推进到永恒的救赎状态。

一　对现代语言观的批判

本雅明早期对于语言和知识问题的思考，是对于人主观建构起来的语言、知识进行的辩证法式的破坏，这种辩证的破坏并非是全盘的瓦解，而是将存在于知识和历史中的不朽生命救赎出来。

在《论原初语言和人的语言》中，本雅明的批判直接指向作为知识和思想基础的语言，本雅明从神学和形而上学的维度探讨了语言的原初本质。在本雅明看来，语言绝非只是人类拥有的精神表达的方式，因为传达自己的精神内容根源于万物的本性，本雅明认为任何事物都不能完全脱离语言而存在。任何一种存在都有表达自己的精神内容的倾向和特性，而一切表达都可以归结为语言，自然的沉默也是一种语言。而语言表达精神实体的方式是本雅明批判现代语言观的根本所在，他认为，语言直接与精神

---

① ［德］瓦尔特·本雅明：《德国悲剧的起源》，陈永国译，文化艺术出版社 2001 年版，第 2 页。

实体是同一的，语言就是精神实体的直接表达，即一个实体语言就是其精神存在得以传达的中介，这种中介是一种直接性。"语言传达什么？要传达的是和它相符相合的精神存在。个中关键在于，精神存在在（in）语言之中而不是用（through）语言传达自身"。① 换言之，语言不是外在于精神实体表达的手段和工具，相反，精神存在就在语言之中与语言是内在统一的。在本雅明看来，如果语言只是作为传达精神实体的手段和工具，它传达的就是一些同自身相区别的事物而不是其自身，因而它就没有言说者，因为语言传达的是和它相符合的精神存在。"精神存在从一开始就被设定为是可传达的，或者更准确地说，从一开始就被放置于可传达的疆域之内；这样，在'就……而言'的范围内，下面的观点就成了同义反复：就精神存在是可传达的而言，事物的语言存在和精神存在是同一的"②，本雅明把语言传达精神存的这种直接性和无限性称作语言的魔力。

与自然无声的语言不同，人类的语言是通过语词来言说的，因此，人是通过对其他事物的命名来传达其精神存在的，而这种命名的方式即人传达自身的方式，被本雅明看作是甄别不同的语言观和揭示资产阶级语言观的错误的关键，它涉及的是"人究竟是通过（by）他给予事物的名称来传达自身的？还是在他给予事物的名称之中（in）传达自身的"？③ 在本雅明看来，资产阶级语言观的根本错误是坚持"人是通过名称来传达其精神存在的"这种间接的表达方式，这种观点认为人与人之间所传达的乃是作为事实存在的主体，而不是事物的精神存在，这样，语言的客体是事实存在，语词是传达的手段和工具，语言的主体和接受者是人。本雅明认为，语言并不能被区分为主体、客体和手段，语言就是事物精神存在的直接传达，语言表达的是其精神存在本身而不是什么具体的事实存在，因为具体的事实存在并不能涵盖和包容事物的精神存在即事物的原初生命。具体事物的生命本身就在语言中言说，而不是靠人的主观赋予和接收才可以得到表达，事物精神存在的表达也不是通过语词把主体和客体连接起来的方式来表达的，而是一种直接的表

① ［德］本雅明：《写作与救赎——本雅明文选》，李茂增、苏仲乐译，东方出版中心2009年版，第4页。

② ［德］本雅明：《写作与救赎——本雅明文选》，李茂增、苏仲乐译，东方出版中心2009年版，第8页。

③ ［德］本雅明：《写作与救赎——本雅明文选》，李茂增、苏仲乐译，东方出版中心2009年版，第6页。

达。换言之，人类的语词表达方式是这样一种方式，即在赋予事物名称的语言中就是对事物的精神存在的翻译，而不是通过赋予事物以名称，以人的主观性来为事物的存在赋予意义，因为万物都在直接地表达自身，人的任务只是在给事物命名中，把自然无声的语言翻译为有声的语言，这同时是人的精神存在的表达。在本雅明看来，人不是用主观意图来剪裁和歪曲自然精神的君王，而是自然无声语言的聆听者和翻译者，因为"反之，在事物自身的语言中，在自然暗哑无声的魔力中，上帝的语词无声地闪烁着光芒"。① 人被赋予创造语言的自由在于，把万物语言中蕴含的、上帝原初创造物的精神存在表达出来，人的命名语言的本质在于原初语言乃是人的精神存在。就像本雅明引用哈曼的话："太初之时，人之双耳所闻、双眼所见，以及双手所触，都是鲜活的语词；因为上帝就是语词。因了他口中和心中的语词，语言的起源就如孩子的游戏一样自然、无间、简单"。②

当人类的语言背离了精神存在的直接表达之后，便堕落为对某物的外在而不是对其自身精神的传达，从而成为间接的、主观的和多元的判断语言，成为对上帝无中介的、创造性的语词的拙劣模仿。语词和事物之间的直接关系堕落为偶然的联系，语词成为事物约定俗成的符号，语词必须要传达一些事物但并非自身，语言和事物的精神存在之间的神圣关联被切断。在本雅明看来，这种带有人类主观判断的善与恶的知识是无名称的，在最深刻的意义上是徒劳无功的，善与恶的知识放弃名称，它是一种外在的知识。"名称在这种知识中自行走出来：堕落标志着人类词语的诞生，在人类词语中名称不再完好无损地存在着，人类词语走出名称—语言，知识的语言，从我们可以称之为它自己内在的魔力的一切中走出来，使之确实变为有魔力的，就像是外在地有魔力的一样"。③ 本雅明认为，人类语言的堕落有三重含义：语言被当作一种工具和单纯的符号；直接性被破坏，丧失了表达事物精神性存在的纯粹命名功能；语言变得抽象了，失去了和事物精神生命的鲜活联系。"在堕落的过程中，人否弃了具体事物在传达时的直接性，也就是说，否弃了名称，从而堕入了一切传达都只是间接传达的深渊，只是作为手段的语词的深

① ［德］本雅明：《写作与救赎——本雅明文选》，李茂增、苏仲乐译，东方出版中心2009 年版，第 12 页。

② ［德］本雅明：《写作与救赎——本雅明文选》，李茂增、苏仲乐译，东方出版中心2009 年版，第 13 页。

③ ［德］本雅明：《本雅明文选》，中国社会科学出版社 1999 年版，第 274 页。

渊、空洞的语词的深渊，并最终堕入空谈的深渊。这时，抽象传达的直接性便变成了判决"。① 当人类把自身从自然中分离出来之后，在改变了的视域中，自然失去了往日的生机和活力。在现代社会人类的主体性获得完全胜利，人和自然之间的生命关联完全被切断，自然成了可以任意占有、利用、处置和掠夺的无生命材料，在作为主体存在的人类面前，自然成了哑然无语的存在。人类的语言因为丧失了与自然的生命关联，自身的生命力也衰微了，成为一种只能运载人类主观指涉和判断的符号，丧失了直接表征存在本质的功能。语言表征的本真生命和意义永远不会在场，只能寻求一种等价物替代存在本身来实现自我。人类的语言和奠基于语言基础上的认识，不再能够表征存在的原初总体性，而是以自我存在为中心，通过对存在的同化和收编，建构起一个封闭的符号体系，在这个封闭体系中虚构出一个符号和神话世界。自然通过无声的语言向人类表达自己的生命存在以及存在的独特性、绝对性和整体性，而人类正是通过与自然之间的相互模仿和融通，来获得自身的语言和意识，同时领悟和辨识有限性存在本身具有的内在统一性和永恒性。换言之，人类本真的存在是通过语言翻译和传达自然无声的语言，而不是通过把自身的主观性判断强加于自然，这样得到的只能是对自然和自身存在的歪曲。在本雅明看来，人类只能依赖"模仿"才能真正深入到存在的根基，在人对于自然的模仿关系中，自然与人之间保持着一种平等的、仿效的和主体间性的关系。"自然语言向人传达自我，人的语言则通过传达自然语言而向上帝传达自我，表明人之所以为人的本分所在"。② 人类的有声语言作为高于自然无声语言的高一级语言，本质在于把自然语言所传达的信息翻译为存在本身，从而使自己与自然融合为一体，成为宇宙秩序中的一员。"每一种较高层次的语言都是对较低层次的语言的翻译，直到在最终的清晰中，上帝的道得以展示出来，这就是这个由语言所构成的运动的统一性"。③ 在本雅明看来，存在用语言在诉说和表征着自身，人类只是作为翻译者和传达者出现，把自然的语言翻译成上帝创造世界时的原初命名语言，人所获得的意识真正成为存在本质

① ［德］本雅明：《写作与救赎——本雅明文选》，李茂增、苏仲乐译，东方出版中心 2009 年版，第 15 页。

② 郭军、曹雷雨：《论瓦尔特本雅明：现代性、寓言和语言的种子》，吉林人民出版社 2003 年版，第 6 页。

③ 郭军、曹雷雨：《论瓦尔特本雅明：现代性、寓言和语言的种子》，吉林人民出版社 2003 年版，第 6 页。

的传达。人只有与自然处于相互构成和统一的关系之中才能成为自我，而非在自我划定的界限内，通过与他者相对立和排除他者而成为自身。人类成为自身的关键，是有信心和勇气打破给世界强行划定的界限，界限不但不能使人类的存在获得确定性，反而使人类在主观建构起来的分裂世界中丧失了自身。"用哈贝马斯的话说即只有当人类把自然看作自己的兄弟姐妹一般，把自然视作鲜活的、言说的生命，而不是被动、沉默的物质，人类才能倾听和接受自然的语言，才能避免凝视和被凝视、主体和他者的关系，而建立平等、模仿、对话的关系"。①

本雅明的语言观是其方法论的基础，同现代语言观把语言作为认识事物的手段和工具，进而把语言与事物相分离不同，本雅明试图恢复语言的原初本质。在他看来，语言是所有存在都具有的、直接表达自身的媒介，语言作为事物自身的表征与事物是同一的。通过每一个表征自身存在的语言之间的相互理解与沟通，整个世界连接为一个整体，自然与人之间正是通过语言媒介来实现相互理解与融合。在本雅明看来，因为现代性切断了人与自然之间的原始纽带，面对表达自身的自然语言，人已无法辨识和理解。人类通过把自然无声的语言翻译成有声的语言来把握和认识自然，当人类与自然之间的天然纽带关系断裂之后，人类语言就丧失了直接表征事物的能力，现代语言观是人类原初的纯粹语言衰落的明显标志。在现代社会，语言已经碎片化为不纯的、多元化的知识语言，整个世界在语言中的统一已经不复存在，作为交流手段和工具的、带有主观意向性的判断语言，已经不能表征存在本身。在这种判断语言中表达的不是世界的本来面目，而是打上人类主观意向性的世界，在主观性的语言基础上，建立起来的现代认识论和知识大厦，成为人类主观建构起来的虚假世界。

二　对现代认识论的批判

本雅明的方法论和哲学计划，不仅奠基于对堕落为判断语言的现代语言观的批判，而且肇始于对现代形而上学认识论的批判和超越。在一战时期的德国，在思想领域占统治地位的是新康德主义哲学，新康德主义是以康德哲学中的某些思想为契机，在 19 世纪后期发展起来的一种新的认识论形态。这种理论倾向针对的主要是黑格尔的思辨哲学，在形而上学遭到重大挫折后，新康德主义认为将科学与哲学重新结合在一起才是哲学的出

---

① 郭军、曹雷雨：《论瓦尔特本雅明：现代性、寓言和语言的种子》，吉林人民出版社 2003 年版，第 7 页。

路。新康德主义在认识论上严格禁止思考绝对，并对任何敢于越过直接给定的感性直觉界限，去思考绝对的思想倾向横加指责。本雅明认为，新康德主义在面对经验主义的经验界限时所表现出来的敬畏，以及源于启蒙运动的科学主义立场，丧失了对于高级经验即绝对经验进行思考与把握的能力，因此，现代认识只能停留在低级经验的水平上。对新康德主义的批判是通过对康德的认识论批判完成的，通过批判和超越康德设定的认识论哲学框架，本雅明开始在辩证的框架内，建构一种真正既具有时间意识又具有永恒意识的哲学。

在《未来哲学纲要》中，本雅明试图通过改造康德的认识论，实现对形而上学认识论的批判和超越。在本雅明看来，康德认识论的目的是基于短暂易逝的经验世界建立一套永恒的认识价值，为传统的真理概念提供一个普遍必然的基础，因此，康德关心的最重要的问题不是知识的广度和深度，而是知识的正当性和确定性问题。本雅明认为康德的认识论只解决了认识论所面临的问题的两面性中的一个方面，即恒久知识的确定性问题，而对于短暂经验的完整性问题即当下经验的确定性问题却付诸阙如。这导致康德认识论中存在两点不足：首先，康德的全部认识论的基础是简单到极点的最没有意义的经验概念——一种空洞无物几乎没有任何价值的经验概念。"因为对康德来说，这种赤裸的、原初的、自明的经验概念，就像是一个人不明就里地分有了其时代视野一样，似乎是唯一被给予的经验——实际上，是唯一可能的经验"。[1] 而这种经验"作为一种关于世界的经验，或者一种世界观，它是最低的秩序"。[2] 在本雅明看来，无论是作为感知的经验还是低等概念的经验都是空洞的，这种经验是被粗暴和残酷剥夺了形而上学和神学维度的更高内容和力量，并且意义几乎被贬低到了最低点和最小值的经验。"康德的严重错误在于不加批判就接受了自己那个时代'正确的'认识经验标准，以及自然科学发展起来的现实概念——'一种低级的现实'。与同时代的大多数人一样，康德很自然地认为，唯一可能合法的经验概念就是建立在已得到证实的牛顿物理学基础上的经验概念"。[3] 通过剿灭形而上学因素，把具有形而上学维度的经验和

---

① ［德］本雅明：《写作与救赎——本雅明文选》，李茂增、苏仲乐译，东方出版中心 2009 年版，第 20 页。

② ［德］本雅明：《写作与救赎——本雅明文选》，李茂增、苏仲乐译，东方出版中心 2009 年版，第 21 页。

③ ［美］理查德·沃林：《瓦尔特·本雅明　救赎美学》，吴勇立、张亮译，江苏人民出版社 2008 年版，第 34 页。

知识相分离，使知识原理不能证明形而上学研究的逻辑地位，知识概念成为缺乏激进性和统一性的，不能生产的和绝对相分离的物化的经验。"理性再也不能够去探讨那些与人的存在有关的、涉及生活的意义以及人相对于绝对的位置的那些终极问题了。"① 本雅明认识到，启蒙精神由于驱除了作为真实经验的来源和根基的这些高级经验，使现代性处于一种极端怀疑论的哲学意识中，最终走向了自己的反面——神话。如果说传统形而上学中一切教条、迷信和错误的绝对这些理性主义的过度思辨因此被启蒙摧毁了，与此同时，理性也不再能够探讨那些蕴含在人类生存结构中的高级经验，并被放逐到辩证幻象的领地或者超感觉的"可知世界"。造成的结果是使现代认识论所奠基的低级感性经验，由于失去了根基和意义来源而由真实变为虚假，启蒙最终演变成为用一种低级经验的幻象取代另一种形而上学的幻象，正是这些促使本雅明将启蒙精神不客气地定性为"最低级的一种"。康德的认识论的另一点不足在于：从方法论的角度看，康德把知识和经验与人的主观经验意识连接在一起，知识的出发点奠定在人的主观感知经验基础上，它是一种极端的主观主义。"毋庸置疑，下述观念——也许会有简单化之虞——在康德的知识概念中扮演着最为重要的角色：个体之活跃的自我通过感官获得感知，并在此基础上形成理念"。② 在本雅明看来，康德对先验主体意识的绝对推崇，妨碍了他进入事物自身的本质而获得真理的可能。康德从主体的先验意识而不是事物本身出发，为认识论设定了一个主观主义的出发点和认识基础，在这样的基础下，"统觉的先验统一性"范畴机械地综合了从机械的自然世界获得的各种感觉，反过来生产出了一个可以预见到的、具有机械论性质的经验概念。在本雅明看来，真理在起源上是某种客观的和神圣的东西，因此，在本体论上高于先验主体的抽象综合活动。本雅明从经验自身出发，驳斥康德先验主体的绝对优先性，并把康德以及与此相一致的认识论，因其都提出了世俗的、与绝对相脱离的经验概念，在实质上都视为是神话的。这种思辨形而上学的神话性质在于：作为感觉之纯粹接受者的经验的正确性和有效性，仅仅取决于个体的、有生命的人及其意识，这样，"有多少种经验意识，就有多少种经验"。③

---

① ［美］理查德·沃林：《瓦尔特·本雅明　救赎美学》，吴勇立、张亮译，江苏人民出版社 2008 年版，第 34 页。

② ［德］本雅明：《写作与救赎——本雅明文选》，李茂增、苏仲乐译，东方出版中心 2009年版，第 23 页。

③ ［德］本雅明：《写作与救赎——本雅明文选》，李茂增、苏仲乐译，东方出版中心 2009年版，第 24 页。

这种经验与经验意识之间的关联，从真理的角度看，只有臆想和幻觉的价值，在本雅明看来，在人的主观经验意识和经验的客观性概念之间不可能建立起真正的联系。

本雅明认为，为了彻底结束人的主观经验意识对客观事物的染指，"未来之认识论的任务乃是为知识寻找一块主体概念和客体概念握手言欢的中立之地；换言之，是为知识发现一块自治的、与生俱来的领地，在这一领地中，知识概念将不再指定形而上学两种实体之间的关系"。① 本雅明一贯的哲学信念是对真理运动的客观性的确认，他曾夸耀到："如果说我比同代人中的大多说作家写得好，主要归功于二十年来我一直在遵循一条小小的规矩：除了写信，从来不用'我'字。我允许自己突破这条规矩的次数屈指可数"。② "按照本雅明的观点，如果我们的真理观念就像康德在先验分析论中所说的那样，被局限在纯粹'主观构成'之中，那么，它的丰富性和生产性将大大降低"。③ 在本雅明看来，新康德主义认识论是这一问题重重的思想遗产的当代表现。现代认识论的最大问题在于：它把自我中心式的主体的低级经验当作认识的出发点，把在本体论上先于认识主体，带有超越维度的绝对经验——本雅明称之为神学经验，从现代经验和知识系统中排除，试图从事物的外部、以人类的感觉经验为根基建构起一套知识体系，来取代存在本身固有的本质。这种人类主观建构起来的认识论神话，把在时间性和短暂性的现象中存在的永恒精神性人为阻断，继而用带有主观价值判断的经验"真理"来弥补这一断裂。本雅明反对将这种自我中心式的自我确定性当作认识的起点，因为这是一个使笛卡尔之后的所有认识论都不堪其扰的问题。现代认识论把经过主观之网过滤后的经验，当作客观世界的真实存在，这种带有主观性烙印和高度合理化的经验与一个技术理性占统治地位的现代世界完全契合。现代语言观和认识论同现代性本身一样已经衰落，它们建立在主体—客体二分的认知模式上，语言沦为主观意向性任意指涉的符号。人作为主体与作为自然的客体相互对立，在不能逾越的鸿沟面前，只能按照自身的主观经验去推断自然，而人类最低级的感觉经验被认为是最真实的经验。在人与自然分裂的

① ［德］本雅明：《写作与救赎——本雅明文选》，李茂增、苏仲乐译，东方出版中心2009年版，第24—25页。
② ［美］理查德·沃林：《瓦尔特·本雅明　救赎美学》，吴勇立、张亮译，江苏人民出版社2008年版，第25页。
③ ［美］理查德·沃林：《瓦尔特·本雅明　救赎美学》，吴勇立、张亮译，江苏人民出版社2008年版，第35页。

情况下，科学不能再完成认识世界整体的任务，因为科学本身已经丧失了关照整体的能力。现代认识论把握的是最低级的经验，得出的认识也是最低级的知识。本雅明认为人类获得知识的正确途径是，在事物面前放弃自身的主观意向性，在与本真生命的感应和关联中，获得对事物的认知。本雅明认为，人类认识事物的前提条件是主体性之死。

三　作为“教义”的知识

本雅明在对现代形而上学认识论进行批判的基础上，提出了未来哲学的任务和基本原则。他认为，未来哲学的基本问题是建立一个不再取决于人的经验意识的新的经验和知识概念。这种新的经验将修正和改变仅仅定位在数学—力学维度上的经验概念，把康德没有能够真正加以综合的“神学经验”作为真正的经验包括进来，这种神学经验是一种作为典范的纯粹知识，即对于统一世界的原初经验。这种神学经验作为一种最高级的经验，不是外在于存在的一种形而上学本质，而是存在本身固有的形而上学本性，是存在的名称状态——这种名称语言就是精神实体的直接表达。在本雅明看来，只有这种神学经验才能使具有时间性的事物，成为具有独立性的存在，其合法性和确定性才能得以保证，从而使既具有时间意识又具有永恒意识的哲学成为可能。只有把具体存在中蕴含的世界原初经验，作为一种包含世界整体形象的形而上学理念，才能把具体经验整合为一个整体，换言之，这种神学经验作为一种包括世界形象的理念，为经验的统一体和连续体奠定了形而上学基础，“而经验统一体和连续体的基础——不是其庸俗的基础，也不仅仅是科学的基础，而是形而上学的基础——必须在哲学理念中得到证实。这些理念向着最高的知识概念的汇集必须被展现出来”。① 这种区别于传统思辨形而上学的“未来形而上学”的独特性在于：“它动用其普遍性的力量，借助于理念，迅速地将一切经验与上帝的概念联结起来。”② 在新的神学经验基础上建构起来的知识，同语言的直接表达是联系在一起的，这种知识将超越主—客体的认知方式，知识真正成为存在本身自我表达的自主知识领域，去除了人类强加的、带有暴力性质的价值判断和主观臆想的神话本质。在本雅明看来，“未来哲学的任务可以被设定为：去发现或者说创造这样一种知识概念，即通过将经验与

---

① ［德］本雅明：《写作与救赎——本雅明文选》，李茂增、苏仲乐译，东方出版中心2009年版，第28页。

② ［德］本雅明：《写作与救赎——本雅明文选》，李茂增、苏仲乐译，东方出版中心2009年版，第25页。

先验意识完全联结起来，它不仅使机械经验，同时也使宗教经验在逻辑上成为可能。这绝不意味着是知识使上帝成为可能，但是却绝对意味着，从最根本的意义上说，是知识使关于上帝的经验和教义成为可能"。①

作为"教义"的知识不是宗教意义上的对彼岸生活的虚无缥缈的教导，而是对人类现实生存的真实状况和救赎状态的表征。本雅明之所以把本真的人类生存状况和知识称为"教义"和神学经验，是因为作为经验之总体，它超越事物经验层面的因果联系，带有形而上学的理念建构的绝对性。对本雅明来说，"存在之根源潜在于经验之总体之中，而哲学只有在教义中才能邂逅某种诸如存在之类的绝对的东西，才能邂逅经验本性中的连续体"。② 凡是与既存方式不相符但又遏制不住的东西，应该是能给思维以原创性动力的东西，本雅明用隐喻方式念叨出了无以言说之物，物自体是不能用概念阐释的，只能用隐喻的方式，在由碎片组成的辩证星座结构中呈现出来。

第二节　碎片和星座

本雅明对现代语言观和认识论的批判，揭示出传统概念和智性思维的神话性质，在这种认知模式下世界成了单纯主观性的存在，成了由主体注入到客观世界中的存在。在颠覆现代形而上学语言观和认识论的根基基础上，本雅明尝试用一种全新的反智方法，去解放被概念思维遏制住的"经验与自由、当下经验和恒久知识"之间的新型辩证关系。

本雅明哲学方法论的纲要性阐述，在《德国悲剧的起源》的"认识论——批判序言"中得到详细阐释。"这无疑是 20 世纪最简洁、最深奥的哲学论述之一，也是对本雅明自身信仰的鲜活表达：这种连续的停顿是为了呼吸新鲜空气，这最适于思辨过程的模式"。③ 在这篇关于方法论的文本中，本雅明对现代形而上学认识论进行了批判，在此基础上阐明自己独特的方法论。本雅明从柏拉图的理念论、莱布尼兹的单子论、歌德的原

---

① ［德］本雅明：《写作与救赎——本雅明文选》，李茂增、苏仲乐译，东方出版中心 2009年版，第 25 页。

② ［德］本雅明：《写作与救赎——本雅明文选》，李茂增、苏仲乐译，东方出版中心 2009年版，第 30 页。

③ ［美］理查德·沃林：《瓦尔特·本雅明　救赎美学》，吴勇立、张亮译，江苏人民出版社 2008 年版，第 82 页。

初现象和黑格尔的辩证法中吸收合理成分，用具有象征性的单子、起源、语言的命名状态、碎片、星座和停顿的辩证法构建起独具特色的方法论，试图构建以起源——存在的原初经验——这样的高级经验作为基础，现实经验碎片在理念的星座构型中、在停顿的瞬间重建和恢复到起源状态的经验总体。本雅明把具有时间性的经验和原初经验整体之间的统一性表征出来，从而建立这样一个存在的经验总体，在这个整体中，具有时间性的经验现实作为最纯粹的碎片结构，其本身就在表达存在的精神本质，从而使经验现象的合法性得到确证。对于本雅明来说，真正的"方法论必须从对某一高级秩序的信任开始，这个秩序高于科学的真实主义所提供的秩序"。①

一　星座式的辩证结构

"本雅明坚信'方法'不是独立地存在于研究过程之外的什么东西，必须由研究对象自身的内在规定和必要性来决定"②，换言之，方法和存在的本质是联系在一起的，方法不是外在于内容的形式。方法不是从外部对真理进行捕捉，而是内容显现的方式，对世界的认知方法与世界的存在方式之间具有一致性。"对于真理，方法是自我表征，因此作为形式内在于真理之中。与知识的方法论不同，这种形式并非衍生于意识所确立的一种一致性，而衍生于一种本质"。③

在本雅明看来，丧失了原初统一性的现实世界，现象和本质、物质和精神、时间和永恒之间的直接同一性和整体性消失了，世界丧失了与原初语言的命名状态之间的直接和鲜活的同一。但是世界的统一本性并没有完全在现实世界中消失，而是以辩证的形式存在于碎片化的经验中，在碎片化的经验中依然保有语言的本性，即碎片化经验辩证地表征与原初世界的同一性。本雅明用一个破碎的花瓶意象，揭示现实世界的存在状态，每一个碎片都是作为花瓶的一部分同整个花瓶连接在一起，在每一个碎片身上都可以辩证地看到花瓶的整体性和统一性。"正如马赛克在破碎成无常的颗粒时仍然保有其尊严一样，哲学思辨也不乏契机。二者都是由独特的和各不相关的因素构成的；再没有什么能比此更有力地证明神圣偶像和真理

---

① ［德］瓦尔特·本雅明：《德国悲剧的起源》，陈永国译，文化艺术出版社2001年版，第14页。

② ［德］瓦尔特·本雅明：《德国悲剧的起源》，陈永国译，文化艺术出版社2001年版，第18页。

③ ［德］瓦尔特·本雅明：《德国悲剧的起源》，陈永国译，文化艺术出版社2001年版，第3页。

本身的超验力量了"。① 尽管现实世界丧失了原初的直接同一性，但是存在的原初统一本性并没有因为世界的碎片化而与经验存在相分离，每一个碎片都蕴含和表达着存在的绝对性内涵。本雅明看到，现实世界的存在方式是一种辩证存在，这种辩证性表现为：具有偶然性、时间性的个体存在，既具有自身的独特性和生命诉求，同时又是世界整体性的一个侧面，一种表达。存在的统一性本质不是作为独立的"本有"和现象相分离，而是蕴含在现象之中的客观绝对性，现象与本质相伴而生，如影随形。在本雅明看来，存在不是以自在的"现象"和经过理性抽象的"本质"两种独立的实体形式存在，而是作为一种结构——现象/本质的"单子"式的辩证存在，这种单子是"多"与"一"的辩证统一。对于存在的辩证理解，与作为西方哲学开端的埃利亚学派从感性现象的"多"中抽象出来永恒不变的本质"一"严格区别开来，彻底消除了对于整体的主观性分裂。在本雅明看来，具体事物的存在方式是个别性与不可具象的整体性相互辩证的构成，而不是被分裂为现象和本质两种存在。在本雅明那里，形而上学的现象和本质二元对立的世界图景被消解了，本质不再是与现象相分离的、寓于彼岸世界的虚无缥缈的本有，而是作为一种客观的绝对性存在于现象中，存在是作为一个辩证统一的整体存在。作为整体存在的世界，在人的主观意识中被指涉为现象和本质两种存在，不能直接被人的感觉经验捕捉到的整体性被排除出去了。在本雅明看来，现代性意味着这样一种思维方式，它是一种将技术统治目标对实在进行的近乎超验的构造为基础的方式，从这种主观性的神话中解脱出来，只能通过对主观意向性的瓦解和对存在辩证性的辨识来实现。本雅明认为，存在既不是实证主义和自然主义意义上的"自在的"和"现实的"物质，也不是唯心主义意义上的"物自体"，同时也不是现象学意义上的先于存在者的存在，从根本上说，它们都是对存在的"当前化"和"自在"的直观和机械的理解，都是经过人的主观意向性过滤的存在形态。存在自身的精神性本质即蕴含在现象中的绝对性，已经从人的主观视域中被排除了，只剩下被直观到的自在的、静止的表象，存在本身具有的辩证统一性，被分裂为独立的表象和本质两种完全不同的存在。无论存在被直观为感觉经验的表象还是被理性抽象为物自体，都不是存在的本真状态，在一个分裂的现实世界，"自在性"使存在不可能是它们自己，而只能作为他者的载体而存在。在本

---

① ［德］瓦尔特·本雅明：《德国悲剧的起源》，陈永国译，文化艺术出版社 2001 年版，第 2 页。

雅明看来，只有从辩证意象中才能呈现出存在的原初本质，本雅明的存在观念是一种动态的"非存在的存在"，"不在场的在场"，是时间与永恒的辩证统一结构，是对静态的、自在的"一直就那样的事物"的唤醒和救赎。它作为本真的经验是绝对的和本原的，不会听从人的摆布，在历史的变化中呈现出不可解构的历史总体趋势。

　　本雅明在一种辩证的框架内找到了认识和把握现实世界的方式，在他看来，哲学方法在本质上说是一种迂回的表征，目的性结构的阙如是其基本特点。存在的绝对真理性具有不可界定的本性，因为存在和知识具有语言本性，即直接表达自我的精神存在，本质的超越性只能在辩证结构中显示自身。具体事物作为一个单子式结构本身就蕴含着整体，而且这些具体事物的碎片之间的张力越大，表征真理的能力就越强。本雅明把这个辩证的框架比作星座，它在由具体事物相互关联和映射的构型中，使经验的统一体和连续体显现出来，在这个辩证的结构中，存在与其原初的精神性本原、时间与永恒结合在一起。

二　作为真理的理念

　　在"认识论——批判序言"中，本雅明对作为真理的理念与现代认识论作为"真理"的知识客体进行了比较。在本雅明看来，形而上学的认识论追求和得到的是知识，是人的主观意图追求的虚假同一性，达到的是对个别现象的概念的整一。这种知识并不是事物自身的真理所在，与知识相区别的理念作为一种构型，能使具体事物的起源即真理在具体事实中显现出来，到达本质的整一。本雅明认为，真正的哲学研究的客体应该是理念而非现代认识论的知识，知识客体并不等同于真理，因为真理没有任何主观意图，而知识的客体是由概念中固有的主观意图决定的。"知识是占有。其客体由这样一个事实所决定，即它必须被意识所占有——即便是在某种超验的意义上"。① 在本雅明看来，理念是先于人的主观意识的绝对性自存，理念具有原初语言的命名本性，在碎片化的经验现实中得以重申命名的权利。"真理不是在经验现实中实现自身的一种意图；真理是决定这个经验现实的本质的力量。这股力量所独属的超越所有现象的一种存在状态，就是名称的状态。"② "理念具有语言的性质，是任何词语本质中

---

① ［德］瓦尔特·本雅明：《德国悲剧的起源》，陈永国译，文化艺术出版社 2001 年版，第 3 页。

② ［德］瓦尔特·本雅明：《德国悲剧的起源》，陈永国译，文化艺术出版社 2001 年版，第 9 页。

的象征的因素。在经验认知中，词语变成了碎块，除了多多少少隐藏起来的象征方面外，词语还具有一种明显的世俗意义。哲学家的任务就是通过表征恢复词语重要的象征性，在这种象征性中，理念被赋予了自觉性，而这是一切外向交流的反面"。① 本雅明在理念论的秩序中对真理做了重新界定，"作为本质的整一而非概念的整一，真理超越一切质疑。概念是理智的自发产物，而理念不过是供人反思的所予。知识所提供的真理与一致性之间的区别于是把理念界定为本质。这就是理念论的真理概念的含义"。② 本雅明认为，真理作为由理念表征的无意图的存在状态，区别于由概念所固有的意图所决定的知识客体，作为人的理性产物的知识，不能正确揭示存在的本质，因此必须把能够表征存在的本质的理念作为真理，这样才能破除知识论对于存在本质的歪曲。真理的获得方式不是通过对经验现象的归纳和抽象得出的，这样得出的只能是概念的整一，而非真理的整一；真理是事物自身本质的表征，是在辩证的框架内蕴含于碎片深处的存在本质在瞬间的显现。对于本雅明来说，理念不仅具有语言的本性，而且是一个单子式的结构，每一个理念都包含世界的整体形象，理念表征的目的是以缩略的形式概括这个世界的形象。理念世界不是单纯构想出的，它是一个自在之物，能使自己被关照到，如果知识不在理念世界的构造中汲取灵感就是毫无用处的。

　　基于对世界的辩证存在方式的认识，本雅明的方法论旨在使碎片化的经验现实中蕴含的本质得到关照和呈现。本雅明认为，碎片化的经验与经验整体的统一，是在理念的构型中、在特定的排列中显现出来的，理念为经验的自我表征提供了真理的框架。关于理念的意义，本雅明用一个类比进行说明，"理念之于客体正如星座之于群星"。③ 星座作为一种框架，使群星既彼此分离又成为统一和谐的整体，这正映衬了理念和碎片化经验现实之间的关系，理念作为原初统一世界的表征，使"当下的经验现实"和"起源"连接在一起，在理念的框架内经验现实的个别性、暂时性和起源的整体性和永恒性的辩证统一意象得以显现。在本雅明看来，"这个内容并不是暴露出来的，而是在一个过程中显示出来的，这个过程可以用

　　① ［德］瓦尔特·本雅明：《德国悲剧的起源》，陈永国译，文化艺术出版社 2001 年版，第 9 页。

　　② ［德］瓦尔特·本雅明：《德国悲剧的起源》，陈永国译，文化艺术出版社 2001 年版，第 4 页。

　　③ ［德］瓦尔特·本雅明：《德国悲剧的起源》，陈永国译，文化艺术出版社 2001 年版，第 7 页。

隐喻描述为外壳进入理念领域之时的燃烧，即是说，在毁灭作品的过程中作品的外在形式放射出最夺目的光彩"。① 关于这一理论，阿伦特曾经说，它吸引本雅明的地方在于，"精神及其物质表现方式是如此紧密地联系在一起，以致似乎可以在任何地方都找到波德莱尔所说的'应和'，并且如果适当地把（精神及其物质表现形式）二者联系起来，它们就能互为引证、互为解释，到最后他们不再需要任何说明或解释性的评论"。② 本雅明认为哲学的两项基本的任务，一是通过沉思的作用，概念使得现象参与理念的表征；二是当借助理念拯救现象时，理念的表征也通过经验现实的媒介实现了。因为"理念本身不能被表征，而只能通过对概念中具体因素的安排：即作为这些因素的构型"。③

本雅明认为，真正的理性不过是整合零碎经验的共时化星座，理念为认识的真理性提供了框架和客观性基础，作为碎片化的经验和本质的统一，不能在逻辑推演中完成，而必须在时间中完成，"哲学教义以历史整理为基础"。④ 当下经验存在的合法性和确定性，不能用理性思维构建的与经验现实相异质的本质来获得确定性，而只能通过与过去的原初经验连接在一起，在时间中彰显和完成现象和本质的统一。理念为经验现实提供了共时化的框架，在觉醒的瞬间，过去、当下和未来达到了统一，在时间中存在本性得以澄明。这种绝对的理念作为超越一切经验现实的绝对本性，具有某种神学意味，正如本雅明所说，"但若没有神学，真理就是不可想象的"。⑤ 但是与正统的神学不同的是，理念作为具有神学意味的高级经验内在于存在结构中，为现象存在的合法性提供真理的框架。这样，接近真理的正确方式就不是通过带有主观性的判断和推理，而是通过完全沉浸融汇于现象之中，与事物建立起统一的关系。

在本雅明看来，理念作为一种辩证结构是这样一种状态的表征，即极端对立的存在在瞬间实现综合和统一。正是在极端经验之间，存在的辩证

---

① ［德］瓦尔特·本雅明：《德国悲剧的起源》，陈永国译，文化艺术出版社 2001 年版，第 5 页。

② ［美］汉娜·阿伦特：《黑暗时代的人们》，王凌云译，江苏教育出版社 2006 年版，第 153 页。

③ ［德］瓦尔特·本雅明：《德国悲剧的起源》，陈永国译，文化艺术出版社 2001 年版，第 7 页。

④ ［德］瓦尔特·本雅明：《德国悲剧的起源》，陈永国译，文化艺术出版社 2001 年版，第 1 页。

⑤ ［德］瓦尔特·本雅明：《德国悲剧的起源》，陈永国译，文化艺术出版社 2001 年版，第 2 页。

意象才能够清晰地显现出来，而存在的本质——理念，就隐藏在极端对立的事物呈现出来的辩证意象中，"理念最好应解释为语境的表征，在这种语境中，独特的和极端的东西与其对等物携手并肩"。① 处于极端的事物才使与其相反一极的统一成为可能，在事物的界限和交界地带这种明显危险的关系中能够带来理念的澄明，本雅明把看似完全没有关系的事物并置在一起，在极端的界限中，使两种力量辩证地实现统一和综合。本雅明的思维方式游荡在最具体的存在与梦幻、经验事实与神学经验、起源与当下、希望与绝望的界限和极端的对立立场之间，他自己也一直与同自己完全立场不同的人接触，"正如母亲只有当孩子紧紧围在身旁而产生亲近感之时，才开始生活在真正充实的权力中一样，理念也只有当各个极端都聚集在周围之时才具有生命"。② 在本雅明看来，真理的获得不像知性思维那样通过一系列的归纳，主观地抽象出事物的同一性，理念的显现是极端经验之间的综合，在这种综合中，个别存在保留了它们的个性和存在的合法性，真理正是在这种辩证的综合中显现出来的。只有"在极端立场之间活动"这种危险的两极组合，包含紧张、极端对立的构造这一思维方式，才会产生生产性的认识。本雅明在写给阿多诺夫人的信中这样说："我的思考在极端的立场之间活动。这种思考主张的扩张，或者把无论如何也不能放在一起的事物和思考并列驱动的自由，都是只通过危险才能获得其表情的"。③ 本雅明认为在危险的关系中蕴含着真理的全部，"理念遵循这样的法则：一切本质都是完整纯洁的独立存在，不仅独立于现象，而且特别相互独立。正如天体的和谐取决于并不相互接触的行星轨道，所以，理念世界的存在取决于纯粹本质之间不可沟通的距离"。④

本雅明专心于所有具有矛盾和紧张的事物：犹太教神学和历史唯物主义、共产主义和无政府主义、保守的浪漫主义和激进的革命主义、神秘的弥赛亚主义和世俗的乌托邦。最抽象的绝对性和最具体的经验在对立两极的界限之处实现了统一，存在的时间性和永恒性在对立事物的极端和界限

---

① ［德］瓦尔特·本雅明：《德国悲剧的起源》，陈永国译，文化艺术出版社 2001 年版，第 8 页。

② ［德］瓦尔特·本雅明：《德国悲剧的起源》，陈永国译，文化艺术出版社 2001 年版，第 8 页。

③ ［日］三岛宪一：《本雅明——破坏·收藏·记忆》，贾倞译，河北教育出版社 2001 年版，第 240 页。

④ ［德］瓦尔特·本雅明：《德国悲剧的起源》，陈永国译，文化艺术出版社 2001 年版，第 10 页。

处重叠在一起。这种"在极端和界限之间"的辩证思考方式，跳出了传统形而上学的现象和本质二元对立的认识论框架，使脱离经验现实存在的"本质"成为不可能，它是一种在存在的辩证意象中寻找弥合碎片和呈现真理的认识方式。使本雅明同现代形而上学严格区分开来的辩证思维方式的真理性在于，它彻底剥去了在不同处境下人为自然编织的各种本质、意义和价值观念，使存在自身中蕴含的本质和意义得以呈现，本雅明用最现代的蒙太奇的手法，把断裂为碎片的现实世界重新弥合成为一个整体。

第三节　辩证意象

本雅明方法论的本质，是要通过与人类强制性的认识暴力和神话无缘的辩证方法，拯救被现代认识论遗忘和遮蔽的、存在自身中蕴含的精神本性，使存在的辩证统一本质被人们辨识。本雅明用一种停顿的辩证方法，通过思维不断地停顿和重新开始，使经验现实与本原在"主体性之死"和觉醒的瞬间连接在一起。本雅明认为，停顿的辩证法作为一种表征方法，是与存在和历史的辩证统一本性相一致的。它与其他辩证法的根本不同在于，它没有经过人类主观性的一系列抽象，把存在先对立起来，然后外在地实现统一，相反，它以存在本身的辩证统一性作为前提，通过使思维在巨大的张力面前停顿下来的"瞬间"，彰显世界的统一性和整体性。这种辩证法具有破坏性和救赎性，同时是一种开放的辩证法，它没有在主观目的性基础上虚假地使存在同一化，而是在一种辩证的思维和框架结构中，让存在自身诉说世界的辩证统一性。

一　停顿的辩证法

在本雅明看来，存在的辩证本性决定了最适合思维过程的节奏是重新开始和不规则的节奏，"思维过程不知疲倦地创造新的开端，以迂回的方式重返其原初的客体。这种连续的停顿是为了呼吸新鲜空气，这最适于思辨过程的模式"。① 只有在主体性死亡的瞬间，即人类从自我中心性中觉醒的瞬间，存在的辩证本性才能被人辨识，这个瞬间也是存在自身同人类主观的建构呈现出最大张力的时刻。本雅明从德国浪漫派对客观性契机的

---

① ［德］瓦尔特·本雅明：《德国悲剧的起源》，陈永国译，文化艺术出版社 2001 年版，第 2 页。

反省、超现实主义的冲击效果、布莱希特的戏剧、马克思对市民社会的批判、收藏家的虚无主义以及无产阶级总罢工中，都看到了打断历史进程的停顿和觉醒的瞬间。在马克思对着一等船舱中口叼卷烟的翩翩绅士大叫道"你虽然身份如此高贵，但和小偷、强盗、扒手没有分别"的时候，资产阶级的统治秩序被中断。破坏和中断是本雅明方法论的核心所在，历史的中断、喘息和不断返回到起源的重新开始，是这种破坏方法的特征和节奏。本雅明追求的不是建立在时间的连续线性基础上的事物的连续体，而是一种打破常规和对经验世界的外部虚假联系进行破坏的执着，是在思维呈现出最大张力、停止的瞬间，对事物的辩证本质的把握。对于我们已经熟悉和放心地委身于事件的流程和文章中的逻辑性进展停止的瞬间，"才是超越一般时间轴的认识的瞬间，理念的图形浮现出来却无法保持下去的瞬间"。① 本雅明运用反思性的中断和辩证法的破坏，来展示 19 世纪富有教养的知识性贫乏，在辩证法停顿和觉醒的瞬间来认识存在，才能展现存在的客观性。这种破坏的方法是通向真理的必经之路，真理是不能从任何前提中推导出来的，中断意味着经验世界的两种属性的调和的不可能性，"对媒介的信赖和勉强的媒介，拦住了通向真实面孔的去路"。② 世界的辩证存在本性，使在对世界分裂的基础上实现和好成为不可能，因此只能以中断和不断重新返回原点的停顿的辩证法，才能展现存在之真，这是本雅明停顿的辩证法的核心所在。

本雅明的辩证法区别于黑格尔和阿多诺的辩证法，其根本在于，在本雅明那里，与经验世界的辩证存在方式相适应的辩证法，只能通过在存在的对立和极端中实现与其对等物的辩证和谐，而不是通过一系列媒介消除对立面来实现否定一切的肯定性统一。"在完全不能成为辩证法的问题上，本雅明讲述了辩证法"。③ "重现开始"意味着主观建构起来的秩序突然崩溃的瞬间的觉醒和希望，不能再以不变的状态保持下去，因为现实世界已经与原初统一世界失去了鲜活的联系，存在的本真只能在"瞬间"显现出来，而不能以一种状态保持下去。具有辩证张力的存在的两种属性——世俗性和弥赛亚性的和解与携手不是"和好"，在现实世界中不能

① ［日］三岛宪一：《本雅明——破坏·收藏·记忆》，贾倞译，河北教育出版社 2001 年版，第 259 页。

② ［日］三岛宪一：《本雅明——破坏·收藏·记忆》，贾倞译，河北教育出版社 2001 年版，第 266 页。

③ ［日］三岛宪一：《本雅明——破坏·收藏·记忆》，贾倞译，河北教育出版社 2001 年版，第 266 页。

获得与原初存在一样的存在方式，真理只能以中断和不断重复的形式存在。这种辩证法的根本特征在于，它是关照起源的永远的"再一次"，是其永远的复原，本雅明的辩证法是使文明的世界在瞬间冻结和凝固的批判和救赎的武器。犹太教教义中的历史事件有助于对于这种思维方式的理解，救世主弥赛亚的来临是突然到来的而非可以预知的，弥赛亚的突然到来和审判，使世俗历史被中断的"瞬间"，历史真理才真正明了。在本雅明看来，很多事件都可以作为打断世俗历史流程的弥赛亚瞬间，在历史进程被中断的瞬间带来的破坏，才是觉醒的契机和拯救的希望。本雅明喜欢用收藏和引用的方法来使事物离开现存秩序，通过转移到新的语境和构型中，展现存在的另一幅面孔。

二 辩证意象的呈现

本雅明方法论的突出特点是对概念思维和体系哲学的解构，他抛弃了概念、逻辑和体系思维对同一性和无矛盾性的追求，同时摒弃了一切唯物主义和唯心主义把概念和逻辑的正当性归因于历史进程的目的论思维。"对于康德来说，这个历史的进程是一项大自然的计划，他永远向着各个类种和平统一的方向运行。对于黑格尔来说，则是理性的自治，在这种理性的统治下，自由被认为已经实现了"。① 在本雅明看来，概念思维作为一种带有主观意向性的认识方法具有反思性，这种反思性以意识和存在的分裂为前提，在反思开始的时候，已经把存在的根基即原初存在排除了。相信通过概念思辨可以把握存在的传统认识论，只能是刻印了人的主观意向性的认识神话，事物的本质不能通过对经验现实的主观逻辑建构而获得。为了从根本上去除人类强加给存在的主观界限和意向，把存在从主观判断的权力系统中拯救出来，并且从被操纵的客体地位重返主体地位，本雅明把陈旧的概念游戏和同一性思维逻辑，转换成了寓言式的辩证意象。

本雅明通过寓言式的辩证意象的呈现，使现实存在本身中蕴含的精神本质在构型中表征出来，使人脱离在自我划定的界限内建构自我，而是在与超越意识的对象的联系中得以不断地被构成。在本雅明看来，思想的节奏既有流动也有静止，思想突然在一种充满张力的辩证意象中凝固和静止，被本雅明看作是真正的认识时刻，此时，意识的主体和客体之间的距离消失了，人类放弃自我的同时真正成为自我。在本雅明的辩证视域中，

---

① ［德］本雅明：《本雅明文选》，陈永国、马海良编，中国社会科学出版社1999年版，第347页。

必然与自由、时间与永恒、个别与整体、特殊与普遍、自我与他者再也不
是相互敌对和斗争的、彼此毫不相干的存在，通过消除对方才能实现自
己，与之相反，两者之间只有在辩证统一的关系中才能促成自身。其根本
原因在于世界本身是一个整体，具有统一性，只是在人的主观视域中才有
了区分，本雅明通过对存在的辩证本性的揭示，旨在让现代人意识到世界
在本质上是统一的整体。他通过对辩证意象的呈现来启迪人类，无论人把
自身提高到什么位置，都改变不了世界原初的整体性和统一性。相反，只
有融入自然中，洞察到世界的整体性时，人才能认识自身同时也领悟世
界。在《驼背小人——一九○○年前后柏林的童年》一书中，本雅明回
忆了童年捉蝴蝶的记忆，意在唤醒深藏在人类内心深处的世界原初意象。
"蝴蝶扑扑簌簌地飞向一朵野花，停在了上面。我举着扑蝶网，只等着花
朵对蝴蝶双翅的符咒起效。那柔软的小东西却轻轻拍动翅膀从侧面溜走，
无动于衷地在另一朵野花上方停了一停，然后像来时一样，不碰一碰那朵
花就突然飘离而去。每当这种我本来轻而易举就可以抓到的狸蝶或水贞蝶
用假装犹豫，拿不定主意和少作逗留的伎俩来捉弄我时，我真想让自己变
成光和空气，悄悄地靠近那猎物，把它捕获。我的这个凤愿后来是这样得
以实现的：我让自己随着我迷恋的那对翅膀的挥舞而起伏，随着它们的晃
动而漂移。那个古老的猎手格言开始在我们之间起作用：当我肌肉的每一
根纤维都调动起来去贴紧那个小动物，当我自己即将幻化为一只飞舞的蝴
蝶的时候。那蝴蝶的一起一落越来越近似人类的一举一动，最后擒获这只
蝴蝶就好像是我可以重新成为人的必须代价。……那个猎人将自己的身体
连同捕蝶网一起抛出。面对如此的破坏，粗野和暴力，那只蝴蝶战战兢
兢，却仍不失妩媚地躲在网中一个角落。在跋涉回营的路上，猎物的魂灵
进入了猎手的意识之中。从蝴蝶与花在他眼前交流的那种陌生语言中，他
领悟了一些天机。于是他的屠杀欲减轻了，而他的信心随之越发强大
起来。"①

在本雅明看来，丧失了原初同一性的世界具有辩证存在的本性，在碎
片化的经验现实中遗存着原初世界的整体性，在碎片中隐藏着真理的火
种。世界存在的辩证本性使认识事物的方式，只能是在断裂为碎片的经验
中挖掘原初存在，碎片、星座、理念、寓言、停顿的辩证法以及辩证意
象，被本雅明用来建构认识世界的独特方式。"中断"和"重新开始"成

---

① ［德］瓦尔特·本雅明：《驼背小人——一九○○年前后柏林的童年》，徐小青译，上海
文艺出版社 2003 年版，第 28—30 页。

为本雅明偏爱的、最适合思维的节奏。在本雅明看来，就像各种互不相干的音符组合为一部交响曲那样，这种在星座的结构中使碎片结合为整体的方法，是正确认识事物的唯一方式。尽管这个世界处于一种分裂状态，但在人的内心深处，依然可以感受到原初存在的独特经验，本雅明的方法就是对这种独特经验的呈现。

远离正统智性思维方式的独特方法论，使本雅明视域中的存在和历史观念，逃离了主观意向性的牢笼，在辩证的框架内获得了独特内涵，正是在这种辩证的方法论基础上，本雅明展开了对于时间和历史本质的独特阐释。

第三章　本雅明历史哲学思想的
双重思想来源

　　本雅明对于历史和时间的重新思考，既是对当时主流的历史观念——历史主义以及庸俗马克思主义进行的反思与批判，又以其深刻的哲学方法论——历史的辩证意象作为基础，同时，本雅明的历史观念是在继承和创造性地发展各种思想资源基础上形成的。本雅明保持了对各种思想资源的开放态度，德国古典哲学、浪漫主义、施米特的政治神学、超现实主义、犹太教神秘主义和马克思主义都对本雅明都产生过影响，他从这些思想中获得很多灵感同时又保持一定的距离。本雅明的历史观念带有巨大张力因而很难归类，并且具有极大的独创性，这给解释本雅明历史哲学思想带来了很大困难。本雅明历史和时间观念的形成，深受犹太文化尤其是犹太神秘主义和他后期主要关注的马克思主义的影响，这是学界不争的事实。犹太神学和马克思主义之间具有的紧张关系，令本雅明的研究者难以分辨他的哲学是犹太神学还是马克思主义，为他的历史哲学思想蒙上了一层神秘的面纱。"我们不得不承认，马克思主义与神学、唯物主义与弥赛亚主义之间的极端对立关系，就连马克思本人都难以做出恰当的解释"。①　直到20世纪60年代，学者们仍在本雅明的所谓"两面性"（Janus-faced）问题上互相指责，偏重于其中一个方面的学者，总是指责偏重于另一个方面的学者为了自身目的建构本雅明的思想。在本雅明的有生之年和去世之后，他的犹太神学和马克思主义这两种极端对立的思想之间的关系，一直遭到怀有不同甚至对立思想倾向的学者们的误解。犹太神学学者索勒姆，被指责建构了一个形而上学和神学的本雅明，法兰克福学派的代表人物阿多诺，被指责压抑了本雅明思想中神学的一面，新左派对本雅明的解读被指责建构了一个马克思主义的本雅明。哪一个是真实的本雅明，马克思主

---

① ［加拿大］弗莱切：《记忆的承诺：马克思、本雅明、德里达的历史与政治》，田明译，华东师范大学出版社 2009 年版，第 14—15 页。

义者本雅明，还是犹太主义者本雅明，"本雅明在 20 年代中期是否抛弃了自己早期著述中神学与形而上学倾向而倾向于马克思主义"？① 由于本雅明对这两种极具张力的思想都保持着开放态度，导致学界对本雅明历史哲学思想的解读至今仍然存在很大争议。

围绕历史哲学这一问题，本雅明思想中主要牵涉到犹太文化中的神圣起源、正义、时间和弥赛亚救赎等重要观念，这些思想观念与马克思的历史观之间究竟是一种什么关系，二者之间在什么意义上具有共同点，从而可以共处于本雅明的历史观念中，这个问题是理解本雅明历史哲学的关键问题。正如理查德·沃林指出的：本雅明的历史观念并非用"狂热地把犹太神秘主义与马克思主义结合在一起"这样的评价就可以简单打发掉的，他的历史和时间意识中蕴涵的是对于人类的历史经验和未来社会的独到见解。

第一节　犹太神学思想

本雅明历史哲学思想中的犹太文化要素，受到他仅有的几个终生挚友之一索勒姆的影响颇深。索勒姆作为本雅明的几个终生挚友之一，在犹太神学思想方面对本雅明产生了重要影响，本雅明给索勒姆的信中曾经指出："我只在你这个人物身上认识了活的犹太教。我跟犹太教的关系，始终是这样一个问题：我——我不想说跟你（因为我的友谊在此不取决于任何决定）——如何对待打动我内心的力量。"② 索勒姆对于本雅明的影响是深刻的，"当本雅明的思想一再陷入同自己认识的人纷争不断这一紧张关系时，索勒姆起到的作用是，唤起本雅明对犹太教原理的回忆，针对本雅明愈发倾心于马克思主义的情况而维系这些原理"。③

本雅明思想中的犹太文化要素，主要是犹太教神秘主义，尤其是喀巴拉，它是犹太诺斯替教里的一套深奥教义，经典文本是 13 世纪写于西班牙的《光明篇》。对于作为一种宗教的犹太教和犹太复国主义的民族情绪，本雅明一直持一种保留态度。"至于弥赛亚有可能已然来临，并开启

---

① ［德］斯文·克拉默：《本雅明》，鲁路译，中国人民大学出版社 2008 年版，第 39 页。

② ［以］G. 肖勒姆：《本雅明：一个友谊的故事》，朱刘华译，上海世纪出版集团，2009 年版，第 163 页。

③ ［德］斯文·克拉默：《本雅明》，鲁路译，中国人民大学出版社 2008 年版，第 37—38 页。

了一个新的纪元，伴随着教会不断传教和壮大的过程，福音已传遍全世界，这一幸福与灾祸并存的救赎史的观念世界，对本雅明来说是完全陌生的"。① 本雅明一生也没有认同他的犹太血统，正像他写给列奥·施特劳斯的信中所说，他享受的是"自由的教化"。但是，本雅明从犹太文化中尤其是犹太教神秘主义中获得了灵感和启发，犹太文化中存在的隐蔽本质、人与绝对者之间的直接经验以及时间、正义和弥赛亚救赎等观念，对本雅明的历史和时间观念产生了很大影响。本雅明对现代性完全摆脱了神学维度、主—客体意义上庸俗经验概念的拒斥，对于涵盖总体的绝对经验的寻求，显示出他思想深处蕴含的、有别于传统宗教教义的神学倾向。关于"上帝的经验和教义"对于本雅明整个思想的重要性，用他自己的话说："如果让我概括地说（我的方法论），那就是：我从来不能用别的精神去研究和思考，而只能用——如果我可以这样称呼的话——神学的精神，即按照塔木德经教义所教导的，视妥拉（Torah）中的每段都有四十九层意思。"在《拱廊街计划》中，本雅明做了一个形象的概括："我的思想对待神学，就像吸墨纸对墨汁一样，它吸满了墨汁。而吸完了墨汁后，写下的东西便不复存在了"。② 在本雅明早期思想中，神学和形而上学倾向是公开和明朗的，在后期带有马克思主义思想倾向的著作中，本雅明并非抛弃了形而上学和神学要素，这些神学要素依然存在于他思想的深处。可以说，同神学的关联贯穿本雅明著述和思想的始终，当然，本雅明对神学的理解是独特和深刻的，对于不能进入本雅明思想深处的读者，还会带有某种神秘的感觉。如果把本雅明的思想比喻成他自己喜爱的一个词：迷宫，那么，抓住了这种独特的神学内涵，便找到了走出本雅明思想迷宫的阿里阿德涅线团。

一　神秘主义

要了解犹太教神秘主义的基本内涵，首先要了解神秘主义。在历史上对于什么是神秘主义，学者们给出了各种各样的解释，代表性的含义是："我用这个词指一种宗教，它注重直接感受与上帝的关系和切近体察上帝之在场。它是处于最敏锐、最热烈和最生气勃勃阶段的宗教"。③ 神秘主义是一种非常特殊的宗教意识形态，是在宗教发展史上的特定时期出现的

---

① ［德］斯文·克拉默：《本雅明》，鲁路译，中国人民大学出版社 2008 年版，第 44 页。

② ［德］斯文·克拉默：《本雅明》，鲁路译，中国人民大学出版社 2008 年版，第 39 页。

③ ［德］G. G. 索伦：《犹太教神秘主义主流》，涂笑非译，四川人民出版社 2000 年版，第 4 页。

历史现象，神秘主义以个体与上帝的神秘合一作为根本体验。

神秘主义作为一种历史现象，需要在特定的历史条件下，在宗教意识的特定发展阶段才能产生。在人类历史的神话时代，人类还处于童年时期，在人们的意识中，整个宇宙是真正一元的、处于浑然一体之中，世界上存在的各种事物在本质上是同一的，对于二元性，人们尚没有意识到。世界上存在的各种事物，包括天、地、人、神之间都是相互贯通的，不存在人与神、人与自然以及人与人之间的分离和不可跨越的鸿沟，个人也没有出现自我意识。在人类发展的这一历史时期，没有为神秘主义的产生提供滋生的土壤，因为人和神之间可以直接沟通，神尚没有与人发生分离，神就存在于人们的日常生活之中。在这种情形下，人与神的相遇没有必要借助于一种迷狂和与上帝的神交这样的神秘体验。

神话时代过后，人类历史进入创造阶段，人的自我意识开始觉醒，宗教作为一种意识形态开始萌芽。"宗教的最高功能就是摧毁幻想中人、宇宙和上帝之间的和谐，把人从他的梦想阶段朴素的神话意识中解脱出来。因为就其古典意识而言，宗教就标志着在上帝，也就是无限和超越的存在，和作为有限的造物的人之间划出了绝对不可逾越的鸿沟。"① 历史不再以自然为背景，在某种意义上历史成为上帝创世、人类堕落、赎罪、末日审判以及地狱和天堂的人与上帝之间关系展开的舞台。人类在这一阶段发现了人和神之间彻底的分裂和二元性，人和神之间丧失了直接沟通、和谐共处的可能性，人和神之间形成了一条绝对不可逾越的鸿沟，人类只能通过上帝的声音和启示来理解上帝的指示，从此人类处于一种二元分裂的生存状态，对于永恒的上帝的寻求成为历史发展的动力。人类历史的创造阶段同样没有给神秘主义的产生提供生长的环境，因为这一阶段的宗教意识是人和神的二元对立，人和神被一条难以跨越的鸿沟隔在两岸。

在此之后，历史上出现了神秘主义宗教的历史现象，神秘主义并不否认在人和神之间存在鸿沟，神秘主义旨在探求跨越鸿沟的秘密通道，敉平人和神之间即有限和无限之间的二元对立，在一个新的层面和历史发展阶段上恢复原初的统一性。在历史上，神秘主义宗教的出现也与制度化宗教不能完全穷尽宗教意识有关，个体和上帝直接接触的神秘体验，不能被穷尽于任何一种形式化和现实化的宗教体系和制度。这种宗教冲动的创造力持续存在着，通过灵魂实现人类个体和上帝的直接接触，神秘主义对于制

---

① ［德］G. G. 索伦：《犹太教神秘主义主流》，涂笑非译，四川人民出版社 2000 年版，第8 页。

度化宗教中的一些重要观念，例如创世、启示和救赎都赋予了新的含义。例如，启示对于制度化的宗教来说意味着确定的历史事件，而对于神秘主义来说，启示不仅是确定的历史事件，"这一事件意味着在历史的某一时刻之后不再有人与上帝之间的直接相遇。神秘主义者不否认启示是一个历史事实，但他们仍把从自己心中涌出的宗教认识和体验作为与启示同样重要性的宗教真理。换言之，存在着不只一次启示，而是一系列连续重复的启示"。① 神秘主义者从内心宗教体验出发，对宗教的经典和圣书赋予了新的解释。"这样，经典文本的实质像其他宗教价值的实质一样，在通过神秘主义意识的火流时，被溶入另一形式。并不奇怪，神秘主义者努力留在旧的宗教框架之内，却常常有意无意地接近甚至跨越了这一框架的界限。"② 相对于制度化宗教，神秘主义寻求突破特定社会环境和特殊宗教意识中形成的关于上帝的教条知识，把其转变为活生生的对上帝在场的体验和直觉，并用一种新的方式解释这种经验，从而形成自己的一套思想体系。

二　犹太教神秘主义

相对于作为教义和制度化的正统犹太教，在历史上同样出现了犹太教神秘主义，犹太学者对于犹太教神秘主义的态度"摇摆于极端敌对的批评、谴责和充满激情的颂扬、辩护之间"。③ 对于持肯定立场的学者来说，神秘主义对犹太历史的发展起着最重要的作用，许多世纪以来在大众心目中，神秘主义体现着犹太思想最高、最深刻的真理。本雅明主要受到犹太教神秘主义运动和思想喀巴拉的影响，喀巴拉是犹太教神秘主义的主要流派之一，"12 世纪下半叶在西班牙、法国、德国等地迅速发展起来。喀巴拉是希伯来文 Kabbalah 的音译，原意为'传统之教义'，指在诺斯替教（略早于基督教产生于希腊—罗马世界的一个秘传宗教）影响下产生的犹太教神秘主义体系"。④ 喀巴拉流派的代表作是 13 世纪流行于西班牙的

---

① ［德］G. G. 索伦：《犹太教神秘主义主流》，涂笑非译，四川人民出版社 2000 年版，第 9 页。

② ［德］G. G. 索伦：《犹太教神秘主义主流》，涂笑非译，四川人民出版社 2000 年版，第 9—10 页。

③ ［德］G. G. 索伦：《犹太教神秘主义主流》，涂笑非译，四川人民出版社 2000 年版，第 1 页。

④ ［德］G. G. 索伦：《犹太教神秘主义主流》，涂笑非译，四川人民出版社 2000 年版，注释 1 第 1 页。

《佐哈尔》一书。"《佐哈尔》以注释《托拉》、《雅歌》、《路德记》、《耶利米哀歌》的形式，全面揭示了其中的神秘意义。"① 在《犹太教神秘主义主流》一书中，G.G. 索伦指出："喀巴拉不是某一教条或体系的名称，而是整个宗教运动的通称。这一运动的某些倾向从塔木德时代一直持续到今天，其发展未曾受到干扰，虽然这种发展绝非步伐整齐，而常常是戏剧性的。喀巴拉开始于拉比阿基巴，《塔木德》说他进入了神秘思辨的'天堂'，又安全而神志清醒地离开了——这的确不是每个喀巴拉信徒都做得到的，一直延续到晚近的拉比亚伯拉罕·以撒·库克，这位巴勒斯坦犹太人的宗教领袖和犹太神秘主义的杰出人物。这是延续了几个世纪的宗教运动。"②

要理解犹太教神秘主义运动喀巴拉的思想实质，就要对这种宗教感情的本质进行深刻把握，揭示出其与传统的制度化宗教相区别的宗教意识的一个新层面。喀巴拉使用神秘术语用不同形式对犹太教的价值进行了富有生命力的解释，"它的全部注意力集中于'活的上帝'这一观念，这个上帝显现于创造、启示和救赎中。推到极致，对这一观念的神秘关照就产生了'神域'，即自足的神性领域的概念。'神域'处于我们感官经验的世界之中，在所有存在物中活跃着。这就是喀巴拉信徒的'赛法拉世界'"。(world of the sefiroth)③ 喀巴拉思想和运动区别于经典的制度化宗教的核心在于：人和上帝在经验世界中可以实现沟通，无限和有限之间不存在难以跨越的鸿沟，无限正是通过活跃在有限中得以显现自身，存在并没有因为具有有限性就失去了与无限的关联。相对于传统的制度化宗教对于世界的二元划分和哲学对世界所做的理性解释，犹太教神秘主义喀巴拉在有限存在中看到了无限和超越的存在，在有限世界中活跃着神即超越的生命。喀巴拉弥合了有限和无限之间的绝对界限，对于喀巴拉信徒来说，寓于有限中和一切有限都出自于其中的"无"具有最大的实在性，对于神秘主义者来说，"万物所出自的无决不仅是一种否定，它只是没有对我们表现出任何属性，因为它在理性知识的范围之外。事实上，这个无——用一个喀巴拉信徒的话说——比所有其他实体要实在无限多倍。只有当灵魂摆脱了所有的羁绊，用神秘主义语言来说，降临到无的深处，它才能遇到神。

① 黄陵渝：《当代犹太教》，东方出版社 2004 年版，第 27 页。

② ［德］G.G. 索伦：《犹太教神秘主义主流》，涂笑非译，四川人民出版社 2000 年版，第 18—19 页。

③ ［德］G.G. 索伦：《犹太教神秘主义主流》，涂笑非译，四川人民出版社 2000 年版，第 11 页。

因为这个无拥有丰富的神秘实在性，但不可能被界定"。① 在喀巴拉神秘主义视域中具有最大实在性的绝对者——"无"，是隐藏于一切实在中世界同一性的根源，这种"无"使这个具有多样性和丰富性的世界再次成为统一的。它溢出了人类知性认识的范畴，作为不具象存在的"无"，在现代知性认识范式下成为"神秘"的东西，因而失去了实在性和真实性。在对世界的知性理解中，事物的表达是从形式与意义的裂隙中出现的，形式与意义不再不可分离地结合在一起。"意义不再被限制于特殊的形式当中，形式也不再依附于特殊的有意义的内容。"② 本质和形式既分离又结合为一体的辩证统一性被破坏，如果两者发生分离，则事物就不再是其所是。神秘主义对世界的象征性解释，克服了对于世界的知性解释造成的本质和形式的分离，"在神秘主义象征中，自身没有形式的实在通过另一包藏在可见和可表达意义中的实在，比如基督徒的十字架，成为透明的、可见的。而成为象征之物仍保留着原来的形式和内容。后者并不成为另一内容注入的空壳，它只是在自身中通过自己的存在使不能以其他形式出现的另一实在成为透明的。如果知性对世界的解释可以定义为可表达的某物通过另一可表达的某物的表达，那么，神秘主义象征就是处于表达和交流之外的、一个向内和远离我们的某物的可表达的表达。隐秘和不可表达的实在在象征中被表达出来"。③ 神秘主义象征"标示"和"揭示"着无，与无的关联使可表达之外的本质成为透明和可表达的。无和有限生命合而为一的象征穿透了整个存在，它是一种"瞬间的整体"，一个神秘的"现在"被直觉感知，这一"现在"是适合于象征的时间维度。"由于造物的实在，造物主的存在没有被否定和虚无化，神不可表达的奥秘成为可见的"。④ "所有的神秘主义者，从亚历山大的斐罗所记载的特拉波特到最晚的哈西德派，都一致给予托拉以神秘解释。托拉对他们来说是隐秘的生命所支撑的活的有机体。流淌搏动在字面含义的表层之下。换句话说，托拉不是由章、句、词组成，毋宁说是神的智慧活生生的现实化，这智慧永远

---

① ［德］G. G. 索伦：《犹太教神秘主义主流》，涂笑非译，四川人民出版社 2000 年版，第25 页。

② ［德］G. G. 索伦：《犹太教神秘主义主流》，涂笑非译，四川人民出版社 2000 年版，第27 页。

③ ［德］G. G. 索伦：《犹太教神秘主义主流》，涂笑非译，四川人民出版社 2000 年版，第27 页。

④ ［德］G. G. 索伦：《犹太教神秘主义主流》，涂笑非译，四川人民出版社 2000 年版，第28 页。

放射出新的光芒"。① 这样，按照塔木德经教义所教导的，本雅明视妥拉（Torah）中的每段都有四十九层意思也就不足为奇了。

犹太教神秘主义喀巴拉的核心在于，人在有限的世界中可以与无限的上帝进行直接接触，这是一种高度个体化和直接的认识方式，这一信条被认为是传统的智慧。但是这种神秘知识绝不是通过个人体验得到并只为私人所拥有，相反，这种神秘知识越纯粹越完满，它距离人类原初的共同知识就更逼近。喀巴拉通过象征性的思想形式和方法，揭示了在事物的实在外表下隐秘的绝对本质，洞察到一切存在的隐秘的象征本质，这是人类心灵最注重的问题之一。本雅明从犹太教神秘主义尤其是喀巴拉中洞察到一种绝对的经验和认识方式，这种绝对的经验打破了主体—客体的认识模式，努力寻找主体和客体握手言欢实现和解的中立之地；"换言之，是为知识发现一块自治的、与生俱来的领地，在这一领地中，知识概念将不再指定形而上学两种实体之间的关系"。② 在犹太教神秘主义喀巴拉中，本雅明看到了与西方传统形而上学完全不同的解释世界的新范式，有限与无限之间不是两种绝对不同的存在，它们之间没有不可逾越的鸿沟，相反，它们是现实存在的两种属性，共同存在于每一个具体事物中。正是这两种属性的辩证统一使存在成为可能，换言之，存在本身是一种辩证结构，这种辩证统一性既表现为现实世界的丰富性和多样性，又表征着世界的统一性和整体性。在本雅明看来，在新的层面上恢复世界的原初统一性，有赖于世界的隐秘本质在人觉醒的瞬间呈现出来。

三　弥赛亚主义

对于犹太民族来说，犹太教不仅是一种宗教信仰，也是民族文化的表达形式，与古代其他民族不同，犹太民族产生了强烈的对上帝救赎和弥赛亚时代的盼望。"古代其他民族认为他们的辉煌岁月是发生在暗淡而又遥远的往昔，而犹太人则认为这样的岁月是在未来。"③ "这一向往牢牢地根植于普通大众的心中，不仅其强度不断增加，而且随着时间的推移，人们对它一旦实现后会带给世界的奇迹也愈加惊叹不已。这样一个辉煌未来的

---

① ［德］G. G. 索伦：《犹太教神秘主义主流》，涂笑非译，四川人民出版社 2000 年版，第 14 页。

② ［德］本雅明：《写作与救赎——本雅明文选》，李茂增、苏仲乐译，东方出版中心 2009 年版，第 25 页。

③ ［美］亚伯拉罕·柯恩：《大众塔木德》，盖逊译，山东大学出版社 2004 年版，第 402 页。

核心是一位叫做弥赛亚（Mashiach，希腊文）的人，其意思是'受膏者'，他是上帝委派来开启这个崭新而又奇异时代的"。①"弥赛亚"一词译自希伯来名词 Messiah，意思是"受膏者"（the Anointed One），得自一种授职礼仪：德高望重的首领在业已选定的祭司、先知或君王额头上涂抹被奉为圣物的膏油，示意此人乃由神所选立，已具备了担任某种圣职的资格，其治理将得到神的护佑。在犹太教的经典《旧约》不同卷籍中弥赛亚观念有着显著的差异性，很难找出普遍适用的人物模式。梁工在《弥赛亚观念考论》一文中，对随着犹太民族历史的变迁，弥赛亚观念的演变进行了考察："概览之，圣经文献中的弥赛亚形象最初只是某种由神意认可的现世权威（祭司、先知、国王等），在民族危机和国破家亡的灾难中逐渐演变成一位众望所归的理想君王，至希腊罗马人残酷迫害时期一方面升格为由天而降的末世救主，另一方面也显示为反抗异族暴政的现实战士。在犹太民族的历史上，自公元前 586 年犹大王国被巴比伦灭亡后，"弥赛亚"一词被赋予一种特定的含义，同国家的复兴联系起来。此时，这个词相当于希腊文的"基督"（意为"救世主"）。先知们预言，上帝将在适当的时候重新派遣一位他所膏立的弥赛亚降临，前来复兴犹大王国，拯救长期陷于水深火热之中的子民，将重建国家于耶路撒冷，实行公正、公义的统治，使该国度恢复到大卫王时期的繁荣兴盛。②"耶稣承袭古犹太传统而自命为弥赛亚，但摒弃以往观念中的犹太民族主义倾向和政治性、世俗性、功利性动机，而大力张扬了普世主义和绝对宗教精神。保罗的弥赛亚观念进而致力于阐释耶稣生平（尤其受难和复活）对于超越历史和地域之普世民众的共同意义，为日后征服了整个世界的基督教奠定下重要的神学根基。"③

"犹太教的主要经典是《圣经·旧约》，而弥赛亚意识是《旧约》的核心内容之一，也是犹太教的核心理念"。④《旧约》的核心目的是应许弥赛亚的到来。从起源来看它主要包括两个内容："神选民族"和"应许之地"。犹太人一直把《圣经》里记载的"诺亚方舟"的神话故事当作人类早期历史的真实记载，"诺亚方舟"的故事反映了犹太民族坚信不疑的神选民族的理念，犹太人认为自己身上肩负着上帝委托的拯救自身和世界

---

① ［美］亚伯拉罕·柯恩：《大众塔木德》，盖逊译，山东大学出版社 2004 年版，第402 页。

② 黄陵渝：《当代犹太教》，东方出版社 2004 年版，第 27 页。

③ 梁工：《弥赛亚观念考论》，中国学术期刊网。

④ 郭晓丽：《俄罗斯的弥赛亚意识》，人民出版社 2009 年版，第 100 页。

的特殊历史使命。"他们深信,自己是神选民族,只要恭顺地接受惩罚、悔过自新,最终上帝会派弥赛亚来拯救他们,弥赛亚必出现在犹太人当中:'你的拯救者来到,万民应该修筑大路,树立大旗,在城门迎接'。"① 除了神选民族思想外,犹太教的弥赛亚意识中还包括另一个重要理念,这就是"应许之地"。应许之地具有一种象征意味,它象征着弥赛亚时代的到来。《旧约》中多处记载弥赛亚将降临到这个世界,对善恶作出终极的审判,拯救他的选民,在世上建立一个代表彼岸上帝之国的世界。"弥赛亚的观念逐渐由指代一个人到作为一个时代——弥赛亚时代而被犹太民族所期待。相对于其他宗教意识,犹太教主张一种本质上世俗的弥赛亚纪元观,他们坚信在世界末日到来时,弥赛亚会降临,把犹太人从流亡和苦难中拯救出来,使他们返回以色列本土,重建自己的王国,并开创新的弥赛亚纪元——在全世界建立理想的社会秩序"。②

从弥赛亚观点的变迁可以看出,弥赛亚主义从侧面反映出人类心灵最关注的问题,即永恒统一的人类生存状态的实现。当世界原初的统一性和完整性在现实中被打破,人类生活在罪恶和不公正之中,但是对自由、正义和永恒的追求却蕴含在人类心灵的最深处。人类为了能够在分裂的世界中生存下去,便把弥赛亚诉求作为一种期望投射到未来,产生了对永恒和正义的上帝之国在人间来临的盼望。对美好未来的期望已经先行存在于当下人的现实生存中,塑造着人类的现实生活,换言之,对永恒世界的期待已经存在于人们现实的生活中。这也是各大世界宗教都存在弥赛亚的根本原因,每一种宗教都试图为特定时代和特定地方处于苦难中的人类生存提供精神慰藉。犹太民族精神和文化中存在的这种强烈的弥赛亚观念,和这个民族苦难的历史遭遇密切相关,弥赛亚观念起到了巨大的精神慰藉和凝聚民族力量的作用。面向未来的救赎希望,带给犹太民族巨大的勇气和信心,成为推动犹太民族历史发展的动力,这种盼望可被称为末世盼望或弥赛亚盼望。弥赛亚观念已经成为犹太民族历史意识的核心,它强调历史是上帝预先设计决定的,预言上帝派遣弥赛亚进行拯救是创世计划的一部分,神预定了人类历史的终结,未来是上帝以突然行动创造的。上帝作为神秘的超自然力量介入现世进行干预,戏剧性地彻底毁灭和翻转现世秩序,以奇迹和恐怖的方式创造一个新的和平、正义时代,消除人和上帝之间的疏离。

----

① 郭晓丽:《俄罗斯的弥赛亚意识》,人民出版社 2009 年版,第 101 页。

② 黄陵渝:《当代犹太教》,东方出版社 2004 年版,第 43 页。

四　弥赛亚性生存结构

本雅明从犹太教神秘主义关于人与上帝在瞬间相交的神秘经验中受到启发，他把这种神秘经验从个人领域引申到人类的现实性和历史性生存结构中。在本雅明看来，它并不只是作为一种个体经验存在，而是蕴含在人的现实生存经验中，同时也沉积在历史中，是人的生存结构中不可缺少的超越性存在。这种隐秘性存在使人的有限性生存获得了确定性，因此，历史哲学的任务就是要恢复被现代性驱除的、在人的生存结构和历史中隐含的超越性和精神性存在。

在本雅明看来，历史上对于弥赛亚救赎的盼望，源于人的生命尚未实现自身，历史没有真正解决人类的问题。其根本原因是，由于人陷入自然加给人的限定，生活在由感觉经验建构起来的世界中。历史上的各种形而上学、宗教以及现代科学，试图把人的感官经验建构起来的有限世界与弥赛亚救赎获得实现的无限世界统一起来，但是用一种抽象的同一性统辖存在的特殊性和丰富性，会导致由统一性产生的权力对于个体的宰治。神秘主义在迷狂的经验中感受到隐秘和不可表达的存在，把有限与无限在现实中连接起来，这给本雅明很大的启发。但是，在本雅明看来，这种整体性和无限性经验不只是个体在迷狂经验中偶然获得的，而是在任何觉醒的时刻都可以获得，这种觉醒意味着人从自然加给我们的感官限制中摆脱出来，运用理性能力感受世界中隐含的、不以具象存在的并且不能用感性知识表达的超越性存在，进而把被宗教、形而上学和科学实体化、物符化和制度化的超越性和绝对性存在，作为一种高级经验重新置入人的现实生存结构和历史之中。在本雅明看来，有限与无限的辩证统一是世界也是人类生存的真实状态，只是在人片面和有限的理性中才建构起一个分裂的世界。因此，不是在真实世界之外还存在另外一个彼岸世界和具有超自然力量的上帝，通过摧毁现实世界建立一个新世界来拯救人类，在本雅明看来，超越性力量是在现实世界中存在的，通过隐喻和象征被表征出来。把有限与无限、此世与彼岸、必然与自由、时间与永恒看作两种完全不同的存在，在二者之间设置不可逾越的鸿沟，是人类主观性知识的产物，而非世界的真实状态。本雅明认为，弥赛亚救赎的实质是促成人类自身的觉醒，使人从主体梦幻中清醒，彻底扭转从主体视域出发对世界进行的分裂，恢复世界的丰富性和多样性的统一的内在本质，在有限与无限的临界处，洞察世界和人类生存结构的辩证统一性。因此，弥赛亚救赎对于人的现实生存来说，不是在未来将要发生的事件与当下生活无关，而是使人类真实的生命在当下得以完成。因此，它是蕴含在人的生存结构中使生命得以实现的力量，正是因为人的真实生命在当下没有实现，才开启了现实生存中指向未来的救赎要求。弥赛亚救赎被本雅明看作是蕴含在现实生活中、使世界和人类本质得以完成的力量，它是人类当下生存结构中蕴含的、指向未来解放的破坏和摧毁的力量，同时也是拯救的力量，是历史中未完成的生命诉求对当下实践提出的要求。因此，它具有的时间结构不是线性的，是过去、现在与未来的辩证统一结构，是在当下使过去未完成的诉求得以完成，它开启了真正未来的维度。

本雅明对寓于历史中的人类生存的弥赛亚性结构进行了独特的阐释，并对人的历史性生存的真正内涵进行了全新解读。本雅明对于弥赛亚救赎的理解，超出了犹太教正统的弥赛亚主义，相对于把弥赛亚救赎作为确切的历史事件，他去除了其中的目的论、终结论等制度化和教条化的因素，以及对弥赛亚王国存在状态的具体描述。本雅明在根本上否定了弥赛亚主义对于人类生存进行的宗教预设，即把人类的现实生存状态和救赎状态作为两种完全异质的存在状态，被一条无法逾越的鸿沟分隔在此岸和彼岸，只有弥赛亚才能弥合二者。在本雅明看来，这是对世界整体性的主观破坏，造成的结果是对现实世界的贬低与否定，并且为非正义打开了大门。从犹太教神秘主义直接感受与上帝的关系和切近体察上帝之在场中受到启发，本雅明去除了犹太文化中诉诸于弥赛亚救赎的神秘的、超自然的和非现实的力量，弥赛亚救赎正是在现实生存中开启的、存在的不可解构的正义本质，它在一切存在中显现自身。存在的超越性本质在所有具体事物中活跃着，是对世界的原初统一状态的表征，正是在现实世界中，存在的绝对本质才成为可知的，能够被人类客观地经验到。本雅明把被人类的知性实体化、物符化和教条化的"上帝"，重新翻译成蕴含在存在中的绝对性和超越性本质，使存在的有限形式与蕴含其中的绝对本质重新统一，彻底摧毁了两个世界的预设，使有限存在和无限本质辩证统一起来。存在的弥赛亚性被本雅明赋予弥赛亚面孔、弥赛亚时间、弥赛亚诉求、弥赛亚力量等形象，它瓦解了宗教的超验性和神秘性，是内在于人类现实生存和历史中的不可解构的正义力量，在人类觉醒的"瞬间"随时可能在现实生活中实现，作为一种断裂性事件，它脱离了宗教模式。

纵观本雅明的整个学术经历，弥赛亚观念是贯穿他整个思想的核心，对他的历史和时间观念的形成起到巨大作用。他把弥赛亚救赎看作是有别于自然历史的绝对他者，在本雅明看来，没有神学的帮助便无法深刻理解历史，对于弥赛亚观念的实质内涵做进一步的解读，对于理解本雅明的历史和时间观念至关重要。对蕴含于人类生存结构中的弥赛亚性的强调，本雅明真正要找回的是原初那个统一的世界，使世界恢复到原初的"本原"状态，对本雅明来说"起源即是目标"。在本雅明看来，原本一个统一的世界，在人类的主观视域中使蕴含在存在中的绝对本质与存在发生分离，结果是存在的本质因为没有了表现自身的形式，沦为一种幽灵性存在；而现实存在因为和绝对性本质发生分离，而沦为无灵魂的纯粹形式。在现代社会，现实存在与绝对本质之间的关联被完全切断，由于与自身的精神本质发生分离，现实存在便失去了合法性和确定性。当现实存在被纳入这样一种虚假的存在观时，统摄存在的多样性和丰富性的弥赛亚性本质被投射到无法预知的未来，存在失去了内在的统一性，整个世界断裂为碎片和废墟。与存在发生分离的弥赛亚本质，作为不可解构的正义力量从反面投射出来，产生了对主观建构的虚假世界的解构力量。当绝对性本质不能在存在中现实化，便以马克思的共产主义幽灵、德里达的不可解构的正义和本雅明的弥赛亚救赎的形式在特定的星丛结构中显现出来，时刻威胁着人类主观建构起来的一切。弥赛亚救赎的内涵在于，从主体性中觉醒的瞬间，人获得原初世界的统一性体验，恢复世界的原初统一状态。弥赛亚性作为存在的绝对本质，是蕴含于人类现实生存和历史中的不可解构的正义，它是有别于任何人类理性设定的实体的绝对他者。这个绝对他者具有的神学意味在于：它不具有固定实在的有限形式，而是作为把所有存在统一起来的绝对性本质，隐藏于具体实在的多样性和差异性中，在与存在的起源相连接的特定星丛结构中显现出来。它摆脱了人类的主观意志和欲望，是一种尼采所谓的"危险的也许"，马克思意义上的"幽灵"和神学意义上的"来临中的上帝"。弥赛亚性作为超越任何实体和给定性的绝对他者，它始终保持在来临之中，永远处在"降临的路上"，它既与现实存在保持着距离，又在现实存在中显现。它具有与有限存在不同的时间结构，作为一种正义的承诺，它具有伴随性、随时可能在瞬间降临的时间结构。本雅明在《历史哲学论纲》中写道："然而，这并不意味着对犹太人来说，未来就成了匀质的、空洞的时间。因为每一秒的时间都是一道弥赛亚可能从中进来的狭窄的门。"① 它使时间成为充实的和确定的存在，同时又具有与时间完全不同的永恒性和绝对性。它使历史成为未完结的、并向正义和救赎的可能性敞开，它不再是宗教意义上在确定的时间必然来临的"弥赛

---

① ［德］瓦尔特·本雅明：《本雅明文选》，陈永国、马海良编，中国社会科学出版社1999年版，第415页。

亚"，它的到来没有确定性，也不指向历史的终极目标，然而，它却用
"承诺"和"召唤"的形式表达着救赎的"希望"，作为一种可能性伴随
着人类历史的进程，在瞬间随时可能降临。本雅明把它称为"世俗的启
迪"，在本雅明那里，只有一个现实的世界，这个世界就是人类生存于其
中的世界。对于马克思把弥赛亚"世俗化"的思想，本雅明非常赞同，
他写道："在无阶级社会中，马克思使弥赛亚时间完全'世俗化'，没有
比这更让人感到振奋人心的了。"① 弥赛亚不是对确定的历史性拯救的记
忆和某个相对明确的弥塞亚形象，不属于新的王国和神的王国，相反，
"它是一种不同的结构，一种生存结构……这种生存：更少地参照宗教传
统"。② 本雅明克服了尼采对于理性主义的批判，不认为人类历史就是永
恒轮回的虚无主义，同时他摆脱了"教士的懦弱算计"的指责，他把弥
塞亚精神从幻想和期盼，变成了现实革命和解放的契机，成为扭转历史的
可能性。

　　本雅明的弥赛亚观念蕴含着自由未来与苦难记忆之间的关系，通过对
蕴含于历史中的被压迫者的苦难和尚未完成的生命诉求的记忆和回应，唤
起革命和解放精神，使正义具有实现的可能性。本雅明的弥赛亚救赎观念
揭露了主宰西方19世纪的两大潮流——历史终结论和科学历史观——的
荒谬以及神话本质。历史目的论和终结论认为时间可以无限地拖延下去，
历史随之成为无尽的按照一定规律不断走向进步的过程，历史和未来的全
部思想均由这个逻辑衍生出来。历史成了胜利者的历史，抹去了历史中被
统治者的苦难和未完成的生命诉求，它忽视了在进步的名义下对被压迫者
所做的残暴之事。对于这种人类历史的史前史，"马克思颇为认真地阐释
道：一种剥削消逝了，另一种剥削就接踵而至，'沿着资本主义生产的固
有规律前进，利用自然发展的冷酷来否定自身'"。③ 本雅明把弥赛亚看作
是从历史主义建构起来的客观历史连续体和完全献给胜利者的历史中跳跃
出来、把沉浸在历史进步论中的无产阶级从虚假的意识形态中唤醒和拉拔
出来，弥赛亚成为打断历史连续体的绝对他者，使压迫传统和政治权力的
合法性在这一刻被终结，让人们倾听到被压迫者的声音和历史上曾经存在

---

① ［加拿大］弗莱切：《记忆的承诺：马克思、本雅明、德里达的历史与政治》，田明译，
　　华东师范大学出版社2009年版，第58页。
② ［法］德里达：《解构与思想的未来》，夏可军编校，吉林人民出版社2006年版，第
　　541页。
③ ［加拿大］弗莱切：《记忆的承诺：马克思、本雅明、德里达的历史与政治》，田明译，
　　华东师范大学出版社2009年版，第28页。

的苦难和对正义的承诺，质疑历史科学重建历史与其预设前提的合法性。本雅明的弥赛亚观念试图重新建立人的现实生存和历史事件与弥赛亚的关系，对于历史唯物主义者来说，要正确认识和理解历史，首先应该打断由胜利者虚构出来的历史连续体，把历史中蕴含的弥赛亚性呈现出来。犹太教神秘主义喀巴拉的经典文本《光明篇》（Zohar）上说："……世界将会和谐，一切会合而为一，但是直到未来世界确立之前，光明总是被遮蔽，因而看不见的。"① 本雅明利用神学的激进形式——弥赛亚观念，作为有别于自然历史的、指向正义的绝对他者和解构暴力历史的力量，试图使一个全新的未来世界即弥赛亚秩序成为可能。弥赛亚观念之所以如此吸引本雅明，是因为他在其中看到了摆脱人对自然的屈从，在更高级的秩序中实现幸福与正义的可能性。以往的一切历史都没有摆脱对于自然命运的屈从，即马克思意义上的人类的史前史，人类要真正实现解放必须结束自然史阶段，人与自然、人与人之间的关系必须建立在绝对正义的基础上，超越自然生命目的的基础。在本雅明看来，以自然为根据的自然法和作为历史产物的实证法，都没有超越自然生命的逻辑，都陷入暴力的循环之中，因而都具有存疑性和非法性，不可能实现人类的自由与解放。

　　本雅明后期对于历史唯物主义的接受与独特阐释，里面蕴含着弥赛亚观念的精神实质，马克思主义吸引本雅明的地方，正是其中蕴含的超越自然逻辑的弥赛亚面孔，以及弥赛亚秩序获得实现的现实途径和力量。在历史唯物主义中，本雅明努力挖掘超越自然生命的历史意识，这种历史意识同时是真正摆脱自然状态的革命实践。这使本雅明对于马克思主义的理解非常独特，既不同于当时第二国际正统的马克思主义，同时又与法兰克福学派之间拉开了一定的思想距离，甚至与马克思本人的思想也会产生一定的张力。马克思主义与犹太神学思想是两种极具张力的思想观念，但是，在本雅明那里，这两种观念之间具有某种亲和性，共同致力于人类真正解放的政治与社会实践。

第二节　历史唯物主义

　　本雅明的历史哲学不仅蕴含着深刻的犹太神学思想，历史唯物主义对

---

① ［英］霍华德·凯吉尔等：《视读本雅明》，吴勇立、张亮译，安徽文艺出版社 2009 年版，第 145 页。

本雅明后期的思想也产生了重要影响，它们共同构成本雅明历史哲学的重要思想来源。这两种思想观念之间难以理解的亲和性，显示出本雅明历史观念的独特性与深刻性，而这种结合绝非一种外在的结合，正如理查德·沃林指出的，本雅明并非自欺欺人地引入世俗的弥赛亚主义弥补历史唯物主义和革命可能性的缺失。① 犹太神学与历史唯物主义之间在本质上是一种什么关系，这是解读本雅明历史哲学思想必须厘清的问题，同时也为更深入地理解马克思的唯物史观打开了一个新的阐释空间。

　　20 世纪 20 年代对于马克思主义的接受，是本雅明思想发展中的一个关键性事件，它对本雅明思想的影响是深刻的。本雅明从早期的形而上学—神学的表达方式，开始转向马克思主义的表达方式，展开对于政治、历史和文化等领域具体事实的探索。在对马克思主义的接受过程中，本雅明面对的是形形色色的马克思主义理论和实践，包括前苏联的社会主义实践、第二国际理论家尤其是德国社会民主党的经济决定论等庸俗马克思主义，以及他身份所属的法兰克福学派的社会批判理论。可以说，本雅明对各种马克思主义流派都保持一定的思想距离，本雅明着重批判了第二国际理论家尤其是德国社会民主党的历史进步论信仰以及对于马克思主义所做的庸俗化解释，同时对前苏联的社会主义实践持一种观望的态度。本雅明从莫斯科考察回来后，他表示对前苏联的发展前景还无法判断和预估，在《苏德互不侵犯条约》签署后，本雅明对前苏联社会主义实践彻底失去了信心，在生命的最后时刻写下的《历史哲学论纲》，表达了与前苏联的国家社会主义完全不同的对于历史唯物主义的理解。本雅明对其所属的法兰克福学派的社会批判理论，同样保持一定的思想距离，他与霍克海默、阿多诺之间关于《拱廊街计划》的研究论文产生的分歧和辩论，可以看出他与西方马克思主义以及法兰克福学派主流之间的思想距离。本雅明面对当时存在的不同流派的马克思主义，在吸收借鉴的同时，形成了自身对于历史唯物主义的独特理解，在犹太神学与历史唯物主义之间建立起隐秘的关联。

一　恢复马克思主义的弥赛亚面孔

　　本雅明早期思想致力于从形而上学层面来阐释弥赛亚观念，启迪人类精神必须超越启蒙建构起来的科技理性和工具理性，这种理性使原本统一的世界支离破碎。在本雅明看来，现代理性是建立在人的自然生命感受和

---

① ［美］理查德·沃林：《瓦尔特·本雅明　救赎美学》，江苏人民出版社 2008 年版，第33 页。

最低级的感觉经验基础上的认识范式，它切断了人的自然生命与超自然存在之间的隐秘关联，当世俗秩序与弥赛亚秩序完全脱离之后，人类便陷于无法自拔的自然生命本身的罪恶之中。本雅明在启蒙建立起来的世俗秩序中，努力拯救遗存于历史中的传统，对本雅明来说，犹太神学的弥赛亚观念里面隐藏着原初整体性的遗迹。"存在之根源潜在于经验之总体之中，而哲学只有在教义之中才能邂逅诸如存在之类的绝对的东西，才能邂逅经验本性中的连续体。"① 犹太神学之所以隐身于本雅明的思想中，是因为它保持着人与终极存在之间的隐秘关系，这在本雅明看来是拯救完全屈从于自然的启蒙理性的救赎之路。本雅明对于马克思主义的接受，不仅是迫于当时紧急的政治形势需要，同时也显示出本雅明历史哲学思想的深刻变化，这并不意味着他放弃了之前的犹太神学思想，尤其是弥赛亚观念，这种变化的根本在于，本雅明隐秘地看到了犹太神学中的弥赛亚观念与历史唯物主义之间的亲和性。本雅明在给索勒姆的信中，谈到了他从玄学的思维方式向马克思主义的思维方式转变这样"一个变化的征兆"："它在我心中唤醒了愿望，不再像迄今为止这样将我思想里的现实和政治情况带上旧式的面具，而是要将它们发展，而且实验性地发展到极致"。② 正如本雅明所说，对于马克思主义的接受意味着他开始实验性地探索弥赛亚观念现实化的途径，不再只是在形而上学层面上进行描述，而是要在现实生活中发展这种观念。

在本雅明看来，马克思主义在思想最深层蕴含着弥赛亚面孔，它为弥赛亚秩序的现实化提供了途径。结束人类史前史、无阶级社会、真正的人类共同体、共产主义以及旨在实现彻底解放的无产阶级革命等等这些观念，是建构在超越人的自然生命和自然历史基础上的、旨在实现真正解放的理论和实践。马克思主义成为本雅明试图超越自然政治和历史，开启弥赛亚秩序的一种实验性探索。本雅明认为，历史唯物主义与传统形而上学和宗教不同，它不是脱离人的现实生存和历史实践，把人类解放放逐到未来和彼岸的乌托邦幻想，无产阶级革命是在当下超越人的自然生存状态和恢复世界整体性的现实政治实践。本雅明引用马克思的文本，揭示历史唯物主义与古典唯心主义之间的区别，"……现实的人只有以自私自利的个人的形式出现才得到承认，真实的人只能以抽象公民的形式出现。……只

---

① ［德］本雅明：《写作与救赎——本雅明文选》，李茂增、苏仲乐译，东方出版中心2009年版，第30页。

② ［以］G. 肖勒姆：《本雅明：一个友谊的故事》，朱刘华译，上海世纪出版集团2009年版，第127页。

有在个人真的把抽象公民回归自身之中，而作为个体的人，在他的经验生活中，在他的个体劳动中，在他的个别环境中成为一个类的存在……并因此而不再把社会权力与以政治权力形式出现的自身相分离，只有在那时，人类解放才真正完成"①。在本雅明看来，古典唯心主义和宗教把一切问题的解决放逐到远离现实生存的彼岸，肯定自然生命秩序的合法性，而马克思主义的精神本质中蕴含着鲜活的弥赛亚面孔，它在历史中确定弥赛亚力量的存在。在本雅明看来，在马克思主义中不仅蕴含着超越性精神，而且试图使这种超越性力量变成现实。在传统解释中具有极大张力的犹太教神学和马克思主义，在本雅明的视域中，因为其中蕴含的弥赛亚面孔使它们之间具有内在的亲和性。弥赛亚面孔确认了人的超越性本质，是对于现实生存的辩证统一结构的确证，在本雅明看来，随着超自然生命的消失，自然生命也就成了一种罪过。因此，真正人类生活的隐秘内涵是以个体和整体的契合为基础，个体性与整体性辩证统一在一起，普遍与特殊达成一致。本雅明认为马克思主义的宗旨不仅是推翻资本主义社会，而且要彻底结束作为自然历史的"人类史前史"，马克思的无阶级社会和自由人联合体的承诺，采取的是与以往的政治实践截然不同的立场，它是对于自然生命政治和自然历史的超越，旨在开启人类历史的新纪元。在马克思主义中，本雅明看到一个激进的共产主义的现实性，它将彻底结束人类对于自然命运的屈从。本雅明在《历史哲学论纲》补遗中指出："弥赛亚世界是普世的、完整的现实的世界。只有在弥赛亚的领域中，普世的历史才存在。"②

但是，由于受历史主义的影响以及对于历史进步论的信仰，当时德国社会民主党的马克思主义理论家甚至前苏联的社会主义实践，遗忘了蕴藏在马克思主义深层的弥赛亚面孔，重新把马克思主义置于传统形而上学和神学的逻辑框架内。在本雅明看来，"历史性素材这块土地一经马克思主义辩证法的翻耕，当代在这块土地上播下的种子就能够发芽。这却没有成为现实"③。在把马克思主义庸俗化的过程中，历史唯物主义丧失了对于苦难记忆和现实危机的回应能力，无限期地把革命推到未来，错失革命时

---

① ［德］瓦尔特·本雅明：《本雅明文选》，陈永国、马海良编，中国社会科学出版社 1999 年版，第 239 页。

② Walter Benjamin. Selected Writings Ed. Vol. 4. Cambridge, Massachusetts, andLondon, England：The Belknap Press of Harvard university Press，2003，p. 403.

③ ［德］瓦尔特·本雅明：《经验与贫乏》，王炳钧、杨劲译，百花文艺出版社 1999 年版，第 301 页。

机，使法西斯主义有了可乘之机。本雅明为恢复马克思主义的弥赛亚面孔，对庸俗马克思主义的历史进步论信仰进行了批判，在《历史哲学论纲》中他用一个形象化的比喻，揭示出马克思主义弥赛亚面孔的丧失以及重新恢复的必要性。"有一则故事讲一个机械装置。这机械装置制作得十分精巧，它能和人对弈，且棋艺高超，对手走一步，它就应对一步。对弈时，棋盘放在一张大桌子上，棋盘一端坐着一个身着土耳其服装，口叼水烟壶的木偶。一组镜子让人产生幻觉，误以为桌子每一面都是透明的。实际上，一个驼背侏儒藏在里面。这侏儒精通棋艺，用线牵动木偶的手，指挥它走棋。不妨想象有一个与此类似的哲学装置，那木偶就叫'历史唯物主义'，它将战无不胜。只要借助于神学之力，它轻而易举就堪与任何人匹敌——而神学，我们知道，今天已形容枯槁，不便再现身于人前了。"① 在这个关于历史唯物主义的意象中，本雅明指出在庸俗马克思主义那里，历史唯物主义已经沦为丧失超越精神的徒有现实形式的木偶，要使历史唯物主义重新焕发生命力，必须恢复马克思主义的弥赛亚面孔。在《历史哲学论纲》补遗中，本雅明指出："马克思著作中包含了三个基本的概念，而且他的整个理论可以被看成是要融合它们。这三个概念是无产阶级的阶级斗争，历史发展过程（进步）和无阶级社会。马克思基本思想结构如下：通过一系列的阶级斗争，人类在历史发展过程中达到了无阶级社会。＝但是无阶级社会没有被理解为历史发展的终点。＝马克思的追随者们从这一不正确的概念中推导出'革命形势'，正如我们所知，它总是拒绝到来。＝为了促进无产阶级自己的革命政治，真正的弥赛亚面孔必须要在无阶级社会概念中回复。"② 在本雅明看来，所谓正统的马克思主义理论家使马克思主义中蕴含的弥赛亚维度丧失，这种维度是指向正义实现的当下政治实践和斗争精神。由于对历史进步论的信仰，"社会民主党认定工人阶级乃是未来世代的拯救者，从而砍断了无产阶级强健有力的肌腱。灌输这样一种观念使得工人阶级既忘记了他们的仇恨，也忘记了其牺牲精神，因为滋养二者的是被奴役的祖辈的形象，而不是被解放的子孙们的幻影。"③ 在本雅明看来，马克思主义中活生生的弥赛亚面孔，被庸俗

①　［德］瓦尔特·本雅明：《本雅明文选》，陈永国、马海良编，中国社会科学出版社1999年版，第422页。

②　Walter Benjamin. Selected Writings Ed. Vol. 4. Cambridge，Massachusetts，andLondon，England：The Belknap Press of Harvard university Press，2003. 402 – 403.

③　［德］本雅明：《写作与救赎——本雅明文选》，李茂增、苏仲乐译，东方出版中心2009年版，第46页。

化为一种永远无法到来的乌托邦和理想社会，被经济决定论、目的论和历史进步论这些历史观念封闭和窒息，面对欧洲紧张的政治形势，马克思主义和无产阶级革命对于统治阶级和法西斯主义不具有任何威胁性。在《方法残篇》的短文中，本雅明指出"庸俗的马克思主义幻想，可以将社会功能确定为物质生产的功能，确定为忽略了传承环境与传承者的精神功能"①。在本雅明看来，庸俗马克思主义使马克思的无产阶级革命、共产主义和未来社会思想，都失去了指向当下正义实现的能动性、实践性和创造性，"社会民主主义的理论奠基于一种脱离实际、教条宣言式的进步观，其实践更是如此"②。庸俗马克思主义认同历史进步观念，这种进步观念是建立在科学技术对自然的征服基础上的，"它仅仅认识到了人类在掌控自然方面所取得的进步，却没有看到社会的倒退；它也已显露出后来在法西斯主义中出现的技术治国论的某些特征"③。本雅明认为，只有停止不顾一切地对自然的掠夺以后，才能使人类获得拯救。"没有什么比下述观念更大地腐蚀德国工人阶级了：他们正与时俱进。德国工人阶级相信，技术进步乃是宛如水往低处流的自然趋势，而他们正在随同这一趋势而前进。这种观念离那种认为工厂劳动带来技术进步，因而工厂劳动本身就是一项政治成就的幻觉，只有一步之遥。"④ 在马克思那里，劳动是人自由自觉的活动，是人与自然之间和谐关系的实现，而非通过不断征服自然换取物质进步。本雅明指出在德国社会民主党的劳动理论中，"新的劳动观无非是对自然的掠夺而已，与这种劳动观天真幼稚的乐观形成鲜明对比的，是对无产阶级的掠夺"⑤。在历史进步观念中，工人的异化劳动丧失了被剥削的特征而具有了合法性，相应地，无产阶级也不再作为现实的反抗者和复仇者，无产阶级革命不具有当下的合法性与现实性，无产阶级的反抗也因此被无限期地推到未来。在本雅明看来，不能用未来解放和美好社会的承诺，为当下统治阶级暴力统治提供合法性证明，这是把蕴含在当下政治实践中、指向真正解放的弥赛亚维度，变成了一种虚

---

① 转引自［德］克拉默：《本雅明》，鲁路译，中国人民出版社 2008 年版，第 153 页。

② ［德］本雅明：《写作与救赎——本雅明文选》，李茂增、苏仲乐译，东方出版中心 2009 年版，第 47 页。

③ ［德］本雅明：《写作与救赎——本雅明文选》，李茂增、苏仲乐译，东方出版中心 2009 年版，第 45 页。

④ ［德］本雅明：《写作与救赎——本雅明文选》，李茂增、苏仲乐译，东方出版中心 2009 年版，第 44—45 页。

⑤ ［德］本雅明：《写作与救赎——本雅明文选》，李茂增、苏仲乐译，东方出版中心 2009 年版，第 45 页。

幻的乌托邦，无法形成现实的革命和破坏力量，只能使政治的紧急状态变成一种历史常态，使法西斯主义有了可乘之机。本雅明指出："恩格斯在《英国工人阶级的状况》中，马克思在对资本主义发展的预测中所感到的野蛮即将开始的前景，在今天，即使是一个平庸的政治家也是熟悉的，而世纪之交时期的效仿者们却认识不到这一点。"① 本雅明在《单行道》的"火警报警器"一节中，对于阶级斗争的本质涵义进行了分析："有关阶级斗争的观念会具有误导性。它所指的不是决定孰胜孰负的力量抗衡，也不是指这样一种决斗：决斗之后获胜者会飞黄腾达，而失败者则会变得落魄。"② 在本雅明看来，无产阶级的阶级斗争不是权力和财产在不同胜利者之间的转移，这是自然生命意义上的争夺。相反，阶级斗争的真正目的是结束建立在有限的自然生命逻辑基础上的权力争夺。在《历史哲学论纲》补遗中，本雅明对革命的涵义进行了阐释："马克思说，革命是世界历史的火车头。但或许，情况恰好相反。也许，革命是火车上的乘客——也就是说，人类——拉动紧急刹车的尝试。"③ 本雅明不同意马克思主义的历史进步论趋向，因为如果不能打断暴力逻辑，革命不过是权力和财富转移的手段，因此，革命不仅不能使人类进入真正的生存状态，而且会陷入暴力的永恒轮回。真正的无产阶级革命被本雅明看作是彻底终结自然历史的现实政治实践，它彻底扭转人类政治和历史发展的方向，使世界的和谐统一状态得以恢复。

本雅明在批判庸俗马克思主义的过程中，对无产阶级革命、阶级斗争、劳动、无阶级社会等历史唯物主义观念进行了独特阐释，他力图从被庸俗化的马克思主义中拯救出来其中蕴含的弥赛亚精神，使马克思主义最具活力的解放诺言重新焕发出生命力。本雅明对于马克思主义的独特吸收和转化，既与前苏联的社会主义实践以及正统的马克思主义格格不入，同时又与他所属的法兰克福学派的主流思想之间存在一定的距离。本雅明从来没有成为法兰克福学派的主流，只是作为一个边缘人存在，在与霍克海默、阿多诺之间的意见分歧之中，隐含着本雅明与法兰克福学派主流思想之间的差异。

① ［德］瓦尔特·本雅明：《经验与贫乏》，王炳钧、杨劲译，百花文艺出版社1999年版，第318页。

② ［德］瓦尔特·本雅明：《单行道》，王才勇译，江苏人民出版社2006年版，第91页。

③ 来自于网络文章本雅明：《历史哲学论纲》补遗，立秋译。https：//www. douban. com/group/topic/10251795/？ type＝rec

二　与法兰克福学派主流思想之间的距离

本雅明所自称的试验性的马克思主义，不仅与所谓正统的马克思主义格格不入，同时也与法兰克福学派主流思想之间存在一定的距离。本雅明在后期《拱廊街计划》的写作过程中，与霍克海默、阿多诺之间产生了理论上的分歧和争论，理查德·沃林在记录这场论争时，认为这场论争给人们提供了一种发现支撑本雅明后期各种理论研究的元理论前提的一种可能性。正如沃林所说，本雅明与阿多诺之间的分歧在根本上源于他们不同的元理论前提，从论争中我们既可以窥测以阿多诺为代表的法兰克福学派社会批判理论的特质，同时也为我们了解本雅明对马克思主义的独特阐释，提供了一种参考。

从 1934 年开始到 1940 年辞世，社会研究所的资助几乎成为本雅明维持生计的唯一来源。在法兰克福学派所代表的西方马克思主义理论中，阿伦特认为本雅明是其中"最为奇特的马克思主义者"，本雅明也一直处于法兰克福学派的边缘角色。而本雅明的好友索勒姆认为，本雅明接受马克思主义之后，在他的文本中便具有玄学思维方式和马克思主义思维方式的双轨特征，这一特征一直贯穿到他最后的作品中，他并没有把神学与马克思主义很好结合起来。二人之间就本雅明的神学思想和马克思主义之间的关系问题，进行过长期的讨论，彼此都试图说服对方。索勒姆曾尖锐地批评本雅明非辩证地运用马克思的范畴的努力，是一种严重的自欺欺人，在索勒姆看来，他得到的是唯物主义思考的伪成果。这是索勒姆对本雅明后期思想的判定，自始至终他也没能理解本雅明的犹太神学思想与马克思主义之间的关系。因此，索勒姆把本雅明的后期思想归结为一种矛盾体，在神学思想与马克思主义之间存在着巨大张力。在《一个友谊的故事》中，索勒姆指出："在本雅明跟他的马克思主义同仁的关系周围——这我在巴黎时就很明白了——有一种是永恒的尴尬的东西，这当然跟他和神学范畴的联系有关。无论是布莱希特还是研究所的圈子，都是这样。"① 从索勒姆对本雅明后期思想的评价中，我们可以看出，本雅明后期对马克思主义的接受和独特阐释，不仅没有得到来自犹太神学方面的好友索勒姆的认可，同样也没有得到来自马克思主义方面的朋友阿多诺的承认和接受，这突出反映在本雅明与阿多诺三次比较大的论争中。对于阿多诺来说，本雅

---

① ［以］G. 肖勒姆：《本雅明：一个友谊的故事》，朱刘华译，上海世纪出版集团 2009 年版，第 209 页。

明的辩证法是非辩证的，它缺少把上层建筑中的某些因素与基础结构中的相应因素连接起来的中介，因此，它只在唯物的范畴里打转，并没有通过抽象的环节达到对于具体事物的辩证理解，因此，并不符合马克思主义的概念。可以说，对于本雅明的辩证法因为缺少中介而导致的非辩证性的指责，是阿多诺批判本雅明的一条主线。阿多诺推崇本雅明早期的星丛理论，认为它是一种辩证的方法，但是后期由于受到布莱希特的影响，使本雅明的方法成为一种把经济基础和上层建筑直接联系起来的非辩证的方法。而本雅明对于自己解读马克思主义的方法以及与布莱希特的关系，做了比较温和的回应。

本雅明与阿多诺之间的论争，在历史上引起了许多学者的关注，在马丁·杰伊看来，本雅明的思考比霍克海默、阿多诺的思考更关心特殊中蕴含的普遍意义。詹姆逊认为阿多诺是从辩证关系的抽象结构开始，继而在展开论述的每一个过程中赋予它以新的内容和不同的解释；与之相反，本雅明是从大量孤立具体的人或者事物开始，然后将这些具体现象并列，使它们互相吸收和互相参证，从这些生动、孤立的历史材料中获得辩证的抽象的理论。尽管学者们对于本雅明和阿多诺之间的争论都提出了自己的看法，但是并没有从根本上指出二者之间产生分歧的根源，因此也没有辨识出阿多诺与本雅明对于马克思主义的理解，存在本质上的不同。无论是强调本雅明对于具体和微小事物的重视，还是认为阿多诺的思维特点是从一般走向特殊，都不能掩盖他们之间的区别。本雅明理解的存在和历史的辩证本质，并非可以通过逻辑抽象获得，因此也不能通过总体性的中介获得对于具体的理解。因此，西方马克思主义对于辩证法的理解，无论是卢卡奇的总体性辩证法还是阿多诺的否定辩证法，与本雅明的辩证法之间存在着很大差异。本雅明对于辩证法的理解完全摒弃了形而上学的思维范式，并非在肯定意义上寻求整体性和统一性，也不是通过瓦解同一性而寻求非同一性。本雅明把现实存在本身看作是一种辩证的结构，它是个体性和统一性相互辩证的构成，而对于这种辩证性的揭示，不能通过逻辑抽象的方式呈现，因为具体中就包含着整体，因此，只能通过文学蒙太奇和辩证意象呈现的方式揭示出来。在本雅明看来，马克思主义辩证法的本质在于，在具体的和现实的经济、政治和文化中揭示出人的本质特征，换言之，把可感知的原初现象在具体的经济、政治和文化中呈现出来。本雅明在《拱廊街计划》中指出："马克思揭示了经济与文化之间的因果关系。对于我们来说，重要的是表达的线索，所要展现的不是文化的经济本原，而是经济在文化中的表达。换言之，所涉及的问题是努力把握作为可感知的原初现象（Urphenomenon）的经济过程，（所以，19世纪）拱廊街中的生活就从这个现象中显现出来。"① 对于本雅明来说，在最具体和最微小的现实和历史遗存中，隐藏着整体性和原初性，因此，马克思主义对历史的辩证理解并非是通过抽象的中介获得的，而是在对于历史的辩证形象的揭示中呈现出来。本雅明在《拱廊街计划》中指出："一个最终无法回避的历史唯物主义的核心问题：从马克思主义角度理解历史就必然要求以牺牲历史的直观性为代价吗？或者怎样才能将一种高度的形象化（Anschaulichkeit）与马克思主义方法的实施相结合？这个项目的第一步就是把蒙太奇的原则搬进历史，即，用小的、精确的结构因素来构造出大的结构。也即是，在分析小的、个别的因素时，出现总体事件的结晶。因此，与庸俗马克思主义决裂。"② 在本雅明看来，不能只是在抽象层面上通过经济与文化之间的因果关系来揭示资本主义的本质，更应该展现资本主义经济在文化上的表征，拱廊街正是资本主义经济要素在文化上的一种表达。"这项研究——主要研究最早的工业产品的表意特征，包括最早的工业建筑、最早的机器，也包括最早的商店、广告等等——因此在两方面对马克思主义具有重要意义：第一，它探索马克思的学说起源的环境如何通过其表意特征（即，不仅是通过因果联系）而影响了这个学说；第二，它也将揭示马克思主义与同时代的物质产品所共有的表意特征。"③ 对于本雅明来说，在对于拱廊街及其各种经济活动的意象呈现中，辩证地包含着整个资本主义经济的实质，它指向资本主义的异化生存状态，同时在这种异化生存中蕴含着救赎的契机和可能性。

在阿多诺与本雅明之间的争论中，隐含着彼此对于辩证法的不同理解，可以说，这种区别在根本上源于本雅明的辩证法中蕴含的神学维度，它使本雅明的辩证法思想无法与阿多诺的思想握手言和，这种神学观念牢牢地植根于本雅明的思想土壤中，成为他与以阿多诺为代表的法兰克福学派之间的思想分歧中蕴含的隐秘成分。毋庸置疑，在传统的解释框架内，犹太神学与马克思主义之间存在着巨大的思想张力，但是在本雅明的独特视域中，犹太神学与马克思主义之间具有内在的亲和性，对于马克思主义

① ［德］瓦尔特·本雅明：《作为生产者的作者》，王炳钧、陈永国、郭军、蒋洪生译，河南大学出版社2014年版，第115页。

② ［德］瓦尔特·本雅明：《作为生产者的作者》，王炳钧、陈永国、郭军、蒋洪生译，河南大学出版社2014年版，第118页。

③ ［德］瓦尔特·本雅明：《作为生产者的作者》，王炳钧、陈永国、郭军、蒋洪生译，河南大学出版社2014年版，第115页。

内在的神学维度的阐发，使本雅明开启了一种独特的马克思主义的阐释方式，从而为我们打开了一个理解马克思主义的新维度。

三　弥赛亚式的马克思主义

在本雅明看来，马克思主义的根本宗旨上是为了实现全人类的彻底解放，因此，它不同于以往一切延续阶级压迫和暴力政治的阶级革命和斗争，同时马克思主义并不是把人类彻底解放推到无限遥远的未来和另一个世界。在传统形而上学和神学的框架内，自然暴力和自然历史获得合法性的借口，相反，马克思主义是在每一个"当下"指向彻底解放的无产阶级现实革命和政治实践。在本雅明看来，马克思主义中不仅蕴含着绝对性、超越性和神圣性，这种绝对性、超越性和神圣性解构一切相对的自然利益和自然限度，指向与自然秩序完全不同的另一种秩序。马克思主义不仅具有超越性、绝对性和神圣性，同时具有革命性、实践性和当下性，在本雅明看来，庸俗马克思主义把共产主义和无阶级社会作为一种理想状态无限期地推到未来，而真正的马克思主义是随时可能到来的指向正义的无产阶级现实革命和政治实践。因此，不能使马克思主义中蕴含的活生生的弥赛亚面孔，成为僵死的教条并且因此丧失其本身具有的能动性和生命力。在本雅明看来，马克思主义中蕴含的弥赛亚维度，要求无产阶级必须抓住一切机会，在现实革命中彻底结束人类的自然历史，开启人类历史的新纪元。本雅明之所以能够把在传统视域中具有巨大思想张力的犹太神学与马克思主义联系起来，其中根本的原因在于，本雅明对犹太神学和马克思主义的理解完全摆脱了传统形而上学和神学的框架。在本雅明那里，犹太神学中的弥赛亚观念已经不再是一种脱离现实世界和人类能力所能及的神秘力量，而是蕴含于现实世界中的一种超越性和绝对性的精神力量，以不具象的形式存在于具体事物和人类生存结构中。因此，本雅明借用犹太神学中的弥赛亚观念——弥赛亚面孔、弥赛亚时间、弥赛亚力量以及弥赛亚秩序等神学术语，指的是蕴含在现实世界中的隐秘的神圣力量，它是使现实世界成其为自身的不可或缺的精神力量。它不与具体事物相分离，而是蕴含在具体事物之中，在特定的辩证结构中呈现。而马克思主义之所以与犹太神学中的弥赛亚观念具有亲和力，是因为在本雅明的视域中，马克思主义不仅是探究神圣性存在的理论，而且是使这种神圣性生存成为现实的革命实践。

无论是来自犹太神学方面的朋友，还是来自马克思主义方面的朋友，都无法理解本雅明在犹太神学与马克思主义之间建立起来的关联。索勒姆认为犹太神学与马克思主义之间不能彼此相容，这同样适用于阿多诺对于本雅明思想的批评。无论是俄国的社会主义革命还是任何一种形式的神权政治，都试图在世俗秩序中寻求救赎，对于本雅明来说这种救赎是不可能实现的，相反，只有在尚未到来的弥赛亚秩序中，才能使人类真正获得解放。当然，这并不是说弥赛亚秩序是脱离世俗秩序的超自然存在，恰恰相反，弥赛亚秩序指的是超越自然秩序之上的真正现实秩序。本雅明认为，以传统宗教的上帝之国以及庸俗马克思主义的共产主义社会为历史终极目标的政治，都是神权政治，只不过共产主义社会采取的是世俗形式，但在实质上，它们都是建立在神圣观念基础上的世俗社会。一个是实体化和绝对化的上帝，另一个是实体化和绝对化的共产主义社会，一旦成为世俗世界的力量，都可能成为政治上的非正义和暴力。在本雅明寥寥可数的挚友中，索勒姆否认犹太神学与马克思主义之间可以相容，布莱希特明显不喜欢本雅明的神学因素，阿多诺和研究所的其他同事根本不知道如何对待它。在哈贝马斯看来，他们之间具有的相同点在于：他们都从各自的角度出发，关心神圣性在启蒙运动之后的命运，以及它如何能够"向世俗迁移"。索勒姆是在传统中，阿多诺仅仅在对资本主义社会的"裂缝"无名的敲打中，寻找上帝之声。① 而他们的不同点在于，无论是索勒姆还是阿多诺，都沉浸在形而上学的框架内，把神圣性与自然性分割开来，无论是在传统中还是在裂缝中，都已然把自然和历史看作是一种神圣性与存在分离的结构。而本雅明对于存在和历史的认识，是在一种辩证的框架内展开的，在本雅明看来，自从人类与自然丧失了原初统一性之后，存在的结构便呈现为一种自然存在与超自然存在之间的辩证统一性，这就是存在的现实结构。因而，任何脱离现实存在去寻找神圣性和绝对性的观念，都无疑会使神圣性和现实性变成一种给定性的存在，因而，无疑都会走向僵化。

本雅明的历史哲学思想不仅源于对犹太文化中的弥赛亚观念的独特阐释，而且对历史唯物主义进行了创新性解读，这是二者能够共同存在于本雅明历史哲学思想中的关键所在。犹太文化中的弥赛亚救赎观念、马克思的共产主义社会以及无产阶级革命，在根本上触及的是人类历史的正义问题，在本雅明看来，二者并非来自启示和乌托邦存在，而是蕴含于人类现实生存和历史中的不可解构的正义力量，同时是使这种力量现实化的革命实践。本雅明不是马克思主义的犹太神学博士，也不是弥赛亚主义的马克思主义者，更不是一个犹太神学家，而是一个反对线性进步论、历史主义

---

① 网络文章：德国—犹太思想史上的一段情谊，2016.6，哈贝马斯。

和庸俗马克思主义的历史唯物主义者。当然，本雅明对历史唯物主义的理解完全不同于当时正统马克思主义的解释，同时与他所属的法兰克福学派的主流思想之间存在着一定的思想距离，甚至在某些问题上也会与马克思的思想有所不同。本雅明的历史哲学思想继承和发扬了马克思主义中最有活力的解放诺言，为我们理解历史唯物主义中蕴含的正义、无产阶级革命以及未来社会理想，开启了新的阐释空间。

第四章　本雅明的时间观

　　历史发生在时间中并在时间中展开，人类历史意识的产生和发展与时间观念携手同行。历史上特定文化和特定时代产生的历史观念，必定与其时间意识具有内在关联，因此，时间的本质和意义问题便成为历史哲学的基本问题和前提，我们赋予历史的意义与时间被赋予的意义直接相关。本雅明的历史观念与其时间意识之间存在内在关联，揭示本雅明历史观念的独特内涵和本质，对其时间意识的考察构成前提和基础。本雅明历史时间观念的形成，既是在批判现代线性时间观基础上形成的，同时又借鉴了犹太思想中的时间观念，这使本雅明的时间观念既充满神学内涵，又与他所生活时代的主流时间观念格格不入。如何理解本雅明既独特又带有神秘意蕴的时间观念，如何解释本雅明借助神学观念来释放被现代性封闭的时间的超越性维度，以此来对抗完全世俗化的现代时间和历史观念，这些都是走进本雅明历史观念的重要环节。要揭开本雅明时间观念的神秘面纱，对于与现代时间观形成具有内在关联的西方几种主要时间观念的考察，是不可或缺的。

第一节　西方主要的时间观念

　　时间意识的产生与人的基本生存经验密切相关，时间观念隐藏着人对于存在本质的理解和把握，时间观念是人对于存在进行感性直观和理性抽象的结果。当时间意识从具体存在和生存活动中抽象出来之后，便反过来成为规范人类认识和实践活动的意识形态要素。在某种意义上说"时间就是权力，这对于一切文化形态的时间观而言都是正确的。谁控制了时间体系、时间的象征和对时间的解释，谁就控制了社会生活"。[1] 因此，不

---

[1]　吴国盛：《时间的观念》，北京大学出版社 2006 年版，第 99 页。

同文化在不同历史时期会产生不同的时间观念，而且时间观念的转变总是发生在历史急剧变革的特定时期，这种历史骤变总会引起人们对于时间内涵的重新思考，换言之，时间观念的变化与演进，揭示的是人类生存方式和文化的变迁轨迹。"弗朗西斯·培根说过，时间是最伟大的改革者。在西方思想史上，伟大的时间反思者均处在文化演进的转折点上。时间在文化的交汇与冲突之处神秘地浮现出来，预示着旧的毁灭和新的降生，预示着对传统的反叛同时又是对传统的革新。"① 可以说，时间观念中隐藏着人类生存和历史变迁的密码，在某种程度上可以说时间是揭示人类现实生存和历史之谜的钥匙。

一 古希腊和希伯来人的时间观念

作为具有内在张力的两种思想资源——希腊思想和希伯来思想，共同构成了欧洲文化和历史的母体和基因。古希腊和希伯来思想之间的区别，已经得到学者共同认可的是：希腊思想在本质上是静态的，而希伯来的思想则是在动态中存在的，换言之，希腊思想主要是在空间中展开的，而希伯来思想则是在时间中演绎出来的。也就是说，希伯来人的思想依赖时间，而希腊人的典型特征则表现在把空间作为其思想形式。因此，两种古老的思想文化的本质特征，鲜明地体现在时间观念的不同，同时，这两种古老的时间观念也成为西方历史上一切时间观念的初始和源头。

（一）古希腊的时间观念

1. 时间：永恒的运动形象

透过对自然界存在的现象和人类自身的观察和反思，希腊人形成了自己独特的时间观念。这种时间观在本质上，是对于与时间完全对立的另一种存在——永恒，进行的思考与追问，因此可以说，对于与时间具有异质性的永恒的本质世界的追求，是希腊人思考时间问题的根基和最终目的。对希腊人来说，永恒的本质世界不存在于时间中，而是静止不动的，"它没有变化，因此没有混乱、干扰、丧失、堕落和毁灭。'时间的利齿'咬啮不到它"。② 在希腊人的观念中，时间代表的是有生有灭、变化无常的

① 吴国盛：《时间的观念》，北京大学出版社 2006 年版，第 1 版序第 3 页。
② ［挪威］托利弗·伯曼：《希伯来与希腊思想比较》，吴勇立译，上海书店 2007 年版，第 167—168 页。

存在，这种存在本质上并不是真实的存在，真实的存在不受时间影响，是超越时间和变化的具有永恒性的存在。因此，在希腊人思想中，世界被划分为两个世界："永恒存在没有生成的东西"和"永恒生成无时存在的东西"，时间正是在这两个世界中被思考的。在永恒和在时间中存在的事物是有本质区别的，分属于两个不同的世界，永恒存在的事物不受时间制约，而时间意味着短暂的存在。因此，在希腊观念中，对时间的评价大大低于空间，甚至在某种程度上把时间看作不祥之物，时间吞噬一切，时间本身是毁灭性的而不是建设性的。"一切属于空间的东西（比如几何）受到了如此高的评价，于是希腊的诸神和神性世界就必须被想象为消除了一切时间、瞬时性、甚至变化，因为，时间、变化和瞬时性都是同义词。"①对于希腊人来说，时间并不是独立存在的，因为时间并不真实，因而，要把时间和永恒联系在一起进行说明和解释，才是合理的，因此对处于不断运动变化中的生命现象的解释，也与一定的目的连接在一起。"在希腊人看来，生命即是生长，而生长必指向一个目的，唯有理解了目的，才是真正理解了生命，因此目的论是希腊思想的一大特质。每一个生命都有其目的，而整个宇宙也有其目的，这些目的所在即目标、终端，是那不生不灭、无始无终的不变化的本质世界。希腊人惊赞生命，但却是以追究本质世界的方式来使生命获得意义，生命的概念通向本质、存在、理念、形式。"②可以看出，希腊人对于在时间中运动的事物，是从与永恒的本质世界的关照中来把握的，柏拉图在《蒂迈欧篇》中把时间称作"一幅永恒的运动形象"，时间在本质上是永恒的神性世界的形象，时间只是永恒在其中运行的形象表征。在数字上不断前进，以可计量的方式向前运动的形象，这样的形象称为时间，而作为时间原型的神性时间叫作永恒，永恒是静止不动的，时间是对不动不变和代表了完满的永恒的一种图示的、运动着的模仿。亚里士多德在《物理学》中给时间下的定义是：时间是持续运动的连续性维度，或者时间是持续的维度。可以看出，希腊人用在空间中的运动来表达对时间的直观，对于希腊人来说："我们都不可能不将时间与运动建立起最紧密的联系而还能定义它。"③因而在对于时间的理解上，空间支配了希腊人的思路，他们从对自然和人的周期运动变化中去

---

① ［挪威］托利弗·伯曼：《希伯来与希腊思想比较》，吴勇立译，上海书店 2007 年版，第 168 页。

② 吴国盛：《时间的观念》，北京大学出版社 2006 年版，第 48—49 页。

③ ［挪威］托利弗·伯曼：《希伯来与希腊思想比较》，吴勇立译，上海书店出版社 2007 年版，第 170 页。

掉实质内容，运用空间化思维方式，把时间抽象地直观为在空间连续运动的事物的数量关系。这与他们理解和感受世界的空间化思维方式有关，通过把时间直观为在空间中连续运动的点，可以把在时间中运动的事物当前化和固定化，继而从当前化的现象中抽象出不变的本质。对于希腊人来说，时间的地位是微不足道的，只是在对永恒的追求过程中，时间因为是永恒的一种映象才受到关注。

2. 时间的空间化

对于希腊人来说，空间概念统治他们的思维到了这样的程度，即用空间的方式想象时间。空间化的思维方式使希腊人运用视觉效应，把处于联系和运动中的事物，直观和抽象为在空间中按照一定顺序排列的事物，这样便于把握运动的数量关系以及和其他事物之间的关联，最终达到对其本质的把握。可以说，空间化思维方式是认识事物的一种便捷方式，通过把处于一定情境中的运动的事物当前化和静止化，方便从各个角度进行观察和把握。对人的感官来说，空间经验是可以直接从对事物的感性直观中获得的，而时间经验并不能从对外在事物的感性直观中获得，需要借助于空间经验间接形成。时间是通过对物体在空间中的运动和周期节律感受到的，因此，通过空间来表达对于时间的感受和经验，成为视觉能力和空间抽象能力空前发达的希腊人直观时间的特定方式。希腊人借助于太阳、月亮和星辰在空间中的周期运动和规律，以此来测量和规定物理时间或者天文时间，通过对天体形式、位置和运动规律的观察，利用天体在空中的位置来确定和计量时间。在去除了具体天体和自然运动的特殊内容后，希腊人借助于空间抽象能力把时间描述为在空间中连续运动的点，以此来表达对于时间的理解，"原本在空间上的并置系列此刻被用作了表现时间上的前后系列"。① 希腊人运用空间化的思维方式，把宇宙在空间上的规律运动，抽象和直观化为在空间上沿着一条直线或者一条曲线运动的、前后相继的点的顺序和数量关系，以此方法来对时间进行测量和对运动事物的本质进行把握。"在亚里士多德看来，我们必须在一条线的形象下（更准确地说，是在沿着直线的运动的形象下）想象时间，要么是用一条圆形的曲线来表示客观的、物理的、天文学的、可计量的时间，要么是用语法时间过去、现在和未来所要求的一条直线，我们的动词所表达的动作就在这

---

① ［挪威］托利弗·伯曼：《希伯来与希腊思想比较》，吴勇立译，上海书店 2007 年版，第 170 页。

样的时间中展开"。① 至于这条直线或者曲线是有限的还是无限的，对于希腊人来说并不重要，因为他们的注意力集中于当下以及围绕着当下的时间段。在这种空间化的思维方式中，时间被抽象化为在直线或曲线上运动的从未来到现在，从现在到过去的连续运动的点，现在作为当下的存在，在现在的前面是未来，就是即将到来的现在，而在现在的后面是过去，过去就是曾经存在的现在。用空间化的思维方式思考时间，希腊人得到的是时间的空间图像，在这条直线上，可以表示出任意的时间的先后顺序和经历的时间段，可以对时间的顺序和数量进行准确的计算和测量。过去、现在和将来作为这条直线上的三种基本的时间单位，用来表明时间按照顺序的不断流逝，时间被希腊人表达为独立地沿着一条直线运动的前后相继的点。

3. 循环时间观念

用在一条直线上运动的点来表示时间，是对于事物的运动规律和运动方式的直观表达，而事物运动的总趋势和规律，决定着这条直线是否会在远处首尾两端连在一起成为一条循环曲线。对于希腊人来说，循环曲线既象征着事物的运动节律——周期循环，又象征着这种运动是周而复始和无限的，这非常符合希腊人在有限的时间中追求永恒的思维方式，"循环运动作为不变之本质对流变之现象的克服，是希腊哲学思维的象征"。② 希腊人对于时间的运动趋势和规律，持有一种不断的循环往复的观念，即坚持循环时间观，"循环时间观指的是：将时间理解成一个圆圈，周而复始，周而复返"。③ "希腊哲学的始祖泰勒斯提出的'本原'（arche）概念就带有循环意味：万物出自本原，但最终又回到本原"。④ 这种循环观有强循环观和弱循环观两种形态，由于事物处于不断的循环往复中，"尘世的一切事物的时间性都不重要，重要的是支配着那永恒循环的神的力量"。⑤ 循环时间观意味着在事物的变化中有着某种永恒和不朽的东西，通过变化可以关照到不变的本质，可以看出，希腊循环时间观的深层根基是对于永恒的追求，本质世界是没有时间的，是永恒存在没有生成的东

---

① ［挪威］托利弗·伯曼：《希伯来与希腊思想比较》，吴勇立译，上海书店 2007 年版，第 164 页。
② 吴国盛：《时间的观念》，北京大学出版社 2006 年版，第 59 页。
③ 吴国盛：《时间的观念》，北京大学出版社 2006 年版，第 53 页。
④ 吴国盛：《时间的观念》，北京大学出版社 2006 年版，第 53 页。
⑤ 吴国盛：《时间的观念》，北京大学出版社 2006 年版，第 54 页。

西。柏拉图在《蒂迈欧篇》中对于存在做了两种区分：一类存在是始终同一的、非创造的、不可毁灭的存在，这种存在只能通过心灵来理解；另一类存在是可以被感觉所感知，是被创造的，总是处于运动之中，这种存在是可以通过感官感受到的东西。相对于这两种存在，他提出了这样的问题："是否有所谓的'自在的火'或'自在的实体'，或者说只有这些能被我们看到或以某种方式通过感官感受到的东西才是真正存在的，此外没有任何东西存在？"柏拉图给出的答案是："我的观点可以表述如下：如果心灵和真实的意见是两类不同的东西，那么我要说的是，那些不能被感觉所感知而只能为心灵所理解的自在的'型'肯定是存在的；但若如某些人所说，真实的意见同心灵没有什么不同，那么我们通过身体所感受到的一切事物都可以当作最真实的和最确定的。但我们必须认定这两种东西有区别，因为它们来源不同，性质也不同。前者借助教化而植入我们体内，后者则是说服的结果；前者始终有真正的理性相伴，后者则无理性；前者不会被劝说所征服，后者则能够被劝说所征服；还有，可以说每个人都分有真实的意见，但心灵只属于诸神和少数人。因此我们也必须承认有一类存在是始终同一的、非创造的、不可毁灭的，既不从其他任何地方接受任何他者于其自身，其自身也不进入其他任何地方；任何感觉都不能感知到它们，惟有理智可以通过沉思来确认它们的存在。另一类存在与前一类存在拥有同样的名称并且与之相似，但它们可以被感觉所感知，是被造的，总是处于运动之中，在某处生成而且又在那里消逝，可以被结合着感觉的意见所把握。"① "因此，我们可以区分两种原因：一种是神圣的原因；一种是必要的原因。我们要依据我们的本能，在一切事物中寻求神圣的原因，以求获得幸福的生活。同时，我们要为了寻求神圣的原因而寻取必要的原因，因为若无必要的原因，就不可能单凭神圣的原因来辨明我们所寻求的神圣事物，也不可能理解它，或以任何方式享用它。"② 对于柏拉图来说，作为时间原型的神性时间——永恒，是神性世界的生存形式。在《政治家篇》中，柏拉图对宇宙的本质进行了解释，他把分有形体的事物及宇宙与最神圣的事物进行了划分，"保持同一、稳定、静止，是最神圣的事物才能拥有的特权。有形体的事物的本性并不属于这个等级。现在天穹，或者我们所谓的宇宙，从神那里得到许多恩惠，得以产生，但它也被造就为分有形体的事物。因此，宇宙不可能永远静止，不可能没有变

---

① ［古希腊］柏拉图：《柏拉图全集》，王晓朝译，人民出版社2003年版，第303—304页。

② ［古希腊］柏拉图：《柏拉图全集》，王晓朝译，人民出版社2003年版，第322页。

化，然而迄今为止，宇宙的运动只要一有可能就保持同一种方式在某一处发生"。① 对于柏拉图来说，时间代表的是一种运动，而且是一种模仿最神圣事物的自然世界的存在方式，是上帝按照永恒自持者创造出来的自然世界的生活方式，人类就属于这样的自然世界，自然世界是感性的、短暂的世界。柏拉图把时间称作一幅永恒的运动形象，作为永远自持的东西，需要由思想用推理的方式来把握；而对于变动不居、无时真正存在的东西，作为意见之对象，只能以非推理的感性来揣测，这样的存在是不完美的。天或者说宇宙在过去、现在和将来的一切时间中都存在，神创造了时间，时间是和宇宙一同由神创造出来的。宇宙中星球的运动，这种运动创造了数，给了我们时间观念。"看到天上的理智运动，并把它应用到我们自身的理智运动上来，这两种运动的性质是相似的，不过前者稳定有序而后者易受干扰，我们通过学习也分有了天然的理性真理，可以模仿神的绝对无误的运动，对我们自身变化多端的运动进行规范。"②

　　从整体上说，在希腊人那里，时间是从天体的运动中抽象出来的，因而把时间与在时间中发生的情形区分开来，时间成为分有形体的自然世界的存在方式，和神性世界的永恒静止有质的区别。被抽象出来的时间通过在空间上沿着一条线连续运动的点来直观，时间成为一条虚拟的时间线条上的任何一个可以分割的点。对于希腊人来说，时间被理解为某种空间的东西，某种可以被确定的东西，以及某种差不多可以看见的东西。他们用精确的动词形式标明时间的三个单位：现在、过去和未来。现在在空间位置上是"当下在场"，过去是曾经的现在——"曾经在场"，将来是还没到来的现在——"即将在场"。从时间的节奏和运行趋势来说，由于天体的运动是按照一定的周期循环运动的，希腊人凭着自己的空间思维习惯，在一个圆周或者循环的直观图像中想象时间的节奏和时间的运行趋势，因此，希腊人持有一种总体上的循环时间观念。在希腊人的时间观念中，从自然运动中抽象出来的物理时间和天文时间占据着主导地位，生命时间和历史时间也都由自然时间来规定，这源于希腊人的空间化思维方式，用自然科学的方法进行因果推理和逻辑演绎。对于希腊人来说，实存是自然，希腊人的路径第一次把现代人熟悉的自然思想奉献给了人类。"于是，历史本身就变成了自然的一部分：曾经发生的事一定会以同样的方式或类似

---

① ［古希腊］柏拉图：《柏拉图全集》，王晓朝译，人民出版社 2003 年版，第 107 页。
② ［古希腊］柏拉图：《柏拉图全集》，王晓朝译，人民出版社 2003 年版，第 299 页。

的方式再度发生。"① 在本质上，时间是与神性世界相对的自然世界的存在方式，时间作为"必要的原因"是永恒即"神圣的原因"的影像，是用以寻求永恒的必要形式和途径。时间作为周而复始的运动形象是认识永恒的不可缺少的条件，运动和变化之中隐藏着统一和永恒，"时间是永恒的运动，又是运动着的永恒"。②

（二）希伯来人的时间观念

1. 动态整体性思维方式

与希腊人的空间化思维方式不同，希伯来人的思想是在时间中运动的，或者可以说，希伯来人的思想是动态的。对于希腊人来说，首要的、至高的是在运动形式中表现出来的存在本质，而对于希伯来人来说，行动着的权力才是首要的和至上的。对于永恒本质的追求，是这两种文化的共同特征，但是，对于永恒的追求方式是不同的，希腊人认为本质不存在于暂时事物的运动形式中，也不能用感觉感知，只能用理性把握事物永恒的本质；而对于希伯来人来说，事物一方面处于不断的生成变化之中，一方面又和它自己保持同一性，换言之，本质就蕴含在事物的生成变化中，并不与运动变化的、带有时间性的事物相分离，事物正是在运动生成中保持自身的同一性。

希伯来人在一种动态的整体思维方式下理解时间，时间并没有像希腊人那样具有静止的空间的位置和过去、现在和未来的前后相继的运动形式，而是在动态整体中把时间和在时间中发生的内容连接在一起，而没有从具体内容中抽象出客观存在的时间。时间的形式也没有过去、现在和未来的分割，也不像希腊人那样，时间和永恒被分开来思考，在希伯来人那里，永恒并不是和时间相对照和区分的存在，永恒和时间辩证地连接在一起。希伯来人的动态整体的思维方式和希腊人的空间化思维形成鲜明的对照，希腊人通过把在视觉中捕获到的事物运动的位置和形式，用在空间中的线条、界限和图形来直观和表达，先把事物进行空间位置的分割，再把事物用一定的标准统一起来，这是典型的希腊人的空间思维方式；而希伯来人对事物的感知和思维方式，是直接在事物的运动中整体来把握的，而没有把内容与形式区分开来。时间表明的是事物的运动变化本身，而不是

---

① ［挪威］托利弗·伯曼：《希伯来与希腊思想比较》，吴勇立译，上海书店 2007 年版，第 240 页。

② 吴国盛：《时间的观念》，北京大学出版社 2006 年版，第 67 页。

独立的客观存在形式，不像希腊人那样对事物采取一种静止的理性观看和分析方式，希伯来人不把时间看作在一定的空间位置上运动的抽象物。因为事物处于不断运动变化中，因此，希伯来人从运动变化中感受到了时间，但这种对时间的感受不像希腊人那样被抽象化为在空间中运动的点，时间和运动的内容是紧密连接在一起的，时间没有获得独立存在的形式，时间表示的就是事物自身的运动变化。希伯来人的思维方式是动态或者是时间性的，是与事物本身的存在方式相一致的，由于事物本身不仅处于运动变化中，同时事物又是作为统一体存在，时间所处的任何阶段与整体是连接在一起不能分割的，因此，动态化的思维方式对事物的认识是在统一体的框架内进行的，即使是对某一起事件的认识也是和事物的整体连接在一起的。"意识像一个统一体由一个全部的生命组成，不能像空间那样被分割：即使一起事件也是一个有关联的整体。从实质上看，用一系列的断片或快速地前后相继的时间点对这样的整体性进行分割或确定是不可能的。"① 对于希伯来人来说，事物的存在方式是在运动变化中与自身保持同一，即在时间性中拥有其实存，在时间中存在的事物的暂时性与它作为一个整体的统一性是一体的，时间性和暂时性与事物的整体性和同一性相关联，换言之，事物是作为运动的整体存在的，片段是整体中的片段，不能被人为分割开来。因此，希伯来人对生命的短暂和永恒的认识是："一个人的生命包括一小部分的实存的历史，一个民族的生命包括了较大的实存的历史，人类的生命包括了更大的实存的历史，上帝的生命和意识囊括了一切"。② 可见，一个人短暂的生命同时是被囊括进上帝的生命和意识中的永恒存在。

对于自然时间来说，时间的统一性表现在事物的一部分中包含着事物的整体，所谓"一粒沙里看世界"。而对于生命时间和历史时间来说，时间的统一性表现在时间的共时性上，"每个人都可以与他记得很清楚的往事共处于同一时间，他可以在他的记忆中重温往事，在那一刻他不会忘记那件往事发生的年份或时代，也不会忘记这件事最终给他生活中后来剩余的时间带来的重大意义"。③ 对于希伯来人来说，重点不在于时间表明的

---

① ［挪威］托利弗·伯曼：《希伯来与希腊思想比较》，吴勇立译，上海书店 2007 年版，第 181 页。

② ［挪威］托利弗·伯曼：《希伯来与希腊思想比较》，吴勇立译，上海书店 2007 年版，第 183 页。

③ ［挪威］托利弗·伯曼：《希伯来与希腊思想比较》，吴勇立译，上海书店 2007 年版，第 188 页。

事物的具体位置，而在于时间所表示的事物的处境具有的相同的质。"如果过去和将来的事件特别鲜活地出现在说话者的意识里，那么在某种意义上他就是这样事件的亲历者，他就处于事件发生的当下"。① 在希伯来人看来，对时间进行分割是没有意义的，因为既然事物的存在是在动态中的辩证统一，那么任何时间的片段和古老的事件都和事物的整体连接在一起，这种整体是在部分中的整体，在短暂中的永恒。

2. 时间内容和形式的统一

对于希伯来人来说，无论是物理时间、天文时间还是心灵时间、历史时间，时间与时间所表示的内容都是一致的，时间没有从事物的具体内容中分离出来获得独立和客观的存在，如同希腊人那样，时间从事物中分离，并被表示为在空间的一条直线上均匀流逝，对于希伯来人来说是陌生的。希伯来人认识事物的一个特点是对于形式持无所谓的态度，确切地说，形式并不是单独存在的，而是与内容是一体的并没有分开。希伯来人不用轮廓、界限等空间抽象形式来体验世界，他们看到的事物就是带着颜色和阴影的实物，他们用手感受到实物的硬度和温度，对于事物的界限也是用具体的事物来表达的。同希腊人一样，希伯来人也是借助于太阳、月亮和星辰等天体来规定时间，但是和希腊人不同的是，希腊人按照太阳在天空的位置来确定时间，而希伯来人则根据天上的不同发光体发射出不同强度的光和热来确定时间。"当太阳成为主要的光和热的散播源时是白天；当月亮成为主要的光源并和其他星辰一起闪耀时就是黑夜。"② 太阳在天空中的运动，是用来表达太阳的荣耀和力量，而不是用来计时，相应地，日夜的变化是通过天体的光亮，而不是通过天体在空间中的运动位置确定的。因此，对时间的确定没有与具体的天体的本质和所处的具体形势相脱离，太阳的光和热散发时是白昼，它象征着光明，光明等同于幸福和神恩；月亮的光散发时是黑夜，黑夜被叫做黑暗，黑暗则等同于祸害和苦难。不仅日夜的变化是通过天体的光亮来决定的，就连一天之内的其他时间也是通过太阳光热散发的方式和强弱来确定的。希伯来人通过"当太阳高挂在天上的时候"③，

① ［挪威］托利弗·伯曼：《希伯来与希腊思想比较》，吴勇立译，上海书店 2007 年版，第 194 页。

② ［挪威］托利弗·伯曼：《希伯来与希腊思想比较》，吴勇立译，上海书店 2007 年版，第 172 页。

③ ［挪威］托利弗·伯曼：《希伯来与希腊思想比较》，吴勇立译，上海书店 2007 年版，第 174 页。

"那时正热，亚伯拉罕坐在帐篷门口"① 这样的方式来确定和表示时间。对于希伯来人来说，时间是由时间的内容和具体的形势来确定的，时间没有与表示具体的天体相分离，时间不是由抽象的天体的空间位移来确定的。与天体位置表现的普遍的、抽象的数量关系不同，天体的阴暗和冷热与不同的天体和天体的性质是联系在一起的，这种对时间的计时是与具体天体所处的形势不区分的。换言之，希伯来人把时间的形式和内容交叠在一起，没有后者就不可能有前者，时间所经过的量的抽象形式完全退隐到时间内容的质的后面去了。希腊人把时间和表示时间的事物区分开来，把时间看作一种抽象形式，因此，他们把时间与在时间中发生的情形区分开来，而希伯来人没有这样做，对他们而言，时间与其内容是同一的。

相应地，把时间放在空间抽象形式中进行思考的希腊人，在一个圆周或者一个循环的直观图形中想象时间的节奏，而希伯来人对于时间节奏的感受是与具体的天体和人自身的节奏相关联的。"所有这些节奏的共同点是，它们都无需动用任何空间运动就可以确定一个时间点或者一个时间段。同样的特点我们也可以用来描述作为时间指南的天体；明暗之间的差别和有规律的交替、月亮的周相、一天之内太阳热量的强弱都是时间的节奏而不是时间的运动。"② "希伯来人在计时方面没有乞灵于太阳的循环运动，而是乞灵于明暗和冷热的有节奏的变换。"③ 不像希腊人把时间理解为单纯量的流动，希伯来人把时间理解为某种质的东西，时间和时间发生其间的事物本质紧密关联。时间不是单独存在的，而是被其内容所决定的，太阳的光和白昼连接在一起，月亮的光和黑夜连接在一起。对于希伯来人来说，他们生活在时间中，就是在与自身的同一中轻松自由地运动着。

3. 时间中的永恒

与希腊人一样，对于永恒的追求同样是希伯来人的精神特质，感性世界和超感性世界的关系，时间和永恒的关系同样是希伯来人思考的主要问题。希腊人把世界的本质指认为永恒，而在时间中运行的现象世界，是永

---

① ［挪威］托利弗·伯曼：《希伯来与希腊思想比较》，吴勇立译，上海书店 2007 年版，第 175 页。
② ［挪威］托利弗·伯曼：《希伯来与希腊思想比较》，吴勇立译，上海书店 2007 年版，第 176 页。
③ ［挪威］托利弗·伯曼：《希伯来与希腊思想比较》，吴勇立译，上海书店 2007 年版，第 176 页。

恒世界的摹本，希腊人对时间的思考是指向永恒的本质世界的。希腊人为
了把握永恒，把世界二分为永恒的本质世界和时间性的自然世界，在自然
世界中运行的时间只是永恒世界的影像，换言之，永恒世界是原本，在时
间中运动的世界只是一种摹本，时间被希腊人贬低和降格为只是真实的本
质世界的一种影像。对于希腊人来说，时间和永恒分属于两个完全异质的
世界，对于去除了时间的永恒的本质世界的追求是希腊人的最终目的。

对于希伯来人来说，时间和永恒不是分离的而是连接在一起，时间和
永恒共存于现实世界中，这个世界就是希伯来人通过感知感受到的世界，
上帝的永恒就显示在自然的运动变化和人类历史中。"希伯来语中相当于
'永恒'的词都是时间性的，甚至到了这样的程度，它们并未超出此世生
活，而就在其中。"① 在希伯来人那里，永恒指涉的是一种无尽的时间，
"它无限广远，漫无边际，使我们的视线和想象都迷失在黑暗和看不清的
混沌中，这个概念的特点是，它既可以用在古老的史前时代，也可以用在
无尽的未来"。② 这种无边际的永恒时间不是指超时间性，而是无边际的
时间性，希伯来的上帝不是超时间和超验的，而是在无边际的时间中显灵
和发挥作用的。作为历史时间分期的过去、现在和未来因为与上帝的目标
联系在一起，因而不是彼此独立和分离的，而是作为整体存在的。"民众
的过去、当下和未来是一个容放了一切的连续的整体。先人和现在活着的
人是一个整体；上帝对先祖做的事也对我们做了；主把你们（我们）带
出埃及。民众的生活如同个体的人的生活可以作为一个整体来体验；在个
体的生命中，过去的事件和行为在当下也是有效和有生命力的，对于希伯
来人来说一个民族的生命也同样如此。"③ 在希伯来人那里，历史具有共
时性，世界具有共在性，时间和永恒、个体和整体是连接在一起的。

综观希腊和希伯来两种时间观念，可以看出两者存在的区别，这种区
别反映的是两种不同的感受和认识存在的方式。希腊人用空间化静止的思
维方式来感受存在和时间，在他们那里，物理—天文时间占据主导地位，
历史本身变成了自然的一部分。时间在希腊人那里是感性世界和有限事物
的存在形式，是超感性世界的影像，而对于感性世界和超感性世界的关

---

① ［挪威］托利弗·伯曼：《希伯来与希腊思想比较》，吴勇立译，上海书店 2007 年版，
第 199 页。

② ［挪威］托利弗·伯曼：《希伯来与希腊思想比较》，吴勇立译，上海书店 2007 年版，
第 199 页。

③ ［挪威］托利弗·伯曼：《希伯来与希腊思想比较》，吴勇立译，上海书店 2007 年版，
第 227 页。

系，希腊人认为世界的本性是永恒的，尽管其显现形式会在时间中发生变化。希腊哲学家传授的是世界的永恒性，这与他们不受时间影响的、视觉主导下的静止的思维方式非常吻合，"如果上帝能够被找到，希腊人一定会在永不改变的对象中、在精神存在中、在理念中寻找"。① 而希伯来人用动态整体的思维方式，在事物的运动变化中表达事物的整体性存在。在希伯来人那里，心理—历史时间占据主导地位，时间表现为一种质的东西，表现为事物在运动变化中与存在保持的同一性，他们成功地把自然表现为历史。在希伯来人看来，感性世界不是超感性世界的影像，感性世界和超感性世界是连接在一起的，世界的永恒性不是脱离感性世界而存在的，而是在感性世界中存在着永恒。与希腊人表达世界和人的"存在"状态不同，希伯来人表达的是世界和人的"生成"，希腊人通过把存在固定和静止继而从中抽象出本质，而希伯来人则在事物的生成创造和历史中把握存在的本质。对于希伯来人来说，"上帝是在历史中而不是在理念中向以色列显灵；他的显灵发生在他行动和创造的时候。他的存在不是在命题中被人习得，而是在行动中为人所知"。② 可以通过柏拉图和《圣经》中对于人如何达到顶点的不同认识，来表征希腊和希伯来人两种不同的时间观念："在柏拉图看来，当人尽可能多地吸收永恒世界的内容，并在自己身上实现，那么人就达到了他的顶点；而《圣经》认为，当人成为他最初的所是，也就是他被创造时的所是，他就达到了他的顶点。"③

二　基督教时间观念

时间观念反映的是人对于世界存在方式的感受，希腊和希伯来人的时间观念代表着两种不同的感受存在的方式。以希腊人为代表，事物的存在方式被感受为按照空间位置排列的秩序和界限，通过降低和否定时间达到对于永恒本质的把握；而在希伯来人那里，事物的整体性和永恒性恰恰是在时间中实现的，永恒离不开时间和现象世界。在空间化的时间和存在意识基础上，发展出来对于存在的本质主义和形而上学的解释，世界被划分为现象世界和本质世界，通过贬低和否定现象世界，来探寻时间背后的永

---

① ［挪威］托利弗·伯曼：《希伯来与希腊思想比较》，吴勇立译，上海书店2007年版，第227页。

② ［挪威］托利弗·伯曼：《希伯来与希腊思想比较》，吴勇立译，上海书店2007年版，第227页。

③ ［挪威］托利弗·伯曼：《希伯来与希腊思想比较》，吴勇立译，上海书店2007年版，第232页。

恒；而以希伯来人的动态时间意识为根基，通过肯定现象世界和人类历史，在运动中把握永恒。以后产生的时间观念，无论是基督教的时间观念，还是现代的时间观念，也无论把时间看作客观的还是主观的，都与这两种时间观念密切联系在一起，表现为这两种存在认识方式的朴素杂糅和变形。基督教的时间观念表现出这两种时间观念的朴素融合，对天国的追求被放置到了人类历史的演进中。

1. 单向线性时间

与希腊人贬低和取消时间不同，基督教承认时间的价值和意义，因为上帝意志的展开和人类救赎的实现都在时间中才能完成。基督教从犹太思想中继承了强烈的历史意识，但是对历史发展趋势的预测与希腊人的无限循环解释完全不同，因为在基督教的历史和时间观念中，存在摆脱了无限循环的宿命，有了明确的终点从而历史具有了目的性。基督教时间观念的突出特征在于时间具有了明确的起点和终点并因此获得了不可逆转的方向性，在基督教中时间以这样一种意象存在："时间作为教徒通过赎罪摆脱世俗的罪恶，最终在天国获得永恒救赎的一条试练之路。"[1]

基督教通过重大的历史事件，诸如创世、耶稣诞生和末日审判等标记上了时间和历史的发展方向和趋势，时间和历史不再是无限循环往复、处于人类之外的神秘力量控制之下，人类历史成为由唯一的神——上帝所主宰的过程。在基督教文化中，人类渴望从神秘的自然力量中解放出来，基督教对于时间的有方向的线性结构的解释，反映的是人类从自然中摆脱出来的愿望，人类不再以自然作为参照物来解释世界，而是以人自身目的作为解释世界的根据。反映在时间观念中，基督教摒弃了时间无限轮回的发展趋势，把生命的最终目的——永恒——投放到未来的线性时间结构。对于早期基督教神父来说，面临的最重要的时间解释的重大变革，是驳斥和反对异教徒的循环时间观念。因为循环时间观念里面蕴含着人类无法把握的神秘力量，人类要从这种神秘力量中解脱出来，通过自身的生命过程实现永恒。因为人类的生命历程呈现为从开端到终结的流逝性和有限性，在有限的生命流逝中存在着强烈的对于永恒的彼岸世界的追求，因此，基督教对于时间的感受，便表现为带有方向性和目的性的过去、现在和未来的线性时间结构。永恒被置入时间的未来维度上，它承载的是有限的人类生

---

[1] 转引自约翰·哈萨德编《时间社会学》，朱红文、李捷译，北京师范大学出版社集团 2009 年版，第 13 页。

命对于完整性和永恒性的期待，未来承载着救赎的实现为过去和现在赋予了终极意义。基督教的线性时间观念继承和发扬了希腊人把时间和存在相分离的时间观念，只不过希腊人通过摒弃时间，使永恒与现实世界发生分离，而基督教则通过把时间分裂为过去、现在和未来三个维度，把永恒投射到未来而与存在发生分离。可以说，基督教的时间观念开启了目的论思维方式，使世界脱离了自然的控制和永恒轮回的命运，时间取得了不会回转而指向未来的末日审判和救赎的实现。

《旧约全书》中记载的上帝"惊天动地"的创世行为，从无到有开启了人类历史进程。创世作为重大的历史事件成为自然世界和人类历史的起点，使世界和人类历史具有了向前推移的方向性，这在信奉无限轮回的希腊人那里是没有的。在犹太文化中，因为上帝赋予人类自由创造的本性，创世行为同时开起了人类未来的无限可能性和开放性。这样，人类历史有了自己的开端同时开启了无限可能的未来，从此使历史发展趋势结束了永恒轮回的宿命论，指向救赎和未来美好社会的到来。人坚信通过努力可以在历史中实现美好社会，它成为人类的生命诉求和意义来源，这样就摆脱了自然强加给人类的永恒轮回的宿命。基督教在《新约全书》中通过引入原罪、神的恩典和基督耶稣对于人类的拯救的观念，使基督教超出了犹太人的宗教而成为具有普世主义的宗教。超出犹太民族作为神选民族和救世主弥赛亚的狭隘民族范围，对于整个世界和历史施行的拯救，对于基督教的时间观念和历史观念产生了重大影响。因为整个世界的救世主耶稣基督的诞生和他的再度来临对世界的末日审判，时间具有了永恒的意义和指向。"基督降临提供了这样的一个时间原点，过去和未来借此获得方向：全部的过去的事件都奔向它，作为它的准备阶段，全部的未来由之涌出，成为他的展开和漫延。"① 耶稣的诞生开启了崭新的、统一的编年结构和历史编撰体例，基督的诞生和再度来临为人类生存和历史赋予了永恒的意义。"在古老的人看来，事件是以一种随时可以重现的节奏呈现的；古老的人的时间感是在他与季节的斗争中发展出来的；他的时间视野是由'永恒轮回的神话'所界定的。……当基督徒为了以一种直接的、线性的进步去获得拯救和赎罪而放弃有限世界时，第一次发现自己暴露于历史进程所固有的危险之中。"② 从此以后，人类便试图把握历史和给历史一个结论，以便把一个看似无始无终的过程合理化。

---

① 吴国盛：《时间的观念》，北京大学出版社 2006 年版，第 74 页。

② ［英］约翰·哈萨德编：《时间社会学》，朱红文、李捷译，北京师范大学出版集团 2009 年版，第 11 页。

2. 被置入未来的永恒

在对时间和有限性的体验和感受中，人类产生对于永恒和无限的追求和期待，因为永恒关涉存在本性的思考和解释，在不同的时间观念中，对于存在本质理解的不同导致了永恒被赋予不同的含义。希腊人通过打发掉现象世界，在没有时间性和有限性这些不完美因素的本原和理念世界中寻求永恒。柏拉图的《蒂迈欧篇》中有这么一段讲述时间的文字"当造物的天父看到他所创造的被造物，亦即永恒之神的被造影像在运动和生活时，他感到很喜悦，在喜悦中他决定使摹本更像本原，既然本原是永恒的，他力图使宇宙也尽可能地永恒。然而理念物的本性是永恒的，而要把这种性质完全赋予被造物是不可能的。因此他决定让永恒性拥有一种运动的影像，当他在天国安排了秩序以后，他使这种影像永恒但却按照数目而运动，而永恒性本身是同一的。这种影像我们称为时间"。[①] 在希腊人那里，现实世界和理念世界分属于两个完全不同的世界，永恒不存在于不完善的、时间性的现实世界里，它只是永恒的影像和模本。通过运用理性的力量排除经验世界使自身生活在永恒的本质世界里，是希腊人现实生存的目标和意义，希腊人使现实存在和永恒本质发生了分离。基督教文化和时间观念继承了希腊文化对于真实世界和虚假世界的划分，时间在这两种文化中都被否定，时间性存在的确定性和合法性只能来自于与永恒世界的关联。与希腊人把永恒投放到理念世界中不同，基督教把永恒置入未来上帝王国的实现，当下和过去的正义性和合法性均来源于未来救赎的实现，时间和现实生存失去了独立存在的合法性和确定性。这种时间观否定了现实生活本身的意义，它不同于犹太人对于时间和永恒之间不可分割的关系的理解。但是，正是对于永恒和不朽的追求，成为推动人类历史不断向前发展的不息动力，"有什么人比寻找和宣称发现'不动者'的人更多地推动了历史"[②]？从基督教文化开始到近代的历史进步论，历史就在对永恒的不断追求中展开自身的发展历程，这样，人类就从不断循环的时间观念和历史发展趋势中解脱出来，历史具有了目的性和方向性。

3. 时间的内在化

基督教不仅使时间具有了目的和方向，而且开了时间内在化的先河，

---

① ［古希腊］柏拉图：《柏拉图全集》，王晓朝译，人民出版社 2003 年版，第 107 页。

② ［德］G. G. 索伦：《犹太教神秘主义主流》，涂笑非译，四川人民出版社 2000 年版，第18 页。

与希腊人把永恒放在没有时间的本质世界不同，在基督教文化中，上帝的永恒意志是在时间和历史中实现的，因而，现实世界不能被简单地打发掉。对于把永恒投放到时间和历史中的基督徒来说，必须解决的问题是时间与上帝的永恒意志之间的矛盾。奥古斯丁通过对时间究竟是什么的苦苦追问，终于认识到时间并不是一种客观的存在，而是存在于人类的心灵中，是人对于存在的主观感受和印象。"我的心灵啊，我是在你里面度量时间。……事物经过时，在你里面留下印象，事物过去而印象留着，我是度量现在的印象而不是度量促起印象而已经过去的实质；我度量时间的时候，是在度量印象。"① 对于奥古斯丁来说，"时间之流纯然是人心中的存在，时间对上帝而言根本不存在"。② 时间只是存在于人类心灵中的时间，时间之流是人类特有的感受事物的方式，对于世界来说，根本不存在时间，这样就证明了上帝的永恒性和无时间性。时间的内在化使希腊人的时间观和存在观——客观世界在时间中无限轮回的周期运动，受到了质疑，这样，使整个世界的发展趋势服从于人类趋向于救赎的方向和道路，开辟了人类理解时间和存在的另一种可能性。这种时间理解方式，促进了时间与人类认知之间关系的认识，逐渐使人认识到，人类正是在时间和空间的框架内获得对于存在的理解和认知的。奥古斯丁开辟的时间的内在化道路，在西方近代以科学和物理时间为主导的绝对时间观念中一度被遗忘。时间究竟是一种客观存在还是一种人类主观意向的产物，依旧伴随着对于时间和存在的思考。

基督教文化从犹太文化中生长出来，同时受到希腊文化的重要影响，在基督教的时间观念上，映射出这两种时间观念的痕迹，同时又与这两种时间观念具有很大的区别。基督教的时间观念，吸收了犹太文化中浓厚的历史意识，在时间和历史的绵延而非在空间中展开对于存在本质的思考，一切存在都被纳入到在历史中实现的上帝计划的思考之中。与希伯来人在时间性存在中关照永恒不同，基督教文化把永恒植入未来的彼岸世界，虽然彼岸世界是在人类历史的终点完成的，但是对于未来的上帝之国的追求，导致了对于时间和现实生活的否定。基督教从希腊时间观中吸收了空间思维范式下形成的线性时间结构，时间成为一种与实存发生分离的抽象存在，与希腊时间观相区别，历史的发展趋势不再处于永恒轮回之中，而是指向明确的目标和方向，从而产生了过去、现在和未来带有方向的线性

---

① 转引自吴国盛《时间的观念》，北京大学出版社 2006 年版，第 82 页。
② 吴国盛：《时间的观念》，北京大学出版社 2006 年版，第 82—83 页。

时间结构。时间的整体运行趋势不是按照自然节律和周期的循环往复，而是以上帝的创世为起点，以耶稣的诞生为原点，以末日审判为终点的单向线性运行趋势。基督教的时间观念呈现出这样一幅图景：在时间和历史中展开的上帝永恒意志的实现过程。从总体上说，基督教的时间观念更多地继承和发扬了古希腊的时间观念，把永恒与时间严格区分开来，在本质上对时间和现实生活采取一种贬低和否定态度。

第二节　现代机械时间观

自欧洲文艺复兴以来，西方开始进入现代，它开启了人类历史上一个全新的时代，全新的时代塑造了崭新的时间观念。新时代与以往任何时代区别开来的本质特征，可以用"技术时代"来概括，可以说，"技术时代"最深刻也最贴切地揭示了现代社会的本质。这里，技术并不单纯指机器生产和工具制造这些实用层面，而是指现代社会建立在技术本质和逻辑基础之上。技术时代的本质特征是人类的终极意义和价值指向，从形而上学的理念世界、宗教的上帝王国转移到科学技术上，技术取代了历史上曾经存在的超越力量，取得了对生活世界的支配权，成为人类无法逃避的新宿命。技术理性和工具理性在发展过程中越来越从人的现实生活中独立出来，成为宰治人的异己的、冷漠的和无生命的力量，在现代科学技术基础上逐渐建立起来一个无意义的完全世俗化的机械世界。

与古希腊、犹太和基督教世界不同，在现代社会，时间获得了最大的肯定和殊荣，不仅没有被永恒碾压和贬低，反而成为唯一真实的存在，完全控制了现代人的思想和生活。现代科学技术决定了时间的度量、时间的解释和时间的本质，钟表时间获得了独立的实体地位，成为统一人类社会实践活动的标准，它意味着权力与统治，换言之，现代人生活在时间的威权里。现代人的生活和节奏完全由钟表时间控制着，"社会发展有远景规划和近期目标，个人生活也有时间进程中的理想和目标；日常生活中有作息时间表、课程表、日程表；速度、迅捷、准时既是新时代的特征，也是新时代的价值标准。"①

一　钟表时间与机械自然观

现代社会的本质特征是由科学技术塑造的，而使技术时代成为可能的

---

① 吴国盛：《时间的观念》，北京大学出版社 2006 年版，第 85 页。

最重要的机械发明是钟表，正因为如此，"芒福德说：'工业时代的关键机械不是蒸汽引擎，而是钟表'"①。钟表作为现代计时工具，不仅带来了时间观念的根本改变，而且它扮演的角色如此重要，可以说，它是一切机械制造之母，以至于它不仅是机械自然观的模型，也是人类社会生活和历史的规范者和支配者。

钟表的发明，源于人们对于更小时间单位更精确的测度要求，而机械钟表发明之后，带来的后果不只是时间精确度的提高，最为关键的后果是一个脱离自然限制的统一的计时标准出现了。与以前的计时装置的本质区别是，现代钟表因为模拟天象的运动变化而取得了与天象的一致性，从而使计时标准具有普适性，而古老的所有计时装置几乎都是在具体的场合下使用的，每个计时装置之间的标度与测量都很难获得一致。持续不断工作的机械钟，改变了以往白天和黑夜分别计时的传统，不再受日月运行自然规律的限制，这一计时方法的变化，是时间观念史上的大事，"时间正在脱离人们日常的、具体的生活的象征和制约，成为一个独立的我行我素的客体。日月的运行也隐退于已调节好的时钟的后面，不再充当时间制造者的角色"②。现代钟表超越了具体地点和具体功用的计时限制，开启了一个不受限制的统一计时的可能性，在统一的计时标准下，人类的实践活动和社会生活实现了统一，统一的标准不再是按照自然和生命的节律，而是按照钟表时间——均匀流逝的分分秒秒，全球整齐划一的步伐得以实现。

钟表时间不仅改变了现代人的自然观，同时也根本改变了人类个体生存和社会生活的节奏和状态。机械钟表的发明，使以前按照自然的节奏和规律计时的做法，完全被改变了，结果是钟表时间使人类获得了摆脱自然限制的可能性，从此之后，不仅自然界而且人类社会实践活动，均服从于均匀流淌的分分秒秒的机械时间，时间从此与自然和人的生命有机体相脱离。这样，时间从孕育自身的自然节律中分离出来成为独立的客体，时间成为均匀流逝的分分秒秒的客观存在。机械时间的实行，标志着人类逃离自然限制夙愿的达成，这种时间观念在本质上，不再是人类对于自然生命规律的感悟与效仿，相反，人类按照自身的意愿赋予时间以主观性内涵。人类对于时间的感受源于对存在的感受和回应，当钟表成为新的计时标准后，自然界和人类自身在均匀流逝的分分秒秒的客观、机械时间面前，便呈现出一幅按照机械规律运行的图景，世界的客体化形成了。这样，钟表

---

① 转引自吴国盛《时间的观念》，北京大学出版社 2006 年版，第 86 页。

② 吴国盛：《时间的观念》，北京大学出版社 2006 年版，第 90 页。

时间不仅改变了自然在人视野中的样子，而且人类对于自身也产生了新的认识。把宇宙比喻成钟表，是机械自然观最生动形象的比喻，它不仅改变了人们对于自然的看法，而且也改变了人类社会生活的节奏和价值指向。在人类能够制造出钟表这种机械装置之前，机械制造的根本出发点是为了省时省力，提高人的劳动能力和效率，而钟表使这一切成为现实。因为随着钟表精度的提高，时间单位越来越小，无形中社会生活的节奏越来越快。"在欧洲，人为的钟点，即机械的钟点，取代了历法世界的计时，冲破了占星学的半阴影，进入明朗的日常生活。当蒸汽动力、电力及人工照明使工厂昼夜不停进行工作的时候，当黑夜可以转化为白昼的时候，人为的钟点，亦即时钟上表明的钟点，对每个人都成为不变的生活规则。这样，时钟在西方兴起的历史就是新的生活方式和扩展公众生活舞台的历史。"① 从机械钟表发明和发展的历史来看，在农业经济占据支配地位的时代，人们无法逃避自然运行规律来计时并安排生活和社会活动。机械钟表的发明，使人类可以逐渐摆脱自然的束缚，工业经济并不是按照自然节律来规制和运作的，而是按照人类赋予时间的价值和意义来控制的。因此，效率、发挥人最大的能力、征服自然和自身的局限性，便成为钟表时间的规则，而不是自然的节奏。

可以说，正是钟表的发明和新的计时方式的实现，在从传统农业经济到现代工业经济的转变中扮演着重要角色，也正因为如此，时代的转变与时间被赋予新的内涵是相伴而生的。在现代人的意识中，时间的制造者发生了根本变化，时间从自然律动中脱离出来后，被赋予了崭新的价值和文化内涵。毋庸置疑，对于时间内涵的重新诠释，必然导致对自然和人类自身的重新认识。从自然的限制中逃离出来走向自由，是从自然母腹中分离出来的人类的目标，时间观念的演变彰显的是人类不断同命运抗争的历程。到现代社会，技术使人类对于自然的征服获得最大程度的胜利，反映在时间观念上，便是时间从自然的限制中解放出来，被赋予人类自身的意义和价值标准，从而获得了崭新的时代内涵。钟表的发明和时间的重新计量方式，在根本上带来了时间观念的转变，相应地，人类生存、文化和历史的内涵也发生了根本变化。

二　线性进步时间观

回顾西方历史，线性时间观和循环时间观的博弈一直存在，一般说

---

① 转引自吴国盛《时间的观念》，北京大学出版社 2006 年版，第 93 页。

来，循环时间观是古典希腊思想，线性时间观是犹太—基督教思想。在整个中世纪，基督教主张线性时间观，历史事件有起点、过程和终点的区分，历史呈现单向线性发展趋势。而在民间，依然流行循环时间观，原因在于，生活在农业经济时代的农民不可能逃避自然周期的制约。总而言之，中世纪的主导思想是末世论的，线性时间观是主流意识形态，但是依然存在循环时间观。一般说来，循环时间观和线性时间观之间的斗争一直存在于西方历史的发展中，在文艺复兴和科学革命时期，在不同的学者中间两种时间观念的斗争一直很激烈。直到18世纪的启蒙运动，才使线性发展和无限进步的观念得以确立，19世纪进化论的创立，更使线性进步观念彻底取代了循环观念成为现代时间意识的主流。虽然以后有一些思想家起来反对线性时间观，主张循环时间观，但是，人类社会沿着时间不断进步的观念在19世纪已经深入人心，成为自然界和人类历史发展趋势的主导观念。

现代线性时间观实际上是基督教时间观念发展的新形态，现代线性时间观与基督教时间观之间既有继承关系，在本质内涵上也存在不同。它继承了基督教时间观走向和发展趋势的单向性，排除了时间的无限循环观念。虽然钟表的物理机理提示的是自然的周而复始、循环不已，但是，钟表时间的均匀流逝和分分秒秒的精确计时，展现的是一幅时间不断均匀流逝的生命和世界图景。时间一去不回头，过去永远消失，未来尚未来临，当下也立刻成为过去，现代线性时间呈现为未来—现在—过去的单向均匀流逝，时间的流逝不可阻挡，一切都被均匀流逝的时间序列无情带走。在传统社会中存在的固定的和永恒的东西，在现代时间观念中都变成了转瞬即逝的东西，整个世界被证明处于永恒运动和变化之中。在现代社会，时间已经远离自然的生命节律，世界从生生不息、循环不已的周期运动中超拔出来，成为在时间序列中不可逆转的发展运动形象。与现代线性时间观不同，基督教时间有原点，即耶稣基督的降临，一切过去都奔向原点，未来由原点开启。而现代线性时间观远离了基督教时间观中作为原点的特殊事件和特定意义，过去和未来的运动方向不是与原点相关联，因为上帝已经被科学技术从世界和历史中驱除。因此，在现代线性时间观念中，并不存在作为时间原点的终极意义以及以原点为出发的事物发展方向，它单纯表征的是事物均匀运动的形式和顺序，它是物理世界存在本质的表征。

现代线性时间观不仅展现为一幅时间均匀流逝的单向特征，由时间支配的人类活动和技术社会，同时展现出不断发展进步的趋势。技术产品的不断丰富、技术水平的不断提高以及人类改造自然能力的不断增强，都显示出人类自身和历史的不断上升和发展进步的趋势。随着科学技术的不断进步，启蒙思想家坚信，人类社会必定是一个由低级到高级的不断发展过程，这样，钟表提供的单向均匀流逝的时间观念，与自然界的不断进化以及人类社会无限进步的观念相结合，便形成了现代线性时间观念。现代时间观念，不仅远离希腊人的世界无限循环的时间观念，也不同于基督教的时间观念，在基督教那里，时间指向的是人类最终救赎的实现。现代时间观念的本质特征是：时间是空质的，它只是一种单纯的时间量的测度，是一种依靠人造机械进行测量的时间，时间完全从存在的生命内涵中分离出来，换言之，时间再也无法承载任何生命的价值和意义。如果说现代时间还有什么值得期待的东西，那便是对于进步的展望和期许，但是，进步是与未来连接在一起的，这更加速了时间的流逝性和存在的虚无性。因为未来总是无限地推后到来，随之，希望不断地被延迟直至破灭，现代社会陷入没有永恒的、终极的生命价值和意义的虚无主义时代。在现代线性时间观念中，时间与永恒彻底隔绝，生活在有限时间和空间界限内的人类，再也没有任何地方可以安置永恒的精神生命。人没有永恒的精神生命的支撑，自然生命就失去了存在的合法性，因为人失去了自然生命赖以存在的永恒的精神意义，必然导致脆弱的生命难以抵御一切负面影响，生命处于毫无保护的状态。因此，现代时间观念不是让生命爆发勃勃生机的时间观念，而是带来生命的枯萎和死亡的时间观念。在希腊时间观念中，人可以从自然界的无限循环中关照永恒的影子；在基督教时间观中，上帝和天国都寄托了人类对于永恒的期待，永恒的象征意义存在于现实生活中，它给人的现实生活以终极价值指引。而把希望寄托于未来、沦为空质的现代进步时间观念，彻底消解了自然和人类生存的永恒精神内涵，只剩下事物在时间中的永恒消逝，永恒的意义淡出了日常生存和社会生活实践，现代人在时间中遗忘了存在本身。

技术时代典型的时间观以钟表时间的单调、匀质的线性推进为根本特征，钟表时间造就了一个无生命、无意义的物理世界图景。钟表的发明使时间成了存在的根本属性，存在被理解为转瞬即逝，一切固定的和永恒的东西在自然界中被取消。钟表自行行走、越来越精确，历史上曾经垄断时间解释权的特定阶层消失了，在技术时代，时间取代了特定的阶层成为解释和操控世界的权力持有者。在技术造就的人工世界，时间体制独立出来，时间不具有个人独特的性质，成为所有人通用的标准。时间无处不在、无时不有，渗透一切，事物和人的价值用时间来衡量，时间就是生命，时间就是金钱，时间就是一切。对于一个时间成为最高价值标准的时代，生命本身的价值不可避免地被遗忘，人们陶醉于对快速和效率等时间本身的追求中。钟表时间造就的技术时代是冷漠的物理世界的代言人，在传统社会，时间天然地与自然和人的生命活动息息相关，这种天然纽带被钟表和技术建构起来的人工世界割裂了，人与外在的世界彻底分离。在现代社会，科学技术的发展使时间脱离自然和生命——时间的制造者，而成为一种独立的存在。当时间从自然生命整体中独立出来后，被量化为匀质的、不可逆转的和无限推向未来的线性结构。自然界和人类社会生活被编织进严密的时间控制网络之中，世界被时间之网牢牢锁住，一切都要在时间中得到确认和衡量。科学技术的进步使钟表成为可能，而钟表的计时方法造就了一个机械的世界图景。

在西方历史进程中，时间观念被不断地思考和重塑，尤其是在人类生存面临大变革的时代。以上通过对西方历史上存在的几种主要时间观念的本质内涵及其演变过程的梳理，可以为我们提供一条解开本雅明时间观念的神秘面纱的线索，并且从中一探本雅明隐藏在神学意蕴深处的时间内涵。

第三节　过去、未来在当下的存在

本雅明的时间观念深受犹太思想尤其是弥赛亚观念的影响，他批判现代线性时间观向自然科学的臣服，以及用未来为过去和现在提供意义的历史进步论的时间取向。本雅明在过去的沉积物和苦难记忆中探寻永恒事物的痕迹和亘古不变的东西，试图在当下激活这些传统并在现实中给予回应。在本雅明看来，历史时间并非均匀流逝的洪流，而是一种无止境的辩证跳跃和重新开始，这种打断历史连续体的跳跃，使时间与永恒的意象结合在一起，使过去、现在和未来在觉醒的"瞬间"实现统一，人类的历史性生存成为一个整体。本雅明的时间观念，不仅揭示出历史主义和历史进步论对于时间所作的过去、现在和未来的划分具有的认识上的主观臆断性，同时揭示出统治者为自身统治的合法性虚构出来的历史连续性具有的政治上的欺骗性。为了使被有意抹除的被压迫者的历史得以呈现，在本雅明看来，需要打破现代线性时间观念，使时间的弥赛亚结构呈现出来。时间不仅是一种流逝从而带走一切，在时间中隐含着无法被时间带走的东西，那是对人类原初本质的记忆，以及对于历史上违背人的本质生存的苦难记忆。打断时间链条获得救赎的"瞬间"，人与历史的起源相连，在本雅明看来，历史时间具有不断重返本原的辩证节奏和结构，它是被注入永恒的"当下"组成的序列，只有在弥赛亚式时间结构基础上进行的历史书写，才能呈现真实的历史画面。

一　对现代线性时间观念的批判

时间的本质问题是历史哲学的基本问题和前提，本雅明的时间观念是对现代线性时间观的批判与救赎。在《历史哲学论纲》中，本雅明指出现代线性时间观念与历史进步论之间存在内在关联，"人类的历史性进步与人类穿越匀质的、空洞的时间的进程是两个密不可分的概念。对于进步概念本身的任何批判都必须以对于这样一种进程的概念的批判为基础。"①从18世纪末叶开始以至整个19世纪，历史进步观念在西方人的现实生存中起着决定性的作用。进步观念在实质上具有深远的宗教根源，它具有历史过程的终极目的性假设，从而揭示历史过程对这一终极目的的依存意义。上帝拯救历史的观念在历史进步论中被世俗化，失去了宗教性质并获得世俗的、往往是反宗教的性质。西方19世纪的人们信奉进步宗教，取代了他们所放弃的基督教。历史进步论在实质上表现为一种信仰，因为科学的、实证的进步论无法得到论证，它是信仰和指望的对象，它是对指向未来的看不见事物的指明和盼望。但是，历史进步论的一个无法解决的矛盾在于对时间问题即对过去、现在和未来采取的虚妄态度。历史进步论对时间进行严格的划分，把历史时间划分为过去、现在和未来三个互不相同的时间，过去被看作永远过去了，现在只是短暂的瞬间，从而把历史问题的最终解决放到未来，并把未来加以神化。把过去和现在的合法性依据投向一个无法把握和前途未卜的未来，这对于理解历史不能提供任何可靠的根据和意义。历史进步论赋予虚无缥缈的未来以最大的实在性，过去和现在的意义都由未来赋予，然而，未来的不可预知性并不能为历史和当下人类生存提供任何判定的依据。同时，由于时间被区分为过去、现在和未来，存在的完整性不复存在，进步论受这种割裂性的时间支配，无法呈现人类历史性生存的整体意象。不仅在时间上历史进步论具有不可解决的矛盾，在道德上历史进步论也存在无法解决的问题，它假定人类历史的任务将在未来某一代人手中得到解决，同这一代人相比，先前的世世代代只是其中的各个环节，只是手段和工具而不是目的本身。历史进步观念导致人

① ［德］瓦尔特·本雅明：《本雅明文选》，陈永国、马海良编，中国社会科学出版社1999年版，第430页。

类的苦难和各种悲剧性的矛盾冲突，对于曾经生活在特定时代的命运多舛的人们，历史不可能完结。历史生活的顶点不能在以往世代人们的尸骨上建立起来，历史进步论把以往一切世代当作未来的工具和手段来对待，认为就其本身来说，既没有价值也没有意义，这是历史进步观念在道德上的基本矛盾。因此，历史进步论是导致死亡的信念，而不是产生生命和创造力的信念。真正的历史和时间观念应该使一切过去未实现和未完结的生命，在当下实践中被激活从而获得实现，它同时是打断虚假历史连续体和暴力历史的革命契机，而任何被推到无限遥远的未来的圆满，都不能救赎以往历史上受压迫者的困难。在任何一代人的现实实践中，如果忘记祖先的悲惨命运，那么，真正结束悲剧命运的未来美好生活是永远不会到来的。在本雅明看来，过去的每一代人与现在的这一代人之间是有秘密协定的，并且过去对我们提出了解放诉求并赋予我们些微的弥赛亚式力量。真正的历史和时间意识是在当下回应和实现过去未曾实现的生命诉求，开启结束暴力历史的被压迫者的政治实践。而现代线性时间观和历史进步论试图彻底抹除过去被压迫者的历史，把苦难记忆掩埋在对于美好未来的无限憧憬和虚假承诺中。在本雅明看来，这样的历史和时间观念只能使历史处于暴力的无限循环之中，永远无法兑现解放的诺言。

本雅明认为对于历史主义和历史进步论的批判，应该首先批判其赖以建立的时间观念，换言之，对于历史进步论的批判必须以对现代线性时间观的批判为前提。启蒙以来的现代时间观念是借助理性的力量从过去延展到未来的一条直线，它义无反顾地从过去走向未来，拒绝停留和对于过去的回溯和记忆，更拒绝与永恒之间的关联。在本雅明看来，现代线性历史时间观念在本质上是一种自然科学的时间观念，时间被看作只是现象世界的形式和条件，停留在感性经验层面，并不扩展到历史的本质层面，没有为历史中的记忆和亘古不变的东西留下任何空间。在现代时间观念中，时间与永恒是完全对立和隔绝的，二者之间存在着不可调和的矛盾，时间被看作永恒的否定，永恒在时间中不具有任何根基。因此，时间只是与现象界有关，与永恒毫无关联，永恒被置于与现象世界完全不同的另外一个世界。现代性的认知模式把时间封闭在感性世界范围内，使永恒的东西不能在具有时间属性的现实世界中存在。在《历史的意义》一书中，别尔嘉耶夫指出："一切现象论都认为，在以时间形式表现的世界现实和存在的本质之间，在现象与自在之物之间，不存在任何直接沟通的途径。这是一些不可比的范围和状况。它们内在上完全分离，不能有结合。我们生活在以时间形式表现的世界上，那个真实的深层现实中的无论什么东西都不能直接进入这个世界；那个真实的现实不由时间决定，时间的本质亦不扩展到那个真实的现实。"① 与时间和永恒的关系问题连接在一起的，是另外一个问题的提出，这就是过去、现在和未来的关系问题，这一问题构成历史认识的基础。现代线性时间观把时间分割成过去、现在和未来三个独立的、互不相关的时间段，而且一部分对抗和吞噬另一部分，历史过程被这些时间所割裂，成为未来与过去之间长期的斗争。在本雅明看来，这种对于时间的割裂是人主观性意图的产物，因为在这种分裂的时间观念中，既不存在过去，也不存在现在，也没有未来。正如别尔嘉耶夫指出的，"现在不过是持续得无限短的瞬间，当过去已经过去，未来尚未到来之时，它本身只是某种抽象的点，不具备现实性。我们之所以说过去是想象出来的，因为它已不存在；之所以说未来是想象出来的，因为它尚未存在过。这种时间上的一个部分对另一个部分的吞噬，可以导致取消时间中的任何现实性和任何存在。"② 时间被分割为过去、现在和未来，在本雅明看来，造成了时间以及时间中的存在的虚无，因此，现代时间观念只带来外在形式上的生命，实际上带来的是死亡，它在创造生命的同时，把过去推进了非存在的深渊。任何未来的事物都会变成过去的事物，陷于被吞噬的命运，而不具备真正的未来的实在性，导致时间和时间性存在的实在性和确定性被掏空。在现代时间观念中，过去已经完全过去，未来尚未来临，能够保证现在的瞬间的实在性的东西并不存在。因此，在本雅明看来，现代线性时间观只是一种空洞的、并无实质内容的时间，在这种时间观基础上建构起来的历史，提供的是历史的外部形象，它给人一种眩晕感，历史成为在没完没了的时间中历史事实的堆积，而非历史的真实图景。在本雅明看来，这种历史认识的方法只起到添加剂的作用，把搜集来的历史资料填注到匀质、空洞的时间中。

现代线性时间观念并没有为存在之圆满和真实的历史提供真正的时间意识，相反，它使真实的历史淹没在虚假的历史连续体中，沉积在过去的历史记忆和永恒的东西被忽视，得不到现实的回应，真实的历史时刻被不断流逝的时间冲淡和遗忘。在本雅明看来，真正的历史时间并不存在过去、现在和未来之间严格的界限，在"当下"的历史时刻，过去未完成的生命被激活并获得实现的可能性，它同时开启彻底结束以往一切非正义的未来维度。因此，历史并不能建立在过去、现在和未来的分裂基础上，

① ［俄］别尔嘉耶夫：《历史的意义》，张雅平译，学林出版社 2002 年版，第 51—52 页。
② ［俄］别尔嘉耶夫：《历史的意义》，张雅平译，学林出版社 2002 年版，第 55 页。

相反，它只能在过去、现在和未来结合在一起的"当下"的时间结构中才能得以完成。这个真正的历史时刻，不仅是过去、现在和未来的统一，也是人类重返原初统一性的辩证跳跃。在真正的历史时刻，时间与永恒实现辩证统一，具体的历史事件与历史的起源连接在一起。在本雅明看来，人的现实生存与蕴含在历史中的神圣的和深层的永恒力量之间并非隔绝，时间与永恒并非相互否定，相反，时间与永恒相互辩证地构成，时间中恰恰蕴含着永恒的踪迹，正因为如此，时间才获得了实在性、确定性和合法性。而现代线性时间观念最大的问题是，它在现实中把时间与永恒完全隔绝，时间成了一种永恒地从过去到未来的流逝，随时间带走的是人类生命的永恒价值和意义。这种价值和意义来源于隐含在历史中的世界原初起源，但是，在现代线性时间观念中，由于对过去的忽视和主动遗忘，这些历史中亘古不变的东西无法被人类辨识，导致人类历史性生命的整体性丧失，无法为现实生存提供永恒意义。在本雅明看来，真正的历史时间是未被割断的时间，这种时间使过去、现在和未来结成为一个整体。历史时间与物理时间在本质上是不同的，人作为一种有记忆的存在，使历史成为永恒的无限传承，它把人类的过去、现在和未来统一起来。因此，过去在历史时间观念中具有重要的地位，因为它尚未完结，等待着在当下获得实现，而"各种进步理论所特有的那种特别崇拜未来而割断过去的做法，使生活服从于支离破碎、致死的、消除整体时间中的联系的、破坏现实在统一时间里的完整性本原。"① 因此，别尔嘉耶夫认为"从现在的观点来看，未来并不比过去更加实在，我们的创造性工作必定不是为了未来而进行的，而是为了未来和过去在其中得以统一的那种永恒的现在而进行的。过去已经没有，在我们看来无非存在于我们的记忆中，未来也还没有，并且不知道会不会有。从一定的意义上甚至可以说，过去比未来更加实在，过去的人们比还没有出生的人们更加实在。假设会有未来，而且我们应该为之准备好高级生活的人类会世代生活下去，这种假设给我们以生活的意义、生活的乐趣和生活的勇气，这就是 19 世纪宣扬的进步宗教的一种最可悲的偏见"②。

　　在本雅明看来，现代线性时间观念彻底消解了过去在当下存在并且获得实现的可能性，以及在人的现实生存中与自身的原初神圣起源相连接的可能性，企图用未来美好社会的虚假承诺为历史和现实的非正义提供借

---

① ［俄］别尔嘉耶夫：《历史的意义》，张雅平译，学林出版社 2002 年版，第 59 页。
② ［俄］别尔嘉耶夫：《历史的意义》，张雅平译，学林出版社 2002 年版，第 157—158 页。

口，这不仅使历史中未实现的生命无法获得救赎，同时无法结束现实的非正义政治，使暴力历史得以延续。历史主义和庸俗马克思主义只能为历史认识提供和积累素材，并用连续的时间链条串联在一起，这种历史观提供的只是历史的外部形象，从而把人类原初神圣性的起源从现实和历史中消解，割断了人与蕴含在历史中的永恒存在之间的关联，因此，现代时间观念不仅割裂了人的现实整体生存，而且割断了人与传统之间的内在关联。

二　时间与永恒的辩证结构

本雅明在批判现代线性时间观念对于过去的遗忘以及对于历史的割裂基础上，提出真正的历史时间必须能够使过去以及蕴含在过去的原初起源，在人的现实生活中得以彰显并获得实现。因此，历史时间与物理时间具有完全不同的结构，它是时间与永恒的辩证构成，它是当下与起源的连接，因此，它具有辩证统一的结构，而不是单一的时间流逝，它在节奏上是一种无止境的重返本原的辩证跳跃，而非虚假的连续链条。本雅明的历史时间观念深入到时间与永恒关系的最核心层面，彻底颠覆了西方形而上学的思维范式，在一种辩证的思维框架中，彻底摧毁了时间与永恒之间坚实的壁垒，在完全迥异于形而上学的辩证思维中，时间与永恒之间辩证统一的新型关系被揭示出来。

从时间观念的演变发展来看，时间与永恒的关系问题处于时间观念的最深处，它同时是历史解释中最基础和最深处的核心问题。时间与永恒的关系中最为关键的一点，是时间与真正的存在有关，还是只与现象界有关。对于二者关系的不同理解，形成了不同思想文化的精神特质和独特内涵，它不仅关涉对世界本质的解释，而且构成历史解释的前提。在人类生存的不同历史时期和不同文化形态中，时间与永恒的关系问题，都是涉及世界以及人类本质的根本问题。时间与永恒在西方形而上学的认识范式和逻辑框架中，被作为在本质上完全不同的两种存在，二者之间的鸿沟不可填平。换言之，二者的界限永远无法跨越，时间与永恒之间存在不可调和的矛盾，处于绝对的对立之中，时间与永恒之间的关系是相互否定，时间在永恒中不存在任何根基。在形而上学思维影响下，古希腊人的观念中，现象世界和理念世界被作为两种不同质的世界，时间与现象世界既不真实也不完美，只有理念世界才是真实的、永恒的和美好的。在基督教文化中，世界被划分为俗世和天国两种完全不同质的存在，现实世界被贬低为罪恶之所，永恒的天国才是人类最终的归宿。现代性没有逃出形而上学思维范式，历史进步论为人们预设了未来美好社会，把当下看作是未来目标实现的必经阶段。在形而上学二元对立的思维框架内，时间只是发生在现象学领域与现象有关，是现实世界存在的形式和条件，并不能深入到存在的真实本质和内核。两种异质的存在之间的界限不可逾越，一种是时间中的存在，有生有灭、处于不断运动变化之中；另一种是不受时间影响的存在，没有变化、永远处于与自身同一之中的自在之物。两种存在之间没有任何可以沟通的桥梁，现象与自在之物各自按照自身的规律存在和运行，换言之，时间与永恒处于完全隔绝的状态，任何一方都不能影响和深入到另一方中去。对于两种异质的存在哪一个是真实的，在西方历史上不同的哲学流派中有很多不同观点。形而上学和宗教神学认为，真实的世界是处于时间之外的理念世界、上帝王国，它是不由时间来决定的，时间也不能深入到那个真实的存在中，换言之，时间不能深入到真实存在的内核和本质之中。与之相反，在实证科学的极端形式中，理念世界和上帝王国在现实存在中被否定，存在的全部实质只限于暂时的过程，另一个超越的世界是没有的，现实世界完全存在于时间链条之中。

在本雅明看来，西方传统的形而上学思维在时间与永恒之间，通过划定严格界限使二者彼此隔绝，是对于世界和历史本质的误解。造成这种误解的根源在于：人从自身主观的视域出发，即从人与世界相对立和分离的视角来审视世界，必然造成在人最低级的感官世界内，时间性的存在与永恒的东西之间的分离与隔绝。对于已经习惯于把时间分裂为过去、现在和未来三个时间段，并把时间构想为一种线性结构的现代人来说，时间只存在于现象世界，时间只与现象有关，是现实世界的存在形式和条件；而永恒则是与现象世界无关的另外一种世界的本质。在本雅明看来，这并非世界和历史的本质，这只是在人有限的感觉经验中世界的存在方式，而在超越感官经验的高级理性经验中，世界是一个辩证统一的整体，并不存在时间和永恒这两种彼此之间毫无关系和绝对隔绝的存在，时间与永恒之间的绝对界限是不存在的。西方形而上学的逻辑框架和认识范式，错误地割裂了时间与永恒之间的辩证关系。在本雅明看来，时间作为流动和变化的存在，为永恒提供了内在的时刻，永恒代表一种绝对性力量，它不是对于时间代表的相对力量的否定，而是隐身于相对力量深处的存在，它使时间成为自身。因此，我们只能以辩证统一的视角来认识世界和人类历史，而不是从人低级的感觉经验出发对世界进行主观划分。可以说，永恒能否深入到时间中并与之发生关系，这是历史哲学的中心问题，也是理解人类历史发展过程和历史意义的重要前提。历史作为在时间中展开的人类生存实践，如果时间只是短暂的和永恒的流逝，那么，历史的实在性和确定性便无从谈起，历史中任何记忆和传统都将随着时间的流逝而被淹没，时间的永恒流逝不能为历史提供任何实际的意义和价值，与之相反，正是因为在时间和历史中存在着无法被时间带走的亘古不变的东西，才使历史成为一种在时间中的真实存在。真实的历史时间参与到永恒之中，永恒进入时间，在与永恒的关联中时间成为自身。与永恒相关联的时间，并未异化和遭到破坏，相反，只有在与永恒的关联中，时间才真正成为时间。时间并非一个封闭的圆圈，周而复始永不停歇，在时间中恰恰存在着永恒的东西。从时间与永恒之间关系的另一个角度来看，时间是永恒得以实现的形式和条件，没有时间性的存在，永恒便无处安身。因此，在辩证思维中，时间与永恒并非两种异质的存在，时间与永恒作为存在的两种本原属性，二者不能独立存在，而是一种相互构成的关系。时间与永恒只能在相互关联的辩证结构中成就自身，时间与永恒的相互辩证构成，是现实世界的真正本质所在。

在本雅明看来，永恒的东西在时间中是存在的，永恒和时间不可分割、相互构成，永恒包含在时间中，时间也包含在永恒中。对于真正的历史时间来说，必须将时间的东西引入永恒，使之在永恒中扎根。别尔嘉耶夫在《历史的意义》一书中指出："历史并不是因失去了与存在之根基的联系而被抛到世界过程表面来的东西，历史为永恒所必需，为永恒制作某种剧目所必需。历史是永恒与时间最深层次上的相互作用，是永恒向时间的不断侵入，而不是什么别的。"① 对本雅明来说，永恒的东西在时间中显现，这是真实的历史时间观念中的应有之义，必须打断在感觉经验层面上的、虚假的时间链条，在人类觉醒的"瞬间"历史中的永恒事件显现出来，打断流俗的时间意识。历史不仅在时间中完成，以时间为前提和基础，而且是永恒对时间的不断打断并且重返本原，从而使时间性存在获得永恒的本质。因此，我们与既神圣又神秘的极深层的力量之间并非隔绝，相反，这些力量就在我们的现实生存中存在并且发生作用，它们也蕴含在历史中，等待在现实中获得实现。割裂与这种永恒力量的关联，现实生存和历史便毫无根基可言，必然沦为虚无性的存在。因此，在本雅明看来，历史时间具有弥赛亚式的结构，每一秒的时间都可能是弥赛亚进入的契机，这才是真正的历史时刻，这样的历史时间是充实的并且具有永恒的规定性。因为弥赛亚式历史时间里承载着整个人类的历史，每一个真正的历史时刻，都是整个人类历史的巨大缩略物。本雅明把这种时间看作是一种

① ［俄］别尔嘉耶夫：《历史的意义》，张雅平译，学林出版社 2002 年版，第 53 页。

历法时间，"因此，历法不像钟表那样，只是单纯衡量时间，它们是某种历史意识的纪念碑；不过，在过去的百年间，欧洲没有显现出丝毫这样的历史意识的痕迹"①。本雅明把时间停止的"瞬间"，时间的辩证结构即时间与永恒的统一，看作是一个单子式的存在，在单子中显现出来的是他自己的时代和一个明确的、早先的时代形成的结合体。在这个单子式的结构中，当下与历史本原联系起来，过去、现在和未来实现统一，人类历史性生存成为一个整体。

在本雅明看来，人类历史是时间与永恒在最深层上的相互作用，是永恒不断向时间和现实的介入，永恒作为一种蕴含在存在中的鲜活力量，不是在时间之外存在，而是在人的现实生存中发生作用。永恒的东西在瞬间的显现，打断世俗的、空洞的时间链条，作为生命中不可消除的精神力量进入现实生活中，并且使现实存在具有合法性。历史表现为不仅是在时间中展开和完成的，而且是永恒对于时间的不断介入和争斗，它表现为长期的人类生存斗争，是永恒的世界本原为战胜人类自然生命的有限性进行的不懈努力。当然，这种战胜不是要摆脱人类有限的生命和否定时间，过渡到与时间毫无关系的状态意义上的战胜，如果那样，便如同历史上某些时期对现实和历史的否定，而是指在时间中也在历史过程中使永恒现实化，从而战胜时间带给人类的灾难和死亡。在本雅明看来，割裂永恒与时间的联系，是意识犯的最大错误，它阻碍了正确历史意识的产生。无论把真实的世界赋予理念世界或是经验世界，导致的结果都是存在的某一个方面被无限地夸大，而另外一个方面被否定。在西方历史上形而上学占主导地位的时期，由于时间和现实世界被贬低和降格，有限的自然生存被否定，导致人的现实生命诉求和自由难以实现，因此，永恒的精神生命因为缺乏现实生命的载体，沦为空虚的形式从而无法获得实现。在实证科学占主导地位的时期，启蒙把超越的和永恒的精神生命从现实生存中排除，使现实生存因为没有了永恒的和绝对的价值和意义，沦为碎片和虚无存在。把永恒性从现实存在中分离出来，导致现实世界遭受时间形式的严格规制，时间成为存在不能突破的界限，因而，真实的深层存在无论如何不能直接进入我们的现实生存中，因为那个真实的存在不由时间决定。这样导致深层和内在的精神生命从现实生存中游离出去，现实生存完全由有限的自然属性来赋予价值和意义，从而使人的现实生存和历史丧失了内在的和绝对的意

---

① 〔德〕瓦尔特·本雅明：《本雅明文选》，陈永国、马海良编，中国社会科学出版社 1999
年版，第 432 页。

义，而沦为相对的和任意的主观设定。

时间与永恒的关系问题，在历史领域表现为时间的另外一个根本问题，这就是过去、现在和未来的关系。现代历史学对于过去、现在和未来的划分，意味着时间不仅被分割成互不关联的三个部分，而且一部分对抗另一部分。这种对于时间的割裂在人们的历史意识中根深蒂固，结果是把时间完全变为一种主观虚构出来的东西，这样的时间观念只能使人们陷入绝望，使时间陷入非存在的黑暗之中。这种空质化的时间使生命难以在现实生存中获得实现，同样也无法使历史中未实现的生命诉求在现实中得到回应。"割裂过去与未来是当代世界现实的主要疾患，主要缺陷，时间上的主要恶。"[1] 时间被割裂为三个时间段，使历史丧失了内在的完整性和持续性，同时也丧失了人类理解自身的整体性的可能。在本雅明看来，在人类真实的生命活动中，过去、现在和未来不是分裂的，真正完整的生活把过去、现在和未来结合成为一个统一体。在这个统一体中，流逝为过去的历史事件不是已经完结的历史现实，它作为一种鲜活的力量作用于当下和未来的生命实践，因此，它不但具有实在性，而且可能比现在和未来更加实在。如果在现在和未来的实践中，不能回应过去提出的要求，那么，现在和未来又都会流逝为过去。在真正的历史时刻，过去在"当下"的存在释放了过去中蕴含的救赎力量，这种真实的力量对现实政治实践提出了解放要求。那么，是什么使过去、现在和未来能够结合为一个统一体，是什么使历史可以作为一个整体性存在，在本雅明看来，是历史中蕴含的永恒的精神力量在与时间的分裂进行斗争，它是一种对世界原初本原的记忆，它同致死的时间统治进行斗争。本雅明认为，记忆是理解过去的基本形式，它维系历史在时间中的联系，没有这种记忆，现在与过去之间的纽带就无可挽回地断裂了，历史就会沦为碎片和废墟。所有历史知识无非是对往事的重现，"通过记忆我们重建这种远离我们而去的、已死的、如同陷入暗无天日的无底洞中的过去。因此，记忆乃是永恒的、创造整个历史基础的本体论本原。"[2] 任何当代人都会按照自己对于生命的理解去重构人类的过去和历史，但是，什么应该是我们建构历史的标准，那就是历史中蕴含的永恒生命。因此，这种历史本体论意义上的本真生命，必然成为记忆的本原和根基。真正的历史时间不是被分割的时间，维持生命内在关联的时间在历史中发生作用，过去、现在和未来没有间隙。历史时间并不

---

① ［俄］别尔嘉耶夫：《历史的意义》，张雅平译，学林出版社2002年版，第56页。

② ［俄］别尔嘉耶夫：《历史的意义》，张雅平译，学林出版社2002年版，第58页。

是现象学意义上的时间，它是内在生命意义上的时间，对于历史意识来说，理解过去、现在和未来的真实含义非常重要。过去、现在和未来三个时间段并不是分裂的，在其中贯穿着人类生命的整体性，它把时间的三个维度统一起来。因此，在过去、现在和未来中蕴含的是永恒的和神圣的世界本原，在时间中展开的人类历史，便是过去尚未实现的生命诉求，作用于当代人类生存实践，它要求生命获得实现。在人类历史性生存实践中，过去、现在和未来在"当下"连接在一起，只有这样的时间意识和现实政治实践，才能开启一个获得救赎的、不同于过去的历史新纪元。未来和过去在其中得以统一的永恒的"当下"，彻底克服了被隔绝和有缺陷的过去、现在和未来，进入真正的时间即永恒。人的现实实践必定不是为了未来而进行的，而是为了未来和过去在其中得以统一的那种永恒的"当下"进行的，永恒的"当下"彰显的是人类生存和文化历史中不死的本原。

在本雅明看来，只有承认高于人类的世界神圣本原，从更高级的本原中才能寻求人类命运解决的现实途径，由此，人类才能获得最高尊严和最大自由。安德烈·内埃在《犹太文化中的时间观和历史观》一文中指出，对于犹太教而言，"时间不是一种自始至终的洪流，而是一种无止境的跳跃系列。历史不是一种连续的进步，而是一种永恒的即兴之作"①。这种起源视角提供了一种弥赛亚式的时间观念，它必须打断无休止的、进步的连续时间链条，使现代性时间具有回溯过去的能力，回应过去未完成的生命所发出的对当下的要求和求救信号，只有这样，救赎才有可能发生。

---

① ［法］路易·加迪等：《文化与时间》，郑乐平、胡建平译，浙江人民出版社1988年版，第205页。

第五章　本雅明的历史观念

在本雅明独特的时间观基础上建构起来的历史观念，与他生活时代的主流历史观念格格不入，其独特性在于，基于对世界的辩证本性的确认，他试图重新建构历史的统一性精神前提，以此彻底打断建立在对立和冲突基础上的虚假的历史连续体。一部记录野蛮的文明史，实施的是对他者的压制和奴役，在本雅明看来，拯救人类的过去和历史，是对当下人类实践提出的迫切要求，否则暴力历史会不断改头换面地循环再现。而暴力历史在现代社会之所以能够延续，在根本上源于建立在主客二元对立基础上的现代性认识范式，由于对人有限的自然生命的片面执着，局限于感观经验给知性设置的严格限制，使人类的视线受到阻断，囿于主体性的狭隘视域，无法领悟世界的辩证统一本性；在历史中沉积的尚未实现的生命诉求无法得到回应，历史上曾经的正义诺言无法成为现实。在本雅明看来，必须重新建构人与他者、个体与整体、时间与永恒、必然与自由辩证统一的历史哲学的精神前提和基础，在此基础上，才能打断暴力历史的无限循环，建立起人与自然、人与他者之间的和谐关系。

本雅明的历史观从根基上超越了西方哲学史上占据主流的追求"同一性"的形而上学范式，以及现实历史始终实行的对他者的压制，释放出历史中沉积的、在当下指向解放的弥赛亚力量。本雅明的历史观念是在对现代性批判中展开的，但是它又超越时间强加的任何限制，是向所有时代述说的实现人类真正解放的现实途径。

第一节　历史的辩证意象

基于对世界的辩证统一性的确认，本雅明完全摒弃了奠基于主客二元对立逻辑基础上的现代认识论。在本雅明看来，现代认识论的实质是在主客二元对立的逻辑框架内，从人最低级的和有限的感觉经验出发，把物质和精神、个体和整体、特殊和普遍、现象和本质、时间与永恒、必然与自由置于二元对立的严格界限内，完全囿于人的感觉经验对二者进行主观划分。无论是赋予其中哪一方以第一性，并以此作为出发点抽象出一个同一性原则来统辖另一方，试图建立一个统一秩序，都是行不通的。因为这种绝对的二元对立，只是人主观强加给世界的，并非世界的本来面目。陷于感官经验的狭隘性，现代人阻断了自身关照整体的超越性视域，主观预设了外在现象与现象背后的实在之间的区分和对立。通过对现象、个体和时间的真实性和确定性的贬低和降格，建构起来一个高度抽象的和空质的"同一性"来统辖各种特殊存在，这必然在现实中导致集权主义和盲从主义倾向。人为存在主观划定的界限，促使辩证统一的世界发生错误的分离，原本相互依存、相互构成的统一世界被截然分开，彻底摧毁了人与自然、人与他者彼此之间相互依存、相互生成的纽带，这是加诸在自然、人类和历史身上灾难的根源。它不仅破坏了世界的整体性，也使历史的真实面目无法辨识。本雅明认为，建立在狭隘的主体性和对非同一性的排除和压制基础上的现代认识论，通过移情于胜利者来认识过去和历史，历史成为胜利者的文化财富，为其统治的合法性提供证明，同时历史也成为加在人类身上的文化重负。在对现代性进行批判的基础上，本雅明的历史哲学旨在超越对他者进行压制的现代历史观的精神前提和认知范式，在一种辩证思维和方法论范式中，呈现历史的真实意象。

一　重建历史的精神前提

在本雅明看来，历史之所以要建立在辩证统一的基础上，根源于世界的本性。作为世界中的一员，人类与其他存在者共处世界之中，相对于先于人类存在的整体世界，人的存在具有有限性特征，同时又与其他存在处于不可分割、相互构成的关系之中，换言之，人的主体性的实现，有赖于他者存在本质的实现，这就是世界的辩证统一本性。人作为具有能动性的主体性存在，在生命实践中必须在与自然和他者的和谐统一关系中，才能使自身获得实现。世界是由各种在本质上不同的存在构成的，但是每种存在本质的实现，是在一切存在都实现自身的基础上才能完成。每一种存在自身中便包含着其对立面，个体的实现依赖于个体超越自身走向与他者的统一，这意味着个体既是个体又在自身中包含着整体。组成世界的无限丰富的个体，因为不同而彼此相互通达从而形成一个整体，因此，不包含全部个体的抽象整体是虚假的整体，必然导致对个体的排挤和压迫，同时，个体也不是绝对孤立的个体，个体只能在与整体的关系中才能成为个体。因此，在人的现实生存结构中，在共时性层面上隐含着与世界不可分割的相互关联和统一关系，在历时性层面上隐含着人类历史的整体，一直可以追溯到历史的起源。在本雅明看来，历史的精神前提只能建立在辩证统一的基础上，只有这样的前提才能使历史彻底从人对自然和他者的征服、奴役和暴力中解脱出来，在彼此通达的统一关系中，彻底放弃对自然和他者的压制，结束历史的暴力循环。

与其他存在不同，人具有主体能动性，人的生命活动在本质上是自由自觉的主体性活动，在主体性空前觉醒和强大的现代社会，人类为了满足自身无限制的欲望，越过使他者成为他者的界限，把世界据为己有。在本雅明看来，现代性危机根源于人从狭隘的主观视域出发，破坏了使各种存在成为自身的前提——相互依存又相互构成的关系，使人与自然、自我与他者处于单纯的对立和矛盾关系之中。现代性建构起一个充满冲突、敌对和残暴的社会，自然、被边缘化的群体以及历史上的失败者，成为被征服、碾压和遗忘的对象，被排挤出生存的空间。在现代社会，人与自然之间产生最大限度的疏离，自然沦为人类认识、利用和征服的对象，与人类之间的生命关联被切断。本雅明指出，现代人再也无法听懂自然的语言，读懂自然生命的表达，自然与人相对而立，人却无法感受同自然之间的生命相连与亲密关系。自然变得哑然无语，本雅明认为这是自然陷入巨大悲哀的一种无声表达，本雅明在《论原初语言与人的语言》一文中指出："无语：此乃自然之巨大的悲哀（为了救赎她，人的生活和语言——并不仅仅是诗人的生活和语言——处身于自然之中）。"[1] 现代性不仅切断了人与自然之间的生命纽带，同时也消解了人与人、人与社会、人与历史之间的共同体关系。在现代社会，人与人之间只剩下物质利益交换关系，为实现自我利益最大化，人与人之间必然处于彼此对立和冲突之中。利益关系并不能使人真正实现和谐统一，只能导致彼此的对抗和争斗。在现代社会，人成为原子化的存在，与他者隔绝，生活在绝对的冷漠和孤独之中。在本雅明看来，以往一切历史都不是建立在使全部个体获得实现的统一前提之上，只是政治上的胜利者为实现自身利益，在排挤历史上的失败者和无名者的基础上，建构起来的虚假历史连续体，虚假的统一性并不能在个体之间真正实现和谐关系。建立在对于失败者的压制和暴力基础上的历史，必然导致人类整体性和统一性的丧失，切断个体之间的生命相通和血

---

① ［德］本雅明：《写作与救赎——本雅明文选》，李茂增、苏仲乐译，东方出版中心 2009 年版，第 16 页。

脉相连的辩证统一关系。世界的原初本性使人类本质的实现不可能建立在对他者进行压制的基础上，在历史中呈现出来的，正是人从狭隘的主观意图出发背离世界本性，建构起来的异化世界和秩序，卢卡奇称之为"第二自然"。在本雅明的视域中，"任何一部记录文明的史册无不同时又是一部记录残暴的史册，正如同这样的史册不可能免除残暴一样，文化财富从一个主人手里转到另外一个主人手里的方式同样沾染着残暴的气息"①。

　　本雅明认为，恢复人与世界的辩证统一关系，结束神话逻辑和暴力历史的循环，前提是人必须超越自身知识的限度，运用辩证思维领悟世界的原初整体性和统一性。相对于建立在感觉经验基础上的现代认知范式，世界的辩证意象构成人类知识无法逾越的障碍。在辩证思维模式下，各种具体事物并不只是作为固定的、当前的和个别的存在，在各种现象中同时蕴含着世界的整体性和统一性，因此，各种事物包括人的现实生存并非是单一的结构，而是显与隐、在场与不在场的辩证构成。在形而上学思维模式下，试图用"一"统摄"多"来实现世界的统一，这种统一性并不能建立和谐的世界，因为"一"与"多"相互辩证构成，"一"中有"多"，"多"中有"一"，"一"在"多"中呈现出来。形而上学思维试图在历史中找到一个抽象的、统一的本质来统摄丰富的历史事实，必然导致对一部分人的压制。在辩证思维框架中，在具体事物和人的生存结构中蕴含着不在场的绝对性存在，它逃离人类知性对它的一切固定化和实体化，一旦把它固定化为一个统一实体，这个实体以及在这个实体基础上建立起来的世界便会失去活力，不可避免地导致抽象的统一性对具体事物的压制。西方形而上学一直寻求把世界结成统一体的抽象本原，但是这种抽象的统一性并不能把握世界的原初整体意象，因为这种统一性不是在具体事物之外存在的，而是内在于一切事物之中，又超越一切事物，是在具体事物中呈现出来的普遍法则。世界的原初意象是一种辩证的结构，在个别现象中蕴含着整体意象，在时间中蕴含着超越时间的永恒本质。这种辩证结构不能通过感官经验直接获得，只能运用理性直觉来感悟，因此它超出感官世界的限度。本雅明借用莱布尼兹的单子理论，以单子形态表征世界的辩证统一性。每个单子中不仅包含着自己的全部过去与未来，也包含着整个宇宙的全部过去和未来。因此，那些能够从单子中观看全体的人，就能从当前的事物中看到遥远的过去和未来。世界的真实图景呈现为具体现象之间相

---

①　[德] 瓦尔特·本雅明：《本雅明文选》，陈永国、马海良编，中国社会科学出版社1999年版，第426页。

互辩证构成的一种整体秩序，人类历史以一种辩证意象的方式呈现出来。历史的辩证意象呈现的是人与世界原初统一关系恢复的时刻和状态，在本雅明看来，"辩证意象也就是那种满足了歌德所要求的研究对象之条件的历史对象的形式：展现了一个真正的合题，它是历史的原初现象"①。辩证思维被本雅明看作认识历史的唯一方法，它是人穿越主体性迷雾，从狭隘的主观意图性中觉醒的时刻。柏拉图在《政治家篇》曾警告人类的世俗偏见，"但是，我勇敢的年轻朋友，请你再深入思考！其他任何能够进行理性思维的生灵也可以进行你这样的划分——举例来说明，仙鹤也有某种理性，其他动物可能也有。它们可以赋予自己独特性和恰当的尊严，从而把仙鹤这种动物与其他所有动物区分开来，它还可以把其他所有动物混杂在一起，包括人在内，赋予它们一个共同的称号，即称之为'野兽'。"② 本雅明指出"在苏醒的过程中让梦幻因素变成现实，这是辩证思维的范式。因此，辩证思维是历史觉醒的关键"③。在这一刻，人超越自身狭隘的主观性视域，人与世界的原初统一关系得到恢复。作为历史的合题，历史的辩证意象使人与过去的整体视野不期而遇，在当下回溯到历史的起源以及对于被救赎的人类生存状态的记忆。它是世界原初秩序在人类觉醒的特定时刻的显现，只有在历史呈现为辩证意象的时刻，才能获得对于历史的正确认识，它在当下与过去之间建立起真实的联系，穿透人主观强加给过去的假象。

本雅明通过对世界的辩证统一性的揭示，指出以往历史建构的精神前提和基础的有限性和对抗性，它囿于人类狭隘的理智，把部分当作全体，屈从于自然生活，这种世俗力量建构起来一部充满谎言和暴力的历史，使隐身于历史中的无形的弥赛亚力量从反面折射出来。要结束暴力历史，必须重建历史的精神前提和基础，真实的历史建构不会承接现在的历史前提，它建立在辩证统一的基础之上，不再是对自然和他者的压制。历史的前提和基础的变化，要求人主观意图性的死亡，从自身建造的梦幻世界中清醒。对此，本雅明指出："醒来是梦的意识（正题）和清醒的意识（反题）的合题吗？如果是，那么醒来的那一刻将等同于'可辨识性的当下'，在这一刻，事物带上了它们真正的超现实主义的面貌，因此，正如

---

① ［德］瓦尔特·本雅明：《作为生产者的作者》，王炳钧、陈永国、郭军、蒋洪生译，河南大学出版社 2014 年版，第 156 页。

② ［古希腊］柏拉图：《柏拉图全集》，王晓朝译，人民出版社 2003 年版，第 96 页。

③ ［德］瓦尔特·本雅明：《巴黎，19 世纪的首都》，刘北成译，上海人民出版社 2006 年版，第 30 页。

在普鲁斯特的作品中，在生活的解体的最辩证的那一点上来把握整个生活是至关重要的。"①

二　觉醒的"瞬间"

在本雅明看来，历史具有的超越具体史实的辩证性，只能在觉醒的瞬间，才能被辨识和捕捉。历史中蕴含的超越性内涵并不以具象形式存在，它在最具张力的辩证结构中显现出来，在人类觉醒的瞬间，特定时代与历史的原初起源连接在一起。由于人狭隘的主体性背离了与世界的和谐统一，因此，历史的目标便是人重新回归其起源，而人回归起源的道路，只能通过一种辩证的思维，在超越自身主体性基础上领悟世界的统一性。本雅明在《爱德华·福克斯，收藏家和历史学家》一文中，对历史呈现出来的辩证意象进行了说明："要做到这一点是下面这样一种历史科学的任务，即它的对象将不是由一堆乱麻似的单纯的事实，而是由缕好的线索组构成，这些线索把过去的某一段交织于当今的编织结构之中。（如果把这种交织与单纯的因果联结等同起来，将会步入歧途。因为这种交织是完全辩证的，当今的历史进程跳跃式地不显眼地捡起的线索，可能是遗失了数百年的。）摆脱了纯粹史料性的历史对象是不需要'推崇'的。因为它提供的不是与现实性大约类似的材料，而是建构于精确的辩证法问题之中，解决这一问题是史学不可推卸的责任。"②

由于人的自然生命的有限性，这种辩证意象很难被辨识，在现实生存和历史中蕴含着的整体性和统一性内涵具有超越维度，它需要突破自然生命在感觉经验层面的界限，作为一种高级经验，它只能在理性直觉中被感受和领悟。当人局限于自身狭隘的主体性视域时，很难辨认出人与世界的辩证统一本性，在人类实践中必然产生与世界相背离的力量，它建构起来的一切使人感受到自身本质的丧失。因此，与这种力量同时产生出一种相反的力量，它是世界本身具有的力量，本雅明称之为弥赛亚力量，这种力量是世界原初整体性的映射和镜像。作为一种本原力量，它促使人通过不断反思，从对于自然生命的屈从中觉醒，在《神学——政治学片段》中，本雅明用一个比喻来说明在人的现实生存和历史中存在的弥赛亚力量，它是一种促使人觉醒的力量。"如果一只箭指向世俗的目标，另一只箭指向

---

①　［德］瓦尔特·本雅明：《作为生产者的作者》，王炳钧、陈永国、郭军、蒋洪生译，河南大学出版社 2014 年版，第 126 页。

②　［德］瓦尔特·本雅明：《经验与贫乏》，王炳钧、杨劲译，百花文艺出版社 1999 年版，第 308—309 页。

弥赛亚的强度，那么，自由的人类希望的要求一定反对弥赛亚的方向。但是作为一种力量，借助它所通过的路径，人类的希望能够增强相反道路上的力量，所以世俗的秩序能够促使弥赛亚王国的来临。世俗王国本质上虽然不是神的王国，但它是一种不引人注目的决定性的到达神的王国的力量，因为只有在希望中人们急切地寻求并发现人的堕落。希望使神的王国到来，希望对应于：永久的堕落、短暂的世界存在的恢复，这是弥赛亚的节律。由于人类的永久的和总体的暂存的性质，人类身上自然具有弥赛亚的性质"。① 在本雅明看来，囿于自然生命的有限性，从人的本能欲望出发，人必然以追求自身利益和幸福作为出发点和归宿，本雅明把这种力量称为世俗力量。这种追求人类自身幸福的世俗性，趋向于从自我的视域来看待世界，把人类自身的价值和意义赋予客观世界，建构起一个世俗的满足人的目的和需要的世界。这种以人类为中心建构起来的世俗世界，必然产生对自然和他者的压制，破坏世界的整体性和统一性。对世界本质的背离会在其中产生出一种相反的力量，它解构人类主观建构起来的世界和历史，导致人类历史不断地更迭和演进，使人类建构起来的历史成为碎片和废墟，促使人类从自我中心性中觉醒，重新回归世界的本原。从世界本身游离出来的世俗力量同时产生了回归的力量，这是世界本身蕴含的力量。人类对世界本原秩序的悖逆，从相反方向使世界本身固有的弥赛亚力量显现出来，它是世界的原初整体性的一种表征。蕴含在历史和人的现实生存中的来自世界本身的弥赛亚力量，促使当下的人类实践指向与过去彻底决裂的未来维度，同时也是对过去未实现的生命诉求的回应。与任何形式的历史目的论、历史进步论相区别，历史呈现出来的辩证意象，意味着使人类真正获得解放的力量，并非是一种来自于现实世界和历史之外的力量，也不是通过一系列历史过程在历史终点处出现的永恒形象，相反，它来自现实世界本身，就隐身在人类当下的生存结构中，在每一个人类觉醒的瞬间呈现出来。关键是我们能否辨识出隐身在历史和现实中的超越性的、永恒性的存在，因为它逃脱时间和空间的限制，"作为典型的弥赛亚式时间，现在包含着整个人类的历史，是整个人类历史的一个巨大的缩略物"②。历史事件不仅是在特定的时间和空间中展开的，同时其中蕴含着

①　*Walter Benjamin Selected Writings*，ed. Howard Eiland and Michael W. Jenings，trans. Edmund Jehcott and Others，The Belknap Press of Harvard university Press，2002，Vol. 3，p. 306.

②　［德］瓦尔特·本雅明：《本雅明文选》，陈永国、马海良编，中国社会科学出版社 1999年版，第 434 页。

不受时间限制的永恒性存在，这种绝对性存在源于世界本身，与具体的历史事件构成一个单子式的辩证结构，在这个历史单子中包含着整个人类历史。在本雅明看来，"只要有一个辩证过程，我们所处理的就是一个单子"。① 在人类背离这种原初力量的暴力历史中，作为一种渴望复归的弥赛亚力量，在人类觉醒的瞬间呈现出来。本雅明在《拱廊街计划》中指出："在辩证意象中，某一特定时代中的东西同时也总是'亘古不变的事物'，既然如此，那么每次，它都只是对某一极其特定的时代的展现，即人类擦亮眼睛突然认出如此这般的梦幻意象的时代，正是这一刻，历史学家，从这个梦幻意象的角度来说，担当起了释梦者的任务。"②

本雅明赋予觉醒的"瞬间"以永恒的维度，认为人的现实生存不仅受到时间和空间的限制，这只是个体生命的自然界限，作为整体世界和历史整体的一部分，在人的自然生命中还隐藏着超越时空界限的永恒性存在，这只能在人从主体意图中觉醒的瞬间才能被人感知到。因此，历史时间在本质上不同于自然科学的空间化时间，也不同于流俗时间，它在时间中蕴含着永恒的维度，它超越人的感官经验、不以可感知的具象形式呈现，而是内在于人的生命感受和记忆之中，是对世界的统一性和整体性的感受和领悟，也是对历史中"亘古不变的事物"的记忆。历史时间不是一种空间化的时间，在单一维度和平面上按照过去、现在和将来的顺序展开，表现为现在对于过去、未来对于现在的依次吞噬。本雅明批判历史主义、历史进步论以及庸俗马克思主义把历史时间理解为这种空间化的时间，空间化的时间观念在实质上是一种实证化科学思维的产物。它把原本统一的时间进行分割，并按照自然生命的感受分为过去的存在、当前的存在以及将来的存在，过去的存在就已经完全过去了，未来的尚未到来，我们面对的是当下的存在。它是个体的自然生命对于生命流逝的感受，如同一个人从出生到死亡的自然生命过程。但是，人不仅具有外部自然生命形式，在自然生命的内部还有记忆和内在精神性的生命，它并不随着自然生命的流逝而消亡，而是留存在历史的记忆中成为"亘古不变的东西"。因此，历史记忆使过去在当下保持自身的存在，同样，在当下还保持一个全新未来的开放维度。历史作为一种记忆形式，使历史时间不能被划分为过去、现在和未来三个互不相干的维度，并且按照时间顺序依次来临。在历

---

① 郭军、曹雷雨编：《论瓦尔特·本雅明：现代性、寓言和语言的种子》，吉林人民出版社2003年版，第36页。

② ［德］瓦尔特·本雅明：《作为生产者的作者》，王炳钧、陈永国、郭军、蒋洪生译，河南大学出版社2014年版，第128页。

史中存在永恒不变的事物，它不受时间的侵蚀，超越自然时空的限制，是向所有时代的诉说。在瞬间，历史的过去被带到当下，并被人认识和把握，历史中的永恒性存在显现出来。历史时间具有与空间化时间不同的辩证结构，它在当下结成一个单子式结构，使人类历史的整体得以呈现。本雅明在《拱廊街计划》中写道："并不是过去阐明了现在或现在阐明了过去，而是，意象是这样一种东西：在意象中，曾经与当下在一闪现中聚合成了一个星丛表征。换言之，意象即定格的辩证法，因为虽然过去与现在的关系是一种纯粹时间和延续的关系，但曾经与当下的关系却是辩证的：不是时间性质的而是形象比喻性质的，只有辩证意象才是真正历史的（即不是陈旧的）意象，被读解的意象，即在其可辨识性之当下的意象，在最大程度上带有那种危险的、批判成分的印记，这正是一切读解所赖以建立的基础。"①

由于历史时间具有的辩证性，历史并不能建立在匀质、空洞的连续性时间链条上，本雅明批判了历史主义、庸俗马克思主义以及历史进步论历史认识的科学方法，试图运用科学思维来还原历史"本来的模样"，把历史看作是在过去、现在和将来的连续时间链条上堆积起来的客观事实，试图通过寻找前后历史事件的因果关系来认识过去和历史。在本雅明看来，这种科学化的思维并不能找到过去与现在之间的真实联系，只能建构起历史的"外部形象"，把历史事件当作构成历史的事实材料，从而把历史时间同质化，表现出历史的永恒画面。这种历史观必然导致历史事件中蕴含的永恒的东西和生命的记忆被抹除，本雅明指出安逸是历史主义的标志，它通过移情于历史上的胜利者来把握过去，是向现代科学观念和实证思维的臣服。本雅明在《〈历史哲学论纲〉补遗》中指出："在历史学领域，过去向当下的投射，类似于用同质的构造，来替换物理世界中的变化。迈耶尔松认为，后一个过程是自然科学的基础。前者，正如实证主义界定的那样是历史之'科学'特性的典范。其（地位的）牢固，是以完全根除作为记忆力的历史之原始角色的一切痕迹为代价的。由过去构成的当下虚假的存活性，对发自历史的'哀歌'的一切回音的抹除，标志着历史对现代科学概念的最终臣服。"② 当历史被建构在空洞、匀质的时间链条上，历史便成为一种按照时间线索展开的叙事，导致在历史中存在的超越性内

① ［德］瓦尔特·本雅明：《作为生产者的作者》，王炳钧、陈永国、郭军、蒋洪生译，河南大学出版社 2014 年版，第 124 页。

② 来自于网络文章本雅明：《〈历史哲学论纲〉补遗》，立秋译。https：//www. douban. com/group/topic/10251795/？ type＝rec

涵因为不能被实证化思维捕捉，便从历史中游离出去。历史的神学维度消失之后，便在完全世俗的层面上展开，人们无法意识到现实生存和历史性生存中蕴含的指向救赎的力量。历史主义和庸俗马克思主义因为信仰科学的历史观和历史进步论，无法辨识在"当下"存在的救赎力量，把历史问题的最终解决，放在无限遥远的未来，作为历史的目标，在本雅明看来，这只能使历史上演暴力的无限循环。它不仅为胜利者的暴力统治提供了合法性，同时也使无产阶级丧失了革命意识。

在本雅明看来，在历史中蕴含的弥赛亚力量，只能在历史的辩证意象呈现出来时被辨识，它促使人觉醒，认识到历史的暴力本质，从而为打断历史进程提供了革命契机。无产阶级革命并非是延续以往的阶级斗争，而是彻底从暴力逻辑中跳跃出来，"它们追溯既往，不断对统治者的每一个胜利——无论过去的还是现在的——加以质疑"[1]。本雅明对打断虚假历史连续体的神圣力量与以往的神话暴力进行了区分，神话暴力是使历史陷入暴力循环的力量，而神圣暴力是开启历史新纪元的可能性力量。

第二节　作为一种记忆形式的历史

在本雅明看来，正是历史中掩埋的一代又一代人曾经的苦难记忆，不仅揭露了政治上的胜利者的历史观念及其历史书写的虚假性和欺骗性，而且是促使人们从错误的历史观念中觉醒的重要因素。对于在历史中尚未获得实现的无名者的记忆，以及对于他们的苦难做出的现实回应，是真正的历史观念不可或缺的东西。本雅明历史认识的视域和方法，离开了政治上的胜利者而转向历史中的无名者和失败者，在他看来，真正的历史认识不能只局限在科学的视域和方法中，也不能在历史进步论、历史目的论的框架内获得。在历史中沉积的没有获得实现的生命对当下提出的现实要求，不能以进步的名义被推到无限遥远的未来，也不能用另一个虚无缥缈的美好世界的承诺，使正义成为一种永远无法实现的乌托邦，这只能使历史中的苦难记忆不断延续和加深。结束苦难历史的唯一途径，是促成当下人类的觉醒，使苦难的记忆转变成现实的革命实践。

---

① ［德］瓦尔特·本雅明：《本雅明文选》，陈永国、马海良编，中国社会科学出版社 1999年版，第 434 页。

一　掩埋在历史中的苦难记忆

在本雅明看来，历史并非是在自然科学认识方法中呈现出来的一系列历史事实的堆积，在过去、现在和未来三个维度上依次展开，彼此之间存在着严格的前后顺序和因果决定关系。本雅明批判历史主义看到的只是历史的外部形象，忽视内在于历史中的真实存在，而历史唯物主义应该努力辨识被掩埋着的无名者的苦难历史，对于苦难的记忆可以促成对现实危机的感受，从而承担起打断暴力历史的革命任务。"历史主义给出的是过去的'外部'形象；而历史唯物主义提供的则是人在过去的独特经验。别人尽可以在历史主义的窑子里被那名叫'从前有个……'的妓女折腾得精损神亏，历史唯物主义者不会着迷于她的色相。他始终控制着自己的力量，始终精力十足，足以承担爆破连续统一的历史过程的任务"。① 自然科学把历史时间世俗化到空间中，把历史看作是我们打开的一本关于过去所发生的事件的书，这种对历史采取的"科学"的和外在的态度，无法认识在历史中蕴含的、不会随着时间的流逝而消失的东西，它逃离时间对它的吞噬和规制，隐身在时间中又不受时间的损害。因此，把过去、现在和未来用一种外的因果必然性联系起来，不能获得对历史的正确认识。在本雅明看来，人类作为有记忆和精神性的生命存在，作为个体的自然生命逝去后，还会有无法消逝的东西以集体记忆的形式留存在历史中，这些记忆成为历史中的沉积层，永久地留在了历史中，会以不断变化的形式出现在人的现实生存中，形成一种改变现实的力量。这些记忆包括对天堂的记忆，也包括对苦难的记忆，它们是幸存下来的希望。阿伦特把"深海采珠人"的形象赋予本雅明，阿伦特认为"引导这样一种思维的是一种信念，即尽管有生命者都受制于时间的损耗，但是颓败的过程同时也是一个结晶的过程，在那沉积并消解了曾经鲜活之物的海底，某些东西'经历了大海的改变'并以不受自然之力侵蚀的新的结晶形式和样态存活下来，似乎它们专门等着采集珍珠者有朝一日将看到并将它们带到有生命的世界中来——作为'思想片段'，作为'丰富与奇特的事物'，甚至也许作为永恒的原初意象（Urphanomene）"②。这些不能被时间带走的东西，就是历史中真实存在的东西，就是本雅明所说的"时间里的真实，一个

_____

① ［德］瓦尔特·本雅明：《本雅明文选》，陈永国、马海良编，中国社会科学出版社 1999 年版，第 413 页。

② 西奥多·阿多诺、雅克·德里达等：《论瓦尔特·本雅明——现代性、寓言和语言的种子》，郭军、曹雷雨等译，吉林人民出版社 2011 年版，第 173—174 页。

可以认识的真实"的涵义。① 在本雅明看来，真正的历史认识是要辨认出历史中那些留存下来的东西，这样才能建立起现在与过去之间的真实联系，虽然自然时间会带来与过去不同的外部变化，但是自然时间却带不走历史中亘古不变的东西。在本雅明看来，历史的更迭展现出来的是，曾经辉煌的胜利者建构起来的一切，被时间无情地带走，历史呈现为征服者—胜利者—征服者的无限循环。历代胜利者为了让自身的统治永恒存在下去杜撰出来的历史连续体，被无情地卷入历史的长河中如烟逝去，没有在历史中留下任何痕迹。在历史中永恒留存下来的，是对正义的向往与曾经的抗争，它从相反的面相呈现出对于生命苦难的记忆。本雅明认为以未来为取向的现代历史观念切断了与传统的联系，人们只剩下对于天堂的记忆。在本雅明看来，历史哲学的任务是从被掩埋的传统中拯救出来历史的原初意象，它为苦难中的人类带来希望，本雅明认为"如果哲学不包括根据咖啡渣占卜未来的可能性……就不可能是真正的哲学"②。历史的真实，不能通过还原历史发生时的情况而获得，相反，只能通过使历史中永恒存在的事物在当下得以再现，这样人类的历史性生命才能连接为一个整体。因此，历史认识的方法，不仅在于搜集历史事实，更在于使真实的"过去"在当下存在。为了使当下不再陷入苦难，必须对留存于历史中的苦难记忆予以回应，承担起拯救过去的责任。本雅明认为，过去并没有完全过去，它以记忆形式沉积在历史中，促使人们把传统从陈陈相因的桎梏中解救出来。过去并非如科学思维中那样已经完结，在人类的生命记忆中，过去其实就在当下存在，在当下开启一个与过去断裂的救赎维度，只有过去在当下的实践中获得拯救，历史才能真正有一个新的开端，历史中的苦难获得了其存在的意义。因此，历史时间与自然时间具有完全不同的结构，过去、未来在辩证意象中同时汇聚在"当下"的时刻，历史的真实面目才呈现出来。在过去、现在和未来的连续顺序中划过的历史，只是历史学家根据历史事实建构起来的外部历史形象，决定历史事实的选取和解释方式的规则，是从现实权力体系产生出来的一般规则。本雅明在与霍克海默探讨历史的完结性与未完结性的问题时指出，作为科学的历史观念与作为记忆形式的历史观念的区别："对这一思路的更正是去思考，历史不仅是科学，而且是一种记忆的形式，科学所'确定'的，记忆可以修改，

---

① ［以］G. 肖勒姆：《本雅明——一个友谊的故事》，朱刘华译，上海译文出版社 2009 年版，第 11 页。

② ［英］霍华德·凯吉尔等：《视读本雅明》，吴勇立、张亮译，安徽文艺出版社 2009 年版，第 40 页。

记忆可以使不完整的幸福完整起来，使已经过去的（不幸）尚未了结。这就是神学，但是在记忆中，我们发现了那种不允许我们完全视历史为非神学性质的经验，尽管我们不能直接用神学的概念来描写。"① 在本雅明看来，历史不仅具有科学的实证维度，而且具有神学的超越维度，在历史中蕴含着实证思维不能把握的整体性和永恒性的存在，它不仅作为一种超越感性认知的高级经验留存在人类记忆和传统中，而且可以从当前远眺过去，让整个历史在当下显现，并使过去获得救赎。只有在当下公正地对待所有的过去，使沉积在过去中未实现的生命诉求获得实现，暴力历史才有终结的可能性。

本雅明批判了历史主义通过移情的方式重现某个时代的做法，他在《历史哲学论纲》中指出："如果我们问历史主义的信徒们，他们事实上要移情于何人，这种悲哀就更加突出了。答案无可回避：移情于胜利者。而所有的统治者都是此前征服得手的那些人的后代。因此，移情于胜利者总是有利于统治者。"② 本雅明认为，只有对过去苦难的记忆才能让历史学家公正地对待过去，通过移情的方法来认识过去，只能顺应当下权力的运作，使历史沦为现实权力合法性的证明。这样的历史已经成为统治者的文化财富，作为战利品随着胜利者的庆典行列被展出，并且被作为纪念碑和节日不断被庆祝和回忆。但是从总是被有意抹去的被压迫者历史的视角来看，统治者的庆典是从匍匐在地的失败者身上迈步而过的，而任何胜利纪念碑无不带有残暴的意象。在《柏林童年》一书中，本雅明描述了"胜利纪念碑"在一个来自市民阶层的孩子心中留下的鲜明印记，"我感到：那帮被树桩碾得血肉淋漓、被飓风抽打、被大块冰山冻住、在昏暗的坑道里受罚的人，与那基座回廊里闪烁出辉煌业绩的英雄们一样默默地声名狼藉。所以实际上这个回廊就是地狱，有力地反衬着那群围在碑顶上光彩夺目的胜利女神四周的受到恩宠的人"③。透过孩子内心对于胜利纪念碑的真实感受，本雅明揭示了胜利者书写的历史具有的残暴意象，如果移情于历史中的胜利者，积极遗忘在胜利者竖起的纪念碑下被掩埋的失败者和曾经的苦难，那么暴力历史将无限地延续下去。在本雅明看来，"把感

---

① ［德］瓦尔特·本雅明：《作为生产者的作者》，王炳钧、陈永国、郭军、蒋洪生译，河南大学出版社 2014 年版，第 149 页。

② ［德］瓦尔特·本雅明：《本雅明文选》，陈永国、马海良编，中国社会科学出版社 1999 年版，第 426 页。

③ ［德］瓦尔特·本雅明：《柏林童年》，志晶译，天津人民出版社 2015 年版，第 27—28 页。

情移入历史之中就会在不经意间设立历史优胜者的立足点，在他们继承了现实历史中的权力关系之时，历史中的不义之举就被统统掩盖了"。① 这种历史观造成的更为严重的后果是，使被压迫者也不自觉地投入到历史连续体中，忘记自己的祖先曾经经历的苦难，从而无视现实的紧急状态。因此，不能通过移情于统治者的方法来认识过去，只能从被胜利者的历史故意抹除和遗忘的失败者的苦难记忆中，去认识真实的历史。因为只有尚未实现的失败者的生命诉求，以及历史中无数次试图打断暴力历史的反抗遗留在历史中，而胜利者书写的历史会随着时间的流逝灰飞烟灭。在本雅明看来，在作为一种记忆形式的历史意识中，过去具有未完结性和开放性，过去发生过的任何事情都没有消失，等待着被后代记起并给予回应。人类尚未实现的生命诉求隐身在过去中，它不断对暴力历史提出质疑并且要求使真实的历史展现出来。在本雅明看来，只有人类获得救赎才能全盘接受它的过去，使过去成为可辨识的并且具有意义，否则，历史便成为加在被压迫者身上越来越沉重的文化负担。本雅明试图在当下的现实生活中建立起自由未来与苦难记忆的关系，弥赛亚观念唤醒了对蕴含在过去的被压迫者的苦难记忆，而"历史主义者和庸俗马克思主义者不愿抓住这个契机与苦难意象，表象的客观假象是他们追求的唯一目的，渐渐的，他们的步伐与历史压迫连续体协调一致"。②

　　在本雅明看来，对于历史起源的记忆以及对被压迫者苦难的记忆，是不能被吸纳进现实权力体系的历史沉积物，对它的记忆能够成为无产阶级打断暴力历史的革命力量，过去的苦难记忆把当下指向救赎。

二　记忆的政治

　　本雅明认为，现代历史观念的最大问题是陷入对历史进步论的盲目信仰之中，历史进步论坚信，通过人类理性的不断进步，在历史的未来和终点处人类所有的问题都能够得到解决。历史主义作为当时占据西方历史领域的主流话语，在实证思维模式下把过去、现在和未来完全割裂开来，把历史事实按照时间顺序贯穿起来，造成历史不断从过去走向未来的进步假象。在现代历史观念中，过去被看作是实现未来美好社会的必经阶段和过程，因此，过去的价值和意义只能靠未来投射，历史中遗留的传统被忽视

---

① ［加拿大］弗莱切:《记忆的承诺：马克思、本雅明、德里达的历史与政治》，田明译，华东师范大学出版社 2009 年版，第 214 页。

② ［加拿大］弗莱切:《记忆的承诺：马克思、本雅明、德里达的历史与政治》，田明译，华东师范大学出版社 2009 年版，第 215—216 页。

和遗忘，现代历史观念的未来取向造成人们对于过去和历史中集体记忆的遗忘。在本雅明看来，"革命精神，一种新精神，是开创新事物的精神，当革命精神无法找到与之相适应的制度时，这一切都失落殆尽了。也许失落的还不止这些。除了记忆和缅怀，没有什么能够弥补这种失败或阻止其走向终结"。① 历史主义和庸俗马克思主义因为盲目信仰历史进步论，把苦难当作是实现未来美好生活必经的过程和必须付出的代价，用历史的不断进步和未来理想社会的虚假承诺，为现在和过去的暴力提供合法性证明。本雅明敏锐地意识到历史进步论片面的历史经验背后隐蔽的政治立场。在本雅明看来，把历史问题的解决投放到未来维度的历史观念，不仅不能正确认识过去，而且在政治上会造成对人类曾经的苦难的积极遗忘，使人们无法感受现实危机的存在。正是由于这种虚假的历史观念，面对当时欧洲陷入的巨大危机，德国社会民主党甚至苏联不能做出积极的抵抗，甚至背叛无产阶级的历史使命和解放事业。本雅明在《历史哲学论纲》中指出："反对法西斯主义的人们原本寄希望的政治家们已经认输了：不仅认输，而且出卖自己的事业，使自己输得更加彻底。当此时，阐述这些观点就是为了把众多的政治信徒从叛徒们为他们布下的网罗中解救出来。我们认为，政治家们固执地相信时代在进步，他们自信有着雄厚的'群众基础'，以及最后他们以为依附于一架不可控制的党派机器，这是同一事物的三个侧面。"② 为了拯救现实危机，本雅明强调建立一种与历史进步论完全不同的、全新的历史和时间观念的重要性，这种历史观念强调过去和传统的重要性，因为现代人只能从过去中获得人类与世界原初统一关系的记忆以及从反面折射出来的苦难记忆。在危机时刻，必须促成对被压迫者的苦难和不公正记忆进行回应的政治实践，否则，现实的紧急状态就会被认为是历史的常态。"被压迫者历来的遭遇告诉我们，我们目前所处的'紧急状态'不是非常情况，倒是惯常情况。我们必须形成一种与这样的认识相一致的历史观。那样，我们就会清楚地意识到，我们的任务就是要促成一种真正的紧急状态，这将改进我们在反法西斯斗争中的形势。法西斯主义之所以有机会得逞，原因之一就是，在进步的名义下，反对者把它看作一种历史的常态"。③ 历史进步观念威胁、掩盖甚至抹去过去的

----

① ［美］汉娜·阿伦特：《论革命》，陈周旺译，译林出版社 2007 年版，第 262 页。

② ［德］瓦尔特·本雅明：《本雅明文选》，陈永国、马海良编，中国社会科学出版社 1999 年版，第 427—428 页。

③ ［德］瓦尔特·本雅明：《本雅明文选》，陈永国、马海良编，中国社会科学出版社 1999 年版，第 407 页。

真实生存经验，历史中的苦难记忆和被压迫者抗争的历史在进步的幻觉中渐渐被遗忘。

在本雅明看来，与历史进步论对历史真实经验的歪曲相对抗，建立真正的历史意识首先要拒绝遗忘过去，这样才能使掩埋在过去中的历史起源记忆与苦难记忆，在当下的政治实践中展现出来，这样的政治实践使过去未完成的生命得以完成，同时开启一个未来的维度，在"当下"把过去、现在和未来连结在一起。虚构出来的乌托邦并不能把人真实的过去与当下统一起来，相反只能导致当下的政治实践与过去的断裂，在对未来幻境的憧憬中逐渐遗忘被压迫者的历史。本雅明历史时间观念强调的"当下"，是指在"当下"中存在的"过去"，同时指向"未来"的救赎，因此，使人从暴力中获得解放的现实政治实践，不是在未来和历史的终点出现的，而是在人的现实生活中的每一个"当下"，在每一个"当下"的历史时刻，被压迫者的苦难得到现实的回应。因此，本雅明的历史和时间观念指向人类现实生存中的每一个历史时刻，每一个觉醒的瞬间都蕴含着彻底实现解放的革命契机。在本雅明看来，真正的历史时间在每一刻都是充实的，都是人类获得救赎的时机，关键是人类必须从胜利者书写的历史观中唤醒隐藏的革命激情。相反，历史进步论有意抹除被压迫者的历史以及历史中的苦难记忆，使反抗者与虚假的历史进步论步调一致，逐渐丧失了革命精神，错失每一个可能打断历史连续体的革命时机，甚至与统治者同流合污。本雅明的历史和时间观念试图重新把过去的未完成性和"当下"的救赎维度呈现出来，在本雅明看来，"没有人比马克思更为有力地将历史的未完成性结合到其完成性上了"，① 在《路易·波拿巴的雾月十八日》中，马克思写道："一切已死的先辈们的传统，像梦魇一样纠缠着活人的头脑"。② "由此可见，在这些革命中，使死人复生是为了赞美新的斗争，而不是为了拙劣地模仿旧的斗争；是为了在想象中夸大某一任务，而不是为了回避在现实中解决这个任务；是为了再度找回革命的精神，而不是为了让革命的幽灵重新游荡"。③ 本雅明对于过去的未完结性的强调，旨在找回无产阶级的革命精神，"一旦将历史唯物主义放入过去的未完成性概念中，将会对之产生爆

---

① ［德］瓦尔特·本雅明：《本雅明文选》，陈永国、马海良编，中国社会科学出版社 1999 年版，第 365 页。

② ［德］瓦尔特·本雅明：《本雅明文选》，陈永国、马海良编，中国社会科学出版社 1999 年版，第 585 页。

③ 《马克思恩格斯选集》第 1 卷，人民出版社 1995 年版，第 585 页。

破作用"。① 在本雅明看来，如果遗留在过去的未完结的生命诉求得不到回应，人类在当下和未来还会再一次死去，本雅明认为，如果没有神学的帮助，我们便无法深刻理解隐藏在历史中的寓意。

本雅明之所以突出过去的记忆对于现实政治实践的重要性，原因在于历史进步观念不仅对人类真正的进步全然无效，反而在政治上具有极大的危险性，它忽视了在进步的名义下对被压迫者所做的残暴之事，暴力在历史不断走向进步的幻象中具有了合理性和合法性，成为历史中必须遵循的铁的规律。马克思对此阐释道：一种剥削消逝了，另一种剥削就接踵而至，"沿着资本主义生产的固有规律前进，利用自然发展的冷酷来否定自身"。② 在本雅明看来，现代历史观念在进步的名义下忘却了历史上被压迫者的悲惨命运，无阶级社会的解放诺言被无限期地推到未来，并且总是拒绝到来，这种历史观念具有虚假意识形态的宣传功能。弥赛亚观念之所以如此吸引本雅明，是因为在当下瞬间指向救赎的政治实践，能够开启彻底结束暴力历史的可能性。本雅明试图用微弱的弥赛亚力量阻止历史片段的封闭和历史的终结，"弥赛亚的未来要求现实把历史、文化领域中那些被掩埋的'历史多样性'时刻展现在世人面前。那些以'被压迫者的历史'为特征的时刻，会重新出现在现实之中"。③

三 "起源即是目标"

与历史进步论的未来取向相反，本雅明认为不能把人类苦难历史的最终解决放到未来，按照从过去到未来的顺序和方向来梳理历史，与之相反，应该逆着历史的纹理，把目标指向过去和历史的原初起源。因为过去隐藏着历史的起源，以及人类背离起源遭受的苦难，同时还有为重新回归起源进行的抗争。历史中蕴含的起源记忆、苦难记忆以及抗争记忆，都在当下实践中开启了重新回归之路，只不过这种回归是在更高的秩序上的回归，在人的主体性充分实现基础上建构起来的辩证统一的秩序。历史进步论把人类所有问题的解决，投放到充满不确定性的未来，而且试图依靠人类理性的力量，消解历史中超越人的理性有限性的绝对性起源，在本雅明

---

① ［德］瓦尔特·本雅明：《本雅明文选》，陈永国、马海良编，中国社会科学出版社 1999年版，第 354 页。

② ［加拿大］弗莱切：《记忆的承诺：马克思、本雅明、德里达的历史与政治》，田明译，华东师范大学出版社 2009 年版，第 28 页。

③ ［加拿大］弗莱切：《记忆的承诺：马克思、本雅明、德里达的历史与政治》，田明译，华东师范大学出版社 2009 年版，第 55 页。

看来，这必然再次给暴力打开大门，历史进步论预设的历史不断进步的美好愿望，被现实的灾难无情地打碎。

本雅明在《历史哲学论纲》中指出，一部记录文明的历史，在实质上是从一个主人传递给另外一个主人的文化财富，"因此，历史唯物主义者尽可能对它避而远之，在他看来，他的任务是要逆向梳理历史"①。为了不陷入胜利者书写的虚假历史连续体之中，必须逆着历史纹路认识和梳理历史，历史进步论所描绘的从过去到未来不断进步的过程，在现实中造成的是灾难的不断堆积。因此，对于历史的梳理，必须从人类历史的起源处开始，历史中蕴含的力量正是从起源处获得的力量，它是一种促使人从苦难的历史进程中返回本原的力量。因此，历史的最终目标是在更高的秩序上回归本原，这种更高的秩序是在人的主体性成熟基础上的世界整体性的重建。本雅明对历史认识方法和历史编撰学进行了一场"哥白尼式的革命"，彻底倒转历史认识和发展的方向，本雅明认为历史认识是倒着跃向历史来实现的，崭新的未来也只能通过跃向过去才能开启。在《历史哲学论纲》中本雅明指出："无论时装是在哪一片久远岁月的丛林中飘动，它所体现的还是时下的风尚：它是倒着跃向过去的。然而，这样的跳跃是发生在由统治阶级发号施令的舞台上，发生在历史的旷野中的同样的跳跃是一种辩证的跳跃，马克思就是这样来看待革命的。"② 就像法国大革命的领袖们把法国大革命看作古罗马在世一样，就如同时装还带着过去服装的印记。在本雅明看来，无产阶级革命是一种与起源连接在一起的对苦难历史的彻底救赎，因此，他不同于历史上延续暴力统治的革命，它要达到的目的不是权力在不同主人之间的转换，而是彻底结束暴力历史的政治行动，相对于历史上的其他革命而言，它是历史的合题。

本雅明自始至终将回归起源当作历史动态发展的过程和目的，从早期的形而上学视角到后来对于马克思主义的接受，本雅明在各种幸存下来的碎片中试图重新找回原初的总体性，在堕落的世俗历史中寻找神圣的启示，并在被现代历史观掩埋的历史碎片中，寻找打断历史和弥赛亚降临的历史时刻。但是这种回归并非是向着原初天堂的回归，而是在超越了人的主体性之后，对于整体的重建，本雅明认为这种回归是历史的一个合题。在他看来，随着主体性的觉醒，人类趋向于滥用这种能动性，因此智慧树

①　［德］瓦尔特·本雅明：《本雅明文选》，陈永国、马海良编，中国社会科学出版社 1999 年版，第 426 页。

②　［德］瓦尔特·本雅明：《本雅明文选》，陈永国、马海良编，中国社会科学出版社 1999 年版，第 431 页。

秩序导致人类背离其本原，遭到流放。因此，人类需要从主体性中觉醒，在整体关照中实现自身的主体性，回归本原之路是一条主体性和整体性实现辩证统一之路。它是人在主体性中关照生命整体性的觉醒，是主体性的最终实现。本雅明借用《圣经》中关于智慧树和生命树的隐喻，来表征人类历史从起源处出发，通过一个辩证的过程，重新回归起源的发展过程。"只有突破流放领地的救赎，才终结了智慧树的秩序，恢复了生命树的乌托邦秩序，在此秩序之下，生命之心无遮蔽地跳动，所有事物现在所感觉到的隔绝状态也都一去不复返了。如此，作为在未被救赎世界里被揭示出来的一种合法形式，这种智慧树领地观念的内在逻辑便重返一切都再次回归其本位的伊甸园了。"① 因此，历史并非是朝着虚无缥缈的未来行进的过程，本雅明在《历史哲学论纲》中指出，"我们知道，犹太人是被禁止探察未来的。然而，摩西五经和祷告却教我们记忆。这就剥去了未来的魔力——所有到卜卦人那里去寻求启示的人全都是屈从于这样的魔力。"② 本雅明认为未来具有无限的可能性和开放性，因此它可以用各种各样的谎言来填充，因此未来具有无限的魔力，这种魔力在人的掌控之外对人类施行无限的威力和掌控。历史进步论的未来取向，便为暴力打开了大门，使人类再次陷入无法自拔的神话暴力中。而记忆和祷告则是时刻警醒从外在力量的控制中超拔出来，与历史起源连接在一起。在《拱廊街计划》中，本雅明对现代性所做的经验式研究，最终是要在现代社会幸存下来的各种类型的碎片中，寻找原初起源的踪迹，从而展开向着原初总体性回归的拯救行动。在本雅明看来，每一个历史事实都是初始的，是与世界的原初起源连接在一起，构成历史的统一体。本雅明在《历史哲学论纲》中指出，对于希望重现某个时代的历史学家，他们应该把他们关于此后历史进程的所有知识统统抹掉，真实的历史图景是在每一个具体的历史事实中都蕴含着人类整体生命的本质。本雅明把这种历史编撰的方法看作是建构历史碎片的蒙太奇手法，通过把历史碎片从历史连续体中爆破出来，在弥赛亚性的整体框架中组成新的历史星丛，当下生存中的历史起源踪迹就显示在其中。

本雅明告诫我们对于历史的真实呈现，需要用一种辩证的意象重新建构，他用逆向梳理历史的方式，把"当下"和原初起源连接在一起，

① ［美］理查德·沃林：《瓦尔特·本雅明——救赎美学》，吴勇立、张亮译，江苏人民出版社 2008 年版，第 39 页。

② ［德］瓦尔特·本雅明：《本雅明文选》，陈永国、马海良编，中国社会科学出版社 1999 年版，第 434 页。

把历史呈现为一幅辩证意象，在弥赛亚穿透"当下"的瞬间，历史的真实意象得以呈现。在本雅明的视域中，历史不是所谓客观历史事实的堆积，历史中隐含着无形文字和救赎力量，本雅明称之为历史的神学经验。

第三节　历史的神学维度

本雅明历史中的神学维度，既不同于传统神学对外在于历史的超越力量的肯定，也不同于对历史中的超越力量持完全忽视态度的纯粹科学的态度。被本雅明认为隐含于历史中的无形力量，超越任何神学和科学形态的宰治，它伴随着人类的历史性生存，隐身于人的现实生存结构中，构成人类现实生存中不可缺少的超越性维度。

一　历史中蕴含的超越性力量

在本雅明看来，原初正义作为一种绝对性和超越性存在，使人类围于世俗性建构起来的一切必然遭遇被解构的命运，任何人类主观的设定在现实中都会远离其初衷和出发点。存在和历史中的正义本性作为超越任何给定物的绝对他者，作为正义的冲动、愿望和承诺，是伴随着人类生存随时可能来临的一种可能性。这种动态的、不可固化的正义本性，必然对一切历史目的论和历史过程论进行解构，救赎并不是在无限的、遥远的未来才发生的历史事件，它也不是历史的目标，与之相反，救赎就伴随在当下人类的现实生存中。在本雅明看来，救赎即人类正义的实现不是在无穷的时间和历史的终点完成的，弥赛亚秩序与在压制和奴役基础上建立起来的历史是完全异质的，因此，救赎是彻底打断虚假的历史连续体，在历史断裂的瞬间开启的一种新秩序的可能性，救赎是历史的终结而不是历史目的。历史进步论用投射到未来的乌托邦承诺，没有在现实中实现正义，相反，使暴力历史得以延续。在本雅明看来，历史的救赎内在于人类的现实生存中，而不是远离现实世界在另一种秩序中实现的。人类生存的辩证本性，使人类获得救赎的状态即弥赛亚秩序，不是在一个与现实世界毫不相干的另一个世界发生的，作为一种绝对性和超越性的存在，它伴随着人类的当下生存，在人类觉醒的片刻随时可能来临。弥赛亚力量内在于人类的生存结构中，正是在与绝对性和超越性的正义本质的关联中，人类的有限性生存才能获得确定性和合法性。换言之，人类当下生存表征和传达着超越性的精神内涵，在人类觉醒的瞬间，存在的绝对性和超越性的精神被人类关照到，从而使人类从自我意图性中超拔出来，使自身获得救赎，重返原初统一的世界。存在的弥赛亚性作为一种绝对性和不可解构的正义，是使人类回归本真生存的一种救赎力量，在本雅明看来，"如果还有什么在推动着着人类前进，那是对失去的天堂的记忆。这股乌托邦的力量是一股还没有熄灭的冲动。……这股冲动已经进入了广义的哲学中，甚至仍然留存在马克思主义关于自由王国的希望中。它只能作为一种冲动、作为一种并不将所承诺的东西物符化的承诺而留存"。①

本雅明用弥赛亚力量表征内在于人的现实生存结构中的超越精神，为人类真正实现自身的本质提供了可能性。存在的弥赛亚性作为原初意象和本原性的存在，在人类现实生存和历史中只能以一种不具象的、超越性的形式存在，因为它逃避一切实在性、固定性和有限性，永远不会成为人类感觉世界上的"在场"，只能作为一种可能性伴随着人的现实生存，它通过对于不可解构的正义的呼唤、记忆、期许和承诺与人们相遇。这种正义承诺，是人类获得救赎的希望所在，它对一切压制和暴力历史提出质疑，在人类现实生存中打开一个历史新纪元的可能性。因此，马克思拒绝在细节上描绘共产主义，而是将共产主义作为一种当下的实践活动，作为人类生存经验的普遍结构，弥赛亚性使当下和历史向着未来和正义开放，"各种可能性打开，并总是可能同时中断历史，或者至少打开或中断历史的日常进程……中断或撕裂历史本身，在决定的过程中制造历史，这种决定可能在于让他者来临"。② 这种绝对的他者具有的神学意味在于，它超越人类理性设定的任何具体实在性，隐身于具体事物的深处，在特定的星丛结构中呈现。它超越时间和空间的距离和界限，把过去、现在和未来结合为一个整体，同时把人与世界万物连接为一个整体，使历史结晶为一个单子，它是整个人类历史的缩略物。"作为典型的弥赛亚时间，现在包含着整个人类的历史，是整个人类历史的巨大的缩略物。它与人类历史在宇宙中的地位正相仿佛。"③ 它摆脱了人类的主观认知意志和欲望，是一种维柯意义上的"惊雷"，尼采所谓的"危险的也许"，马克思意义上的"幽

① ［美］理查德·沃林：《瓦尔特·本雅明——救赎美学》，吴勇立、张亮译，江苏人民出版社 2008 年版，第 349 页。

② ［法］雅克·德里达、［意］基阿尼·瓦蒂莫主编：《宗教》，商务印书馆 2006 年版，第 24 页。

③ ［德］瓦尔特·本雅明：《本雅明文选》，陈永国、马海良编，中国社会科学出版社 1999 年版，第 434 页。

灵"以及神学意义上的"来临中的上帝"。它在"难忘的生活或时刻"炸开了连续的时间和历史，为人类开启一个与以往任何历史时代都不同的、崭新的生存状态提供了革命的契机。这种使人类获得救赎的弥赛亚的力量，不是历史进步论允诺的遥不可及的世俗乌托邦，也不是教士们期待的虚无缥缈的来世，它并不提供一个历史性本身的本体论。作为一种"绝对的他者"，弥赛亚力量意味着对任何实体和本质的超越，任何决定论和目的论都将失去效用。

在现实生存中，弥赛亚力量作为一种内在于人的生存结构的正义力量，同时是一种记忆，是对于原初统一状态的一种回忆。对于人类有限的知性认知范式来说，弥赛亚力量始终保持在来临之中，永远处于"降临的路上"，它是一种无法预料、突如其来的正义的永恒来临。与空间化的时间结构不同，它具有伴随性、随时可能在"瞬间"来临的弥赛亚性时间结构。对于与人的现实生存相伴而生的弥赛亚力量，只能通过理性直观来把握，而不能用感官经验去捕获。寓于存在之中的弥赛亚性，在人类有限的知性范围内变得神秘莫测而不能被辨识，它是一种幸福和救赎的可能性，存在于一切有限的存在中，而又超越任何一种有限的存在。它不是宗教和神学意义上在确定时间必然来临的"弥赛亚"，它的到来没有确定性，也不是一位将要来临的救世主开启一个新天新地，从而使人类历史走向终结。然而，作为一种活的力量，它用"许诺"和"召唤"的形式表达着救赎的"希望"，伴随着人类历史的进程，随时可能来临。"所有的世代都找寻好运道，并且期待在这个过程中能够得到救赎，以解决'人生苦短'的困境。所以，以往的世代等待那来临的'弥赛亚力量'。一直要到蒙赎的人类出现时，人类的过去才完全归他们所有，因为他们已经发现到以往世代所寻求的。"① 如果没有对于这种不可解构的正义力量的期待、渴望，人类历史将永远处于未完结状态，历史上无名者未实现的愿望和过去对正义的承诺和努力都将无法实现，人类历史将永远处在暴力历史的循环往复之中，本雅明认为生者"必须为死去的人吹旺盼望的火花"。② 正如阿多诺对于第一次世界大战后犹太教思想家的思想所做的总结，"'弥赛亚的光'显示：这世界在它'破烂不堪'的境况下，真的是'匮乏而扭曲'。它终结的负面性成为它救赎的正面性的镜像。然而，救赎的

---

① ［德］于尔根·莫尔特曼：《来临中的上帝：基督教的终末论》，曾念粤译，上海三联书店 2006 年版，第 38 页。

② ［德］于尔根·莫尔特曼：《来临中的上帝：基督教的终末论》，曾念粤译，上海三联书店 2006 年版，第 38 页。

这个位置是不可能的，因为它必须将我们从这个存在的魔力中拉拔出来。只要我们还在其中，连我们本身也是盲目的，是'匮乏而扭曲'的。因此，在此'未得赎的世界'中，对于将来救赎的寻求回到了那一个'当下'，在此'当下'中，完全的'他者'让时间忽然停顿，并且使我们在一个瞬间从社会的准则和历史的约束中'拉拔出来'"。①

本雅明把他的弥赛亚观念称为一种"世俗的启迪"，这种观念从根本上反对各种宗教普遍奉行的自然世界与超自然世界的二分法，在本雅明那里，只有一个现实的世界，就是人们生活于其中并且可以经验的自然或宇宙。本雅明把弥塞亚性从遥远的乌托邦变成了现实中指向正义的斗争精神，变成了对沉积在历史中的正义诉求的现实回应和革命契机。

二 没有弥赛亚的弥赛亚性存在

"历史"被看成是具体事件在匀质、空洞的时间链条上的"事情就这样没完没了地发生"的自动进化的"自然历史"，正如海德格尔曾为历史主义发出的感叹："某种被称为历史的东西根本不是历史。"马克思在《路易·波拿巴的雾月十八日》中，对历史主义的编撰方法和历史观进行了批判："但是，在他那里关于政变的历史构想不知不觉地变成了对政变主人公所作的历史的辩护。这样，它就陷入了我们的那些所谓客观历史编撰学家所犯的错误。相反，我则是想证明，法国阶级斗争怎样造成了一种局势和条件，使得一个平庸而可笑的人物有可能扮演了英雄的角色。"②本雅明的历史哲学要打断这种"自然历史"永恒轮回的神话，揭示出所谓的文明历史的"史前史"本质。用本雅明自己的话说，"对历史的表征与对进步观念的内在批判携手并行"。③ 在本雅明看来，进步的历史观念把宇宙和世界全部纳入人类理性和意志的控制范围之内，这种奠基于理性不断进步假设基础上的历史观念，切断了一切现实和传统的隐秘关联，而传统在本雅明看来，正是原初世界和当下人类存在秘密连接的通道。对传统的遗忘和丢弃使人类的当下生存与自己的本原关联发生断裂，人与自然、人与人以及人与历史的内在统一性丧失，整个现代世界断裂为废墟，人的生存成为无意义指向的、物化的符号和空壳，历史再也不能为人类的

---

① ［德］于尔根·莫尔特曼：《来临中的上帝：基督教的终末论》，曾念粤译，上海三联书店 2006 年版，第 40 页。

② 《马克思恩格斯选集》第 1 卷，人民出版社 1995 年版，第 585 页。

③ 郭军、曹雷雨：《论瓦尔特·本雅明：现代性、寓言和语言的种子》，吉林人民出版社 2003 年版，第 36 页。

现实生存提供意义索引，现代人陷入尼采在 19 世纪所预言的虚无主义的生存境地。和存在的本质发生断裂的现代社会，主体意识与世俗权力联系在一起构建起一个虚假的历史连续体，这种带有神话性质的世俗权力的历史，作为"胜利者"和"劫后余生者的历史"，在被压迫者和无名者的尸骨上建构起一部所谓不断进步的历史"史诗"，被胜利者作为文化财富和纪念碑，为自身暴力统治的合法性提供证明。在本雅明看来，现代社会构建起来的"进步"历史，仍然没有逃离它旨在摆脱的神话逻辑和暴力循环。

本雅明对于历史的辩证本性的揭示，结束了盛行西方长达几千年的、在形而上学框架下对于历史本质的追求，历史证明，人们努力寻求的各种救世主，不但没有使人类从灾难中获得救赎，相反，使人类陷入暴力历史的无限循环之中。在本雅明看来，打破这种暴力怪圈的唯一途径，是从根本上放弃强加于存在身上的主观意图，使存在的辩证本性被人类辨识。世界作为一个辩证统一的整体，在有限存在中蕴含着整体性和统一性，作为存在的原初本性和绝对正义，它解构一切人类主观虚构出来的历史中的绝对者。作为不能被固定化和物符化的绝对性，它使任何形式的"弥赛亚"和"上帝"退出历史舞台。

本雅明对历史的理解超越了形而上学和实证科学的逻辑框架，他把当前的存在和本原连接在一起，在星座式的结构中呈现历史的辩证意象。这种辩证思维使人从自身狭隘的视域中觉醒，用过去赋予我们并对我们有所要求的微弱的弥赛亚力量，使打断和终结自然历史的无限循环成为可能。本雅明用"世俗启迪"的点点星光组成的"星丛"，把现代人从自身建构的压制性的历史和政治观念拯救出来，力图彻底结束人类生存的危机状态。本雅明通过揭示历史的辩证意象，向现代社会盲目信仰历史进步论的人们揭示出历史的真实本质。在作为时间性和有限性的人类现实生存中包含着永恒性的本质，永恒的本质状态并不在我们杜撰的天国或世俗王国寄居，它与时间性事物相依而生。历史不再是由发生在过去、现在和未来连续时间链条上的事实堆积而成，而是时间中的永恒与永恒中的时间的辩证意象，只有这样的历史观念才能摧毁历史的"永恒轮回"和"直线进步"的意识形态范式，作为永恒的本质和意义，就伴随着我们的现实存在，随时可能来临。本雅明认为，正确的历史意识是要认识到过去曾经有人充满弥赛亚力量，试图跳出时间绵延之流，努力使"瞬间"凝固成获得救赎的时刻。只有在时间性和历史性存在中发现这种永恒本质，才能超越时间和空间的界限，实现和见证历史的永恒品质。历史不再是历史事件在时间链条上的无限堆积，而是在人觉醒的时刻，呈现出来的历史的辩证意象，用本雅明的话说是"从生成和逝去的过程中浮现出来的东西"。①

本雅明对历史的辩证理解，跳出了形而上学的二元对立逻辑，人类试图主观建构起来一个超越时间和生成世界之上的"真实"的本质世界，并且用这个世界贬低生成世界，为人类现实生存的暂时性提供永恒意义。这个本质世界在柏拉图哲学中是"至善"的理念，在希伯来先知那里则是上帝，在现代社会则是不断进步的理性。由于人陷于主观视域和自我意识的局限性，使现实存在失去了本身具有的超越性维度，把这种超越性放逐到远离现实的另一个世界。本雅明试图在当下"瞬间"使人类关照到世界和历史的统一性，将被遮蔽的存在的弥赛亚本质拯救出来。本雅明的历史观念既是对现代历史观和历史书写方式的批判，同时也是救赎。在本雅明看来，由于现代理性的僭越与偏见，在对世界整体进行主观分裂的基础上建构起来的现代历史观念，在破坏历史的整体性和统一性的同时，建立起来一个虚假的历史连续体。这不仅导致现代人的自我异化，同时造成传统和历史的断裂，使历史呈现为废墟状态。历史主义和历史进步论切断了原初本原与人类现实生存之间的秘密通道，使人类现实实践失去了与历史的隐秘关联，历史成为在空洞的时间链条上堆积起来的一系列历史事实。由于对世界和人的本质的背离，在历史中必然产生摧毁和破坏的力量，本雅明称之为虚弱的弥赛亚力量，它要求当下人类实践对历史中积淀的尚未实现的生命诉求给予回应，同时它也是历史中曾经的正义承诺的现实化要求，这种力量把人类现实实践和历史指向了救赎。

三 神话暴力和神圣暴力

本雅明把承担人类彻底解放的力量称为"神圣暴力"，作为一种微弱的弥赛亚力量，它与维护法律和国家的"神话暴力"严格区分开来。历史的真实意象，必须在消除神话暴力的基础上，在神圣暴力中才能呈现出来。

本雅明在《暴力批判》一文中，对神圣暴力和神话暴力做了严格区分："神话暴力是为暴力而暴力的对纯粹生命的血腥力量，而神的暴力则是为生者的缘故而针对所有生命的纯粹力量"。② 在本雅明看来，神圣暴力要彻底替代历史上一直存在的神话暴力，希望还很渺茫，现代性启蒙再

---

① 郭军、曹雷雨：《论瓦尔特本雅明：现代性、寓言和语言的种子》，吉林人民出版社2003年版，第22页。

② ［德］瓦尔特·本雅明：《本雅明文选》，陈永国、马海良编，中国社会科学出版社1999年版，第341页。

次使历史陷入神话暴力之中，"正如实施统治的压迫者以血腥开辟了真实历史之路，在胜利者的编史学中占主导地位的'关于一个连续体的概念''夷平其道路上的一切'。一种历史的新开端，一种对史前的结束和历史的开端，从这个立场看，还杳无音信"。① 对于本雅明来说，结束史前史的关键是人们要认识到现代历史观具有的欺骗性和虚假性，从而能够在辩证思维中使历史的真实意象得以呈现。神话暴力不能转向与自然历史截然不同的他者和未来，不能建立马克思意义上的"自由王国"，人类历史和弥赛亚秩序之间还隔着一道深渊。在现代历史观念中，历史传统断裂的那些地带和失败者的历史被历史编撰学忽略和有意抹去，而"这些地带正是为那些试图跨越这种编史学的人们提供抓握处的粗糙边沿和凸凹点"。② 相对于胜利者建构起来的虚假的历史连续体，被压迫者的历史是一个非连续体，它表现为反复重新开始而无结果，"这是那些不成功者、那些主流编史充其量只是对其保持沉默的人们的'无人知晓的劳作'"。③ 在本雅明看来，历史上的统治者都曾经是此前征服者的后代，为了维护胜利成果和自身利益，必然积极遗忘革命激情。"优胜者的历史必然要镇压那些致力于反抗该历史的人，并且想尽办法将铸造该历史的记忆遗忘"。④ 对此，马克思在《路易·波拿巴的雾月十八日》一文中写道："资产阶级社会完全埋头于财富的创造与和平竞争，竟忘记了古罗马的幽灵曾经守护过它的摇篮"。⑤ 本雅明认为，打断暴力历史无限循环的怪圈，要到权力历史的沉淀物中去寻找革命精神，在历史中掩埋的尚未实现的生命诉求，对当下实践提出了革命要求。在历史中留存的苦难记忆呼唤历史公正的实现，"公正的记忆——无名者的记忆——与优胜者历史格格不入，因为前者时时刻刻在威胁着后者"。⑥ 在本雅明看来，目的论政治或者工具性政治都带有权力的自我保护逻辑，必然趋向于神话暴力。而苦难者的记忆政治是

---

① ［德］瓦尔特·本雅明：《本雅明文选》，陈永国、马海良编，中国社会科学出版社1999年版，第372页。

② ［德］瓦尔特·本雅明：《本雅明文选》，陈永国、马海良编，中国社会科学出版社1999年版，第373页。

③ ［德］瓦尔特·本雅明：《本雅明文选》，陈永国、马海良编，中国社会科学出版社1999年版，第373页。

④ ［加拿大］弗莱切：《记忆的承诺：马克思、本雅明、德里达的历史与政治》，田明译，华东师范大学出版社2009年版，第150页。

⑤ 《马克思恩格斯选集》第1卷，人民出版社1995年版，第585页。

⑥ ［加拿大］弗莱切：《记忆的承诺：马克思、本雅明、德里达的历史与政治》，田明译，华东师范大学出版社2009年版，第159页。

权力历史无法包容其中和实现正义的可能性，"记忆反抗作为一种政治实践模式能够切断历史暴力，找回受压迫者的记忆，并抓住每个瞬间的政治契机"。① 本雅明从历史中沉淀出来的无名者的弥赛亚诉求中，提炼出政治实践形式和革命精神，展开对神话暴力的批判。他揭示出历史时间的不连续性，不连续体的观念是真正传统的基础，历史的弥赛亚式的中断，为历史上被压迫者寻求迟到的正义，开启另一种政治和历史提供了可能性。在本雅明看来，遗留在历史中的是被压迫者尚未实现的生命记忆，真实的历史建构必须呈现被压迫者的历史节奏，它是断续的、反复重新开始但至今仍然没有结果。它表现为被压迫者曾经在历史上无数次试图打断虚假历史连续体的革命行动，希望开启人类真正生存状态和历史秩序。为了结束仍然盛行的虚假历史观和神话暴力，必须建立一种真正的历史观念，使人们能够认识到现实生存的紧急状态，再次促成革命的契机。与以往历史观不同，辩证的历史观认为，弥赛亚的真理和正义，并不是遥远的事情和压迫中绝望地期待的奇迹，正义或乌托邦这个事件和这个未来，随时可能降临，我们随时可能跃入这个未来。本雅明把宗教教义中的弥塞亚精神从幻想变成了现实中正义的革命和斗争精神，揭示了历史主义和庸俗马克思主义由于对历史进步论的信仰，把人类生存的紧急状态当作是惯常状态，消解了现实生存随时可能来临的革命契机。"因为在对社会主义的历史必然性的盲目信任中，它忽略了革命过程中否定性的、黑暗的和毁灭性的一面，因为这一面在资本主义制度即将消亡的永恒乐观预言中蒸发掉了"。② 对于马克思主义关于传统的思想，本雅明认为"最关键的是承认传统的内容中包含着一个乌托邦的要求，一个幸福的承诺，而不是什么可以在过度的革命激情中被抽象地否定的东西"。③ 正如马克思的辩证法在本质上是革命的一样，本雅明在随时可能来临的、指向救赎的"瞬间"呈现出来的历史辩证意象中，看到了一个崭新的政治和历史开端的可能性。在本雅明看来，真正的历史意识就是使历史的辩证意象呈现出来，在历史被中断的那一刻，从虚假的历史连续体中超拔出来，这一刻从历史中爆破出来打断历史进程的弥赛亚力量。本雅明赋予"当下"以弥赛亚救赎的维度，

---

① ［加拿大］弗莱切：《记忆的承诺：马克思、本雅明、德里达的历史与政治》，田明译，华东师范大学出版社 2009 年版，第 142 页。

② ［美］理查德·沃林：《瓦尔特·本雅明——救赎美学》，吴勇立、张亮译，江苏人民出版社 2008 年版，第 267 页。

③ ［美］理查德·沃林：《瓦尔特·本雅明——救赎美学》，吴勇立、张亮译，江苏人民出版社 2008 年版，第 268 页。

每一秒的时间都是一道弥赛亚可能从中进来的窄门。"现在"并非如同科学时间观念中那样是某种过渡，现在意味着停顿和静止，"这样，他所建立的关于现在的概念是一个把现在看作透入了弥赛亚式时间的碎片的'当下时间'的概念"①。本雅明弥赛亚式的时间观念，使时间与永恒辩证统一在一起，给人的现实生存注入了超越和救赎的维度，这种对于存在和历史的辩证思维与形而上学和科学思维严格区别开来。在本雅明看来，促成人类觉醒和彻底解放的力量，是在现实生存结构中打开的，并非在另外一个世界和无限遥远的未来，革命的契机就存在于觉醒的"瞬间"。因此，人类解放不是作为历史目标在历史的终点处完成的，而是当下对于历史进程的打断，必须使历史走向终结，才能开启人类新纪元，"因为无论用什么运动，历史都无法达到一个不在自己范围内的目标"。② 本雅明在《哲学—政治学断片》中指出："只有弥赛亚本人才能完成一切历史，在这个意义上说，他独自补救、完成、创造历史与弥赛亚性的关系。出于这样的原因，历史的东西不可能基于自身与弥赛亚的东西发生联系。因此，上帝的王国并不是历史动力的目的；它不可能被确立为目标。从历史的立场来看，天国不是目的而是终结。因此，世俗的次序不能建立在神国的观念之上，而神权政治在宗教的意义外并无政治的意义。以最激烈的感情拒绝接受神权政治的政治含义，这是布洛赫《乌托邦的精神》一书中最可取的地方。"③

　　在本雅明看来，承担结束历史进程的无产阶级革命，与以往任何形式的阶级斗争在性质上都是完全不同的，它是与神话暴力完全异质的一种神圣暴力，它承担的是弥赛亚式的打断暴力历史的任务，绝非是再次延续从征服者到统治者的循环。因为"政治、制度、国家权力的转型和变更的历史，同时也是一部立法暴力的形式更迭史，一部立法暴力的衰退与重建史"。④ 本雅明认为"弥赛亚的断裂表明，对由暴力保证的法律的摧毁，提出了纯粹直接暴力的问题，神圣暴力的目的是在每

---

① ［德］瓦尔特·本雅明：《本雅明文选》，陈永国、马海良编，中国社会科学出版社 1999 年版，第 424 页。

② 郭军、曹雷雨：《论瓦尔特本雅明：现代性、寓言和语言的种子》，吉林人民出版社 2003 年版，第 31 页。

③ 来自于网络文章 Theological-Political Fragment 神学—政治学断片，本雅明著，立秋译 https://www.douban.com/group/topic/9699024/

④ ［加拿大］弗莱切：《记忆的承诺：马克思、本雅明、德里达的历史与政治》，田明译，华东师范大学出版社 2009 年版，第 154 页。

个个体的身上认可并促进人类的利益"。① 因此，无产阶级革命的目的
是使每个个体的利益都获得实现，彻底消灭维护部分人利益的制度，作
为一种神圣暴力，它是对每个个体的认可并促进人类整体的利益。在本
雅明看来，神圣力量的显现方式不是由上帝直接施展奇迹决定的，"而
是由不流血的打击的赎救时刻所决定，因而最终是由全部立法行为的缺
场所决定"。② 本雅明坚信"一旦打破法律的神话形式所维系的这种循
环，一旦不惜一切武力以中断法律——而法律和武力是互为依存的，一
旦因此而最终消除了国家权力，那就会开启一个新的历史纪元"。③ 本雅
明对开启弥赛亚秩序的"神圣暴力"与维系历史暴力循环的"神话暴力"
之间的区别，做了对比式分析："神的暴力在所有方面构成神话暴力的对
立面。如果说神话暴力是立法的，神的暴力就是毁法的，前者竖立疆界，
后者摧毁一切疆界；神话暴力带来罪与罚，神的力量则只是救赎；前者是
恐吓，后者是打击；前者是血腥，后者是没有血迹的诛灭。"④ 在本雅明
看来，神圣暴力是把人从梦幻中唤醒的力量，超越囿于自然生命的界限和
矛盾对立，建构人与他者之间的辩证统一关系。神圣暴力在现实中采取的
革命形式，本雅明称为无产阶级总罢工，它与政治总罢工不同。政治罢工
被本雅明看作是为加强一种更集权、更严饬的权力做铺垫，因此，政治总
罢工的结果不会使国家丧失其力量，权力只是在特权阶层之间发生转移，
工人也只是更换了自己的主人。与此相对照，无产阶级总罢工的唯一任务
是摧毁国家权力，"这种总罢工明确宣布它无意于通过征服来获得物质利
益，它宣布自己的目的是铲除国家。国家真的是……统治集团赖以存在的
基础，他们的所有事业都是从大众的重负中攫取好处"⑤。本雅明认为只
有无产阶级总罢工才是无产阶级革命应该采取的形式，它在一种更高的秩
序中，彻底消灭阶级对立和利益矛盾的根基。"第一种中断工作的形式是
暴力的，因为它仅仅引起对劳动条件的外部修改，而第二种则是纯粹的手

---

① ［加拿大］弗莱切：《记忆的承诺：马克思、本雅明、德里达的历史与政治》，田明
译，华东师范大学出版社 2009 年版，第 142 页。

② ［德］瓦尔特·本雅明：《本雅明文选》，陈永国、马海良编，中国社会科学出版社
1999 年版，第 341 页。

③ ［德］瓦尔特·本雅明：《本雅明文选》，陈永国、马海良编，中国社会科学出版社 1999
年版，第 343 页。

④ ［德］瓦尔特·本雅明：《本雅明文选》，陈永国、马海良编，中国社会科学出版社 1999
年版，第 341 页。

⑤ ［德］瓦尔特·本雅明：《本雅明文选》，陈永国、马海良编，中国社会科学出版社 1999
年版，第 353 页。

段，是非暴力的，因为它并不准备在得到外部让步和对劳动条件的这样那样的改善之后就恢复工作，而是下定决心只恢复完全改造之后的工作，这不再是国家强加的工作。这种罢工与其说是造反，不如说是追求完美"。①无产阶级总罢工废除法律和国家，以及它们维系的压迫和对抗关系，开启的是人类历史的新纪元。

　　本雅明的历史哲学借用犹太神学中的弥赛亚观念，旨在恢复被现代性消解的历史的超越性精神，在人类短暂的自然生命和有限的生命实践中，内在地蕴含着世界原初的整体和永恒品质。现代历史观念崇尚未来而割裂过去的做法，使人的现实生活因为丧失了整体性和永恒性而支离破碎，被封闭在毫无意义的现今的瞬间，受到自然时间的短暂性和必死性的统治，使人趋向于为所欲为的疯狂行为。

---

① ［德］瓦尔特·本雅明：《本雅明文选》，陈永国、马海良编，中国社会科学出版社1999年版，第353页。

第六章　一个超越现实政治和历史的
未来社会何以可能

本雅明在辩证的方法论范式下，提出了与传统的历史和时间观念格格不入的另一种历史和时间意识。把本雅明的历史和时间观念放在与传统的历史观和马克思的历史观的比较视域中来考察，可以更好地理解本雅明历史和时间观念的深刻性与独特性内涵。

第一节　人类的自我中心性与陷入
目的论思维的传统历史观

本雅明对于历史和时间的独特理解与传统的历史观形成鲜明的对比，而这种区别源于对于存在本质的不同理解和把握。传统历史观念的形成有其深刻的认识论根源，在形而上学思维范式下，传统历史观从主观视域出发对世界进行二元划分，以分裂的世界作为预设前提从而陷入了目的论的逻辑框架中。本雅明的历史哲学思想与传统历史观念的根本区别，在于对存在本质的不同理解，并在此基础上试图重建历史的精神前提和基础。

一　人类的自我中心性和二元世界

历史建构必然建立在对于存在和人类生存本质的理解基础上，在历史上，无论政治和历史观念经历了怎样的变迁，对于政治和历史的理解和建构，都以人们对于存在包括人自身存在本质的理解为前提。因此，对于政治和历史本质的追问，离不开对于存在本质的探究。

对于存在本质的思考伴随着人类的生存和历史，在西方历史上，从古希腊开始直到现代社会，对于存在本质的理解，二元对立的形而上学思维方式一直占据人类思想的主流。这种思维方式随着时代的变迁，虽然内容在不断演变，但是它对于存在进行思考和把握的前提是不变的，即在对世界进行二元划分的基础上，展开对于整个世界本质的思考。在这种思维方式中，世界被划分为在本质上完全对立不可逾越的现象和本质、必然和自由、时间和永恒两种存在。在现代社会，随着人类主体意识的提升，这个二元世界被放置在以人类为中心和主体，以其他存在为客体的主客二分的框架内。人类成为世界的主宰和自然的立法者，相应地，自然成为满足人类生存目的和需要的工具和手段，人类的自我中心性使不能满足人生存目的和需要的他者，被排除存在的合法性和确定性，世界成为向着人的生存需要建构起来的世界。对于存在本质的二元划分，进而在此基础上建构起来的分裂的世界，从根本上说，已经烙印上了人的主观目的性和意向性。二元对立的思维方式在根本上是知性思维的产物，在这种思维中，通过使世界空间化为固定、当前和静止的存在，以达到对于世界的认识和把握，进而对之占有和利用。这种知性思维的前提是把整个世界分裂开来，尤其是把人类从其他存在中提升出来，从人的主观视域和意向性出发，通过过滤这个世界和人类自身来获得对于存在的认识。通过不断把世界划分为具体、个别和特殊的现象存在，继而使其获得本质、身份和地位从而实现认同和排斥。随着对世界认识和把握的深化，人不断把自身从世界中提升出来，直到现代社会，成功地从世界中分离出来成为世界的主宰。人就这样通过对于世界的主观划分和知性把握，不断地使世界改变原初面貌，成为一个由人的主观意向性建构起来的世界，在这个世界里，人类从世界的一员变为世界的主人。

二元思维方式对于存在的认知和把握，进而在此基础上开启的改造世界的社会实践，造成的结果是，不仅使世界本身不再是一个统一整体，人类自身的生存也成为一种分裂和异化的存在。当人类用一种分离的主观视域和目的性来审视世界的时候，世界的原初统一性已经不在了。在对存在进行机械化和静止的二元直观中，存在已经是作为存在者而存在，蕴含于存在中的精神性内涵，因为不能被人的感觉经验捕捉而被排除在存在之外。内在于存在中的超越性的精神性内涵便从存在中游离出去，存在只剩下具体的、个别的表象性存在即存在者。在这种知性思维方式中，现实世界的本质被指认为具有时间性和有限性的现象世界，为了使这个在人类的主观意识中分裂的世界重新统一起来，人便在现实的表象世界之外虚构出来一个永恒的本质世界，用这个被放置在彼岸或者是未来的"真实"世界，为现实世界提供合法性和意义。在人类为世界主观设定的界限和意义的框架内，存在取得了各自的特性和本质，凡是不能被人的主观意向性容纳的存在，便被认为是非存在并被从存在中排除。现代人按照自身的主观目的性武断地把原因看作是终极的原因，"这样就会把个人随意的考虑升格为能够创造世界的活动，把它看得和上帝、某些神学家的上帝一样了，它的随意的考虑就是真理"。① 人类为了维持自己的"所是"建构起来的一切，恰恰毁掉了自身生存的基础，处于一种非人的虚无主义生存境地。人无论用什么样的"真理"来掩盖和抹去生命本身的真理，都将成为一种讽刺和谎言的自我揭露，用尼采的话说"人类暴露了自己"。"确实，人们用嘴说谎。但是，用人们同时做出的怪相，人们却还说出了真理。"② 卡夫卡在《审判》中做出了同样的论断："逻辑虽然坚不可摧，但它抵挡不住一个人想生存下去的欲望。"③ 人主观性的独断和狂妄使"原文在解释中消失了"，生命在建构中隐去了，而在时间中唯一永恒存在的是生命本身。

二　陷入目的论范式的传统历史观

在形而上学思维方式中，内在于人类生存中的必然和自由之间的基本矛盾，被绝对化为在本质上完全异质的、僵硬的和独立的两种存在形态。在把人类的生存状态预设为必然和自由之间绝对对立和分裂的基础上，人们试图用现实的制度设计和文化建构来弥合二者之间的矛盾，使人类达到一种统一的生存状态。在试图解决必然和自由之间的矛盾冲突的过程中，人类处于一种不断的文化建构和解构的循环之中，从而形成了在时间中不断生成和演进的人类历史。可以看出，历史正是在人类对于必然和自由之间的分裂关系的预设基础上形成和不断演进的。

以形而上学思维方式对于存在本质的分裂为前提，传统的历史观念对于人类生存和历史的理解不可避免地陷入目的论的思维范式中。在对于必然和自由两种完全不同的存在本质的预设中，人的现实生存成为一种分裂的存在，为了弥合生存的分裂状态，便构建起来一个统一的和永恒的本质世界作为终极目的，来为有限的现实生存提供意义和指引方向。人类的生存便被构想成这样一种历史性生存状态，即在对于一种永恒的本质世界的追求中，人类历史经过一系列的暂时的过程和阶段，最后奔向这个理想社会，人类克服了必然状态而进入自由和美好的生存境遇。在目的论的框架内对于历史的理解和构建起来的现实历史，其预设前提是人类生存本质的分裂，并把人类的现实生存假定为一种不完满的和有限的存在状态，为了

① ［意］贝奈戴托·克罗齐：《历史学的理论和实际》，商务印书馆 2005 年版，第 48 页。

② ［德］尼采：《论道德的谱系·善恶之彼岸》，漓江出版社 2000 年版，第 227 页。

③ ［奥］F. 卡夫卡：《审判》，中国书籍出版社 2007 年版，第 203 页。

摆脱命运强加的必然性和有限性，人类便通过一种乌托邦的历史设计，为人类的有限性生存提供意义和目的。在历史上，无论是希腊人的循环历史观，还是基督教的神学历史观，无论是奠基在历史进步论基础上的现代唯心主义历史观还是科学实证主义的历史观，都囿于人类自我中心性和形而上学思维范式中，建构在一种目的论的逻辑基础上。因此，无论是用一种精神性的存在作为一种永恒的目的，把人类有限的生存统一起来的唯心主义历史观；还是通过对于历史事实的客观呈现，来发现事实背后蕴藏的历史的必然规律的实证主义历史观，都是试图用一种主观建构起来的虚假的统一性，为有限的现实生存赋予意义。在这样一种目的论的框架内理解和构建起来的历史，不可避免地成为一种虚假的历史连续体，不可能解决内在于人类生存结构中的必然和自由之间的矛盾，使人类和整个世界真正结合为一个统一体。因为建构在必然和自由绝对异质化基础上的二元对立思维方式，本身就是带有人类主观意向性的设定，是人类把自身的主观目的性强行加给世界，在使原本统一的世界分裂之后，试图用一种虚假的统一性来使世界重新结合为一个整体，这只能是一种人类主观性的美好愿望。

在以自我中心性建立起来的二元世界中，人类按照不断演进和更迭的占主导地位的价值体系，来建构特定社会的政治上的认同和文化历史的传承，整个社会的经济、政治、文化和历史，都囿于对于存在的主观划分和人为分裂的框架内。在知性思维方式下，政治不可避免地建立在敌友划分的基础上，不可避免地与阶级、冲突、对抗、暴力、压迫和苦难联系在一起。政治在现实层面上意味着给人们划定地理、语言、民族、种族、文化等范围和界限，使人们在一定的关系和规则下生活、生产、消费、交往，从事宗教、艺术和哲学创作，在一定的规则和框架内结合为一个有限的联合体。建立在区分和对抗逻辑基础上的政治，必然是排除了一部分存在的合法性、建立在一定范围内的有限政治，正如马克思的断言："至今一切社会的历史都是阶级斗争的历史。"[①] 有限的政治因为建立在对抗和冲突的逻辑基础上，便为压迫、暴力和苦难敞开了大门，"从中人们只能得出这样一个结论：政治的本质就是统治，占主导地位的政治激情就是统治或宰制他人的激情。这其实就是我们整个政治思想传统的结论"。[②] 历史被作为政治上的胜利者维护自身利益和阶级统治的文化财富，不断地被构建成一个虚假的历史连续体，为现实政治的暴力和非正义做合法性辩护。用

----

① 《马克思恩格斯选集》第 1 卷，人民出版社 1995 年版，第 272 页。
② ［美］汉娜·阿伦特：《论革命》，译林出版社 2007 年版，第 259 页。

人类虚构出来的未来社会的解放承诺，来弥合和掩盖历史中的苦难记忆和现实的矛盾冲突，一切社会制度都建构在统一性的无限延宕和总是拒绝到来的基础上，历史陷入本雅明意义上的无限循环的神话逻辑之中。

三　历史唯物主义对传统历史观的批判

在对传统的唯心主义历史观和旧的唯物主义历史观的批判基础上，马克思的历史唯物主义旨在对形而上学思维方式和在这种思维方式下建构起来的整个世界的革命和摧毁。马克思科学历史观的创立，是在对前人和包括自己的唯心主义历史观和朴素唯物主义历史观的"前科学"历史观念扬弃的基础上完成的。马克思哲学革命变革的根本在于，彻底从形而上学的"实有"和"应有"的二元对立思维中解放出来，开始用一种辩证的方法认识世界和人类历史。马克思从人的现实生存实践出发，而不是从抽象的人和抽象的普遍性出发来理解和建构历史，在人的现实生存中发现了必然和自由之间矛盾的辩证本性，进而从现实中发现了人的异化产生的根源并在现实中发现了扬弃异化的现实力量。在马克思看来，"迄今为止的一切历史观不是完全忽视了历史的这一现实基础，就是把它仅仅看成与历史过程没有任何联系的附带因素。因此，历史总是遵照在它之外的某种尺度来编写的；现实的生活生存被看成是某种非历史的东西，而历史的东西则被看成是某种脱离日常生活的东西，某种处于世界之外和超乎世界之上的东西"。① 正是在人类的现实生存中而不是形而上学的主观臆想中，马克思发现了历史产生和发展的动力和规律，以及解决必然和自由之间的矛盾的现实途径。因此，历史就是人类现实生存矛盾的产生和不断解决的过程，而不是像传统的历史观那样，把历史看作是朝着一个预先设定的目的不断前进的僵化过程。"只要描绘出这个能动的生活过程，历史就不再像那些本身还是抽象的经验论者所认为的那样，是一些僵死的事实的汇集，也不再像唯心主义者所认为的那样，是想象的主体的想象活动"。②

马克思在彻底颠覆对于存在的形而上学直观的理解基础上，从世界的辩证本性出发，在一种有限的政治和无限的非政治伦理与正义的辩证框架内，使政治和历史建构脱离了人对于存在所做的划界和区分，从而把对政治的理解纳入到非政治的领域中，在政治和非政治辩证构成的框架内，揭

---

① 《马克思恩格斯选集》第 1 卷，人民出版社 1995 年版，第 93 页。
② 《马克思恩格斯选集》第 1 卷，人民出版社 1995 年版，第 73 页。

示出政治概念的辩证内涵和历史性。在马克思那里，未来无阶级社会成为有限的政治形式和无限的绝对正义的一种辩证构成，在这种辩证的结构中，有限形式成为无限正义实现自身的载体，而无限性正义在有限形式中得到实现。马克思把历史从目的论思维范式中彻底解放出来，这突出反映在对于共产主义的理解上。在马克思那里，共产主义不是作为一种未来理想社会的目的论设定，而是一种指向人类彻底解放的现实实践和现实环节。在共产主义实践中蕴含着彻底从压迫和奴役中解放出来的绝对正义的要求，这是内在于人类生存结构中的不可解构的正义的现实表现，是在人类现实生存中开启的彻底解放的维度。只有在当下指向彻底解放的共产主义实践，才能结束人类的史前史状态和建立真正的民主制。本雅明在马克思的历史唯物主义中，特别是在共产主义的现实实践中，发现了使人类获得解放的批判精神和革命力量，从而发现了使弥赛亚精神现实化的可能性。

但是，在庸俗马克思主义那里，历史唯物主义中蕴含的真正的革命性和批判精神，被重新放置到历史目的论和进步论的思维范式中，历史成为经过一系列的发展阶段最终必然走向共产主义社会的一套僵化的体系和制度设计。马克思对于资本主义社会所作的政治经济学批判，以及对于历史的产生、发展过程和历史规律的实证研究，被去除了其中蕴含的现实的革命性和批判性，成为关于政治、经济和历史发展客观规律的描述。马克思对于资本主义经济、政治和历史的科学考察，目的是使人类结合为一个真正的联合体，这种无阶级社会和联合体的实现，有赖于在现实的有限政治形式中，使无限的和绝对的政治伦理与正义得以实现，共产主义实践就是世界的辩证统一关系得以恢复的现实途径。马克思对于未来社会的解放承诺，被庸俗马克思主义作为历史的终极目标投射到遥远的未来，共产主义社会成了永远拒绝到来的一种社会理想，从而把历史和现实中的矛盾和苦难的解决推到了虚无缥缈的未来，为现实压迫和暴力提供了借口。在 20 世纪上半叶非常严峻的政治形势下，面对德国社会民主党对于马克思主义的庸俗化理解，以及无产阶级革命运动一再被推延的紧急状态，本雅明提出了另一种历史和时间观念，不仅是对陷入形而上学思维范式的历史主义和历史进步论的批判，同时也是对庸俗马克思主义把历史唯物主义重新置入目的论逻辑的批判，在此基础上，本雅明试图使历史真正成为可以理解和认识的、在时间中展开的人类本真的生存状态。

第二节　本雅明历史哲学思想的独特性

深刻领会本雅明历史哲学思想的独特性和深刻性，必须从它赖以形成和建立的根基入手，它奠基于对于存在本质的深刻领悟和把握基础上，这是本雅明能够在传统的历史观念之外，提出一种新的历史和时间意识的根本所在。以存在的辩证本性的领悟为前提，本雅明跳出了建立在世界的二元划分基础上的传统历史观所陷入的目的论逻辑，在一种辩证的思维和逻辑框架内，揭示出政治和历史的本质内涵。这种辩证的政治和历史观必然在社会实践中指向他者的伦理，这为超越有限的现实政治和历史建构，实现人类真正解放提供了一种现实的可能性。

一　存在的辩证性和指向他者的伦理

在本雅明看来，世界是作为一个辩证统一的整体而存在的，因此，认识和把握存在本质的唯一途径，是去除强加于存在身上的人的主观意向性。本雅明认为，知性思维方式的根本错误在于，从人类的主观意向性出发去判断和指涉存在，而存在对于自身本质的表征和诉说，被人类的主观意向性遮蔽从而不能被人类辨识。只有放弃从自身的主观视域出发去认识和把握存在，存在自身的本质才能被人类辨识，人类必须认识到，用主观意向性去同化客观存在，试图用一张主观意向性的大网使世界在一种虚构的同一性中统一起来，是不能达到对于存在本质的真正认识的。当人类彻底消除了把自我作为主体，把其他存在作为客体的二元对立逻辑，以及在此基础上对于存在的主观剪裁，从而恢复人类与其他存在的相互辩证构成的本真关系时，才能真正领悟存在自身诉说和表征着的本质内涵。

本雅明认为，存在用无声或有声的语言表征着自身的辩证统一性，一方面，存在具有差异性、时间性和多样性的有限存在形式，这是人类可以通过感觉直接感受到的存在特性；另一方面，存在还是一种整体性、统一性和永恒性的绝对性存在，存在的这种特性蕴含于有限的存在形式中，以不具象和不在场的精神性形式伴随着表象存在，因而不能被人类的感觉直观地捕捉到。于是，在现代知性思维范式中被排除出存在的范畴，这是知性思维方式对于存在的主观分裂的根源所在。存在的精神性内涵只能用理性加以理解和领会，它在人类的感觉直观之外存在。当人类在直观视域中把现实世界的本质指认为有限性存在时，存在的精神性内涵便离开了存在，在人的主观意识中只剩下有限的形式从而失去了精神性和统一性的内涵，世界成为不具有内在关联的、各自独立的分裂性存在。在人类的主观意识中，现实世界是一个时间性的、差异性和多样性的有限存在，而永恒性和整体性不存在于现实世界之中。人的知性思维方式把存在分裂开来之后，企图用一种虚构的统一性和本质来弥合存在。当有限性存在失去了与自身的精神性和整体性内涵的辩证构成时，便失去了存在的确定性和合法性，其意义和价值只能靠人类主观虚构出来的统一性本质的投射。这种主观虚构出来的存在本质，不可能把多样性、个体性和丰富性的存在结合成为一个整体，因为人虚构出来的本质是在排斥差异、个别和特殊性基础上建构起来的虚假的同一性。当有限性存在的个体性和独特性丧失的时候，蕴含于存在中的精神性内涵也随之逃离存在，以一种幽灵性的否定力量从反面呈现出来。

在本雅明看来，世界的存在形式是一种辩证统一的存在，是存在的有限形式和蕴含于其中的绝对性内涵的一种辩证构成。没有存在的有限形式，存在的精神性内涵便失去了自身的载体从而无法呈现出来；与存在的精神性内涵相脱离的有限存在形式，便失去了存在的合法性和确定性，沦为无精神和灵魂的纯粹形式，成为暂时性和个体性的相对存在。存在在本质上是作为一个辩证统一的整体而存在，它通过有限形式的具体性、丰富性和时间性，彰显出存在的统一性、整体性和永恒性，世界是在差异和具体中保持统一，在统一中保持差异和具体的一种辩证结构，而不是一种单一的结构。最独特的个体性就是最大的统一性，时间性和永恒性连接在一起，这是世界本真的存在方式。存在的本质正是在时间性与永恒性、特殊性与整体性、自我和他者的辩证构成中彰显出来，具有时间性、个别性的具体存在因为与永恒性和整体性的绝对性连接在一起，从而具有了存在的确定性和合理性，同时，可见的有限性形式承载着存在的精神性内涵。存在只有在辩证结构中才能成为一个单子，即存在的具体整体结构。人类必须放弃对于存在的主观性指涉，在对存在的弥赛亚统一性的关照中，使存在辩证地结合为一个整体。在辩证的星丛结构中，当下存在与本原连接在一起，个体与存在的整体连接在一起。本雅明指出，人类对存在的这种辩证结构的辨识，前提是人的主观目的性和意向性的死亡，人只能在与其他存在的辩证构成中，达到对于存在本质的理解和领悟。

存在的辩证统一性使世界只能在一种主体间性和平等、正义的关系中结合为一个统一整体，换言之，世界的整体性和统一性的实现，有赖于尊重每一个具体存在的个体性和差异性。他者开放性地和绝对性地规定了自我，任何对于他者的压抑和排斥，都将导致自我和他者存在本质的丧失，从而使世界丧失本质性的存在方式而成为异化的存在。任何事物都具有自身存在的独特性、合法性和绝对性，正是在存在的差异性和多样性中，统一性和整体性才能获得实现，统一性就藏身于差异性、丰富性和时间性之中。因此，任何具体存在都是作为整体存在不可缺少的组成部分，排除了任何存在的合法性，世界整体性也就不复存在了。人类作为整个世界存在的一部分，只有与外在于自身的他者处于一种辩证构成的关系中，通过与他者沉浸交融在一起，恢复存在之间相互凝视和相互构成的主体间性，才能在认识存在的基础上把握自身的本质。存在的辩证统一性，要求在非敌对性、非虚假的同一化意义上对待他者，整体性的实现不是取消差异和他者，他者并不能完全被自我意识的主体所把握，相反，自我意识的主体是在与超越意识的他者的内在关联中才不断地被构成。在与他者的相互关照中，才能真正建构起来一个在差异中关照统一，在统一中关照差异的弥赛亚秩序，人与自然，人与人之间的统一关系才能得以恢复。这是马克思所说的政治统治国家的消亡、人的全面关系——自由人的联合体得以实现的现实途径。人与他者相互对视、相互模仿，在关照彼此的差异中，辨识和领悟差异中蕴含的统一性和整体性，正是在对于他者的绝对尊重和绝对责任中，才能在自我和他者的辩证构成中实现世界的统一。没有他者和对于他者的绝对伦理，人类便无法在自由创造中使自然、人类和历史达到统一的境界，使自然和人类自身蕴藏的全部力量得以展现出来。

二　超越现实政治和历史的可能性

在对于存在的辩证本性和指向他者的伦理的辨识基础上，本雅明超越了在人类自我中心的逻辑框架下建构起来的有限的政治和历史，试图在一种辩证的框架内，使超越有限政治和历史的弥赛亚秩序成为可能，从而把人类彻底从压迫和苦难中拯救出来。

本雅明对于历史和时间的理解突破了传统形而上学的思维范式，在辩证的逻辑框架内，揭示了政治和历史的辩证构成本性，从而使政治和历史建构获得了摆脱人类虚构出来的精神前提的可能性。在本雅明看来，真正的政治和历史解构，建立在对存在的辩证统一性的把握基础上，只有在一种政治的辩证结构中使人类真正联合起来，才能彻底结束人类的"史前史"状态，进入真正的人类历史，历史才能真正成为"时间里的真实"。超越人类主观建构起来的有限政治和历史的现实可能性，只能是在自我意识与对自我意识的超越的他者的辩证结构中，政治和历史才能彻底消除主体—客体、自我—他者的对立和冲突的精神前提，在一种自我和他者的辩证构成中，使人类在现实的政治形式中实现真正的联合。在人类的现实生存中，蕴含着与现实政治完全异质的真正的政治和正义实现的可能性，它在现实政治中指向一种可能的未来正义。马克思未来社会的解放承诺，指向的正是把过去对正义的期望当前化的现实政治实践，从而在与他者的责任和团结中使政治真正成为人类联合的有效形式。如果这种不同于现实政治的、指向未来的真正的政治建构，不能在当下成为人类现实的政治实践，那么，现实政治只能是有限政治的无限循环，真正的政治形式和人类联合体永远无法实现。在当下的每一个瞬间，都指向正义和救赎实现的可能性，只有这样的历史和时间观念，才能彻底结束现实政治的非正义和暴力逻辑，使指向真正人类解放的政治实践成为可能。

人类史前史的无限循环被打断，政治和历史得以在一种辩证的框架内恢复其本质内涵，这一转变意味着打破人与自然之间的界限和区分，在人与他者的辩证构成中，世界结合为一个统一整体。不过这种世界统一体的恢复，不是退回到前历史的原初统一状态，而是在人类的主体意识的觉醒和自由创造中，使自然和人类身上蕴含的生命力得以展现出来，在保持个体自由的同时使整个世界连接为一个统一整体。本雅明在一种辩证的结构中，揭示了政治和历史的现实性与超越性的双重维度和辩证本性，这种历史观念超越了在人的主观意向性基础上建构起来的现实政治和历史的局限性，力图使人类在一个新的基础上重返世界的原初秩序，使人类命运共同体和自然生命共同体成为现实。有别于现实有限政治和历史的世界原初秩序的实现，需要在当下指向正义和真正解放的现实政治实践，而不是在传统目的论思维中，用一种未来的虚假承诺去掩盖现实的压迫和不公正，使胜利者的逻辑和暴力历史无限期地延续下去。相反，每一个当下都是解放和救赎的契机，关键是人从自我中心性中觉醒，从而恢复与他者的主体间性和相互构成关系，放弃把世界纳入自身设定的逻辑中，使世界重新结合为一个统一体。本雅明力图唤醒在人类身上蕴含的虚弱的弥赛亚力量，使脱离神话和暴力、超越有限政治和历史的弥赛亚秩序成为可能。

本雅明的历史哲学思想的独特性和深刻性内涵，表现在他从人类的自我中心性和由此建构起来的虚假秩序中超拔出来，突破了传统历史观在目的论思维和逻辑框架中对于存在和历史的主观虚构。传统历史观试图用一种未来的理想和目的设定，来掩盖必然和自由之间的现实矛盾和冲突，使现实政治和历史陷入暴力循环之中。对于必然和自由之间基本矛盾的解决，本雅明采取了与传统思维方式完全不同的另一种途径，他不是用一种虚构出来的无限性和永恒性来抹除现实的有限性和必然性，相反，本雅明揭示出存在、政治和历史的辩证构成本质。必然和自由、有限和无限在人类的现实生存中辩证地连接在一起，当有限的生命存在和必然性在与无限的正义本质辩证地构成时，生命的暂时性、个体性和偶然性得到了最大限度的承认和认可，并且具有了永恒性和整体性，这种辩证思维使超越现实政治和历史的弥赛亚秩序成为可能。

第三节　走出现代性危机之路

在当今世界，我们不仅面临着宗教、种族、战争、贫富分化、性别歧视、自然环境恶化、恐怖袭击等等诸多矛盾和冲突，与此同时，我们也面临着日益深入到经济生活和日常生活中的数字资本主义这一崭新的资本形式的挑战。本雅明的历史哲学从历史视角展开的对现代性的救赎式批判，不仅对处于危机时刻的资本主义，具有巨大的思想启迪作用，在资本全球化蔓延以及资本形式不断变换的当下，依然具有不可忽视的、直指当下的现实意义。

在当今中国，由于前现代、现代和后现代文化并存的历史和文化格局，使中国的现代化建设面临的问题更加纷繁复杂，本雅明对于现代性本质的揭示，以及对于超越前现代、现代性以及后现代政治实践和历史观念的、真正实现人类解放的路径的阐释，为当下我国社会主义现代化建设提供了重要的思想资源。本雅明的历史哲学思想是对于马克思的解放诺言与历史中苦难记忆的关系做出的现实回应，他对于马克思主义的能动实践精神和人的解放理想的深刻内涵的揭示，为新时代中国特色社会主义能够探索出一条超越西方现代性的道路，为现代性探索出一条文明进步的新路和开启一种人类文明新形态，提供了一个重要的理论视域。

现代性无疑是本雅明历史哲学思想关注的焦点，本雅明从语言、知识、文学艺术和历史文化等多个视域，对现代性的本质特征进行了全方位的、经验式的意象呈现，并对现代性危机产生的根源以及救赎途径，进行了深刻的阐释。本雅明对现代性进行的救赎式批判，对当下资本主义走出人类生存危机以及新时代中国社会主义能够具有历史历史意义，提供了一种重要的思想资源。

一　世界辩证统一关系的恢复

本雅明对历史和时间观念的重新思考，是在对于现代性的精神前提和批判的基础上开启的。在他看来，在现代性主观的、带有偏见的精神前提基础之上形成的历史观念和进行的历史书写，丧失了与真正历史的东西相通的能力。蕴藏在历史中但是依然对人的现实实践提出要求的能动力量，不能介入到当下人类生存现实中，历史丧失了与现实之间的能动关系。现代政治实践不再能够回应历史中的苦难，拯救现实生存危机，历史沦为碎片和废墟。在《历史哲学论纲》中，本雅明描述了"历史灾难"和"历史废墟"意象，呈现出来的是人类历史的断裂和破碎事实。对现代人而言，历史成了已死的、完结的和封闭的客观事实的堆积，在过去、现在和未来三个时间维度上展开的人类生存的统一性和完整性消失，这不仅造成人类现实生存的碎片化，而且使现实与传统之间的纽带断裂。在本雅明看来，现代理性的盲目自大和僭越，导致人类历史断裂，使人类不断走向灾难。本雅明认为，现代性及其历史观的精神前提必须被超越和重建，因为这种对立和分裂的前提摧毁了世界的整体性和统一性，使每个个体都成为他者的潜在敌人，不仅与自己敌对同时与他者和自然相敌对。把现代性从人的主体性僭越中救赎出来，目的是使人重新认识到世界和人类历史的原初统一性，恢复世界的原初本原。历史要成为在时间中展开的真实的人类生命活动，必须对历史的精神前提进行重建，人的主体性的狭隘视域必须被超越，打破自我—他者、必然—自由、现象—本质、时间—永恒、个体—无限之间的坚固壁垒，努力使在人类有限的、狭隘视域中被主观分裂的辩证统一性，重新回归世界和历史。本雅明给我们的启示是，要解决今天现代性面临的各种问题，必须在恢复世界的辩证统一性基础上开启政治和历史实践，使政治和历史建构在整体性和绝对性基础之上。在这个意义上，本雅明的历史哲学思想不仅是对现代性危机的拯救，而且是为超越以往一切不公正的有限政治和历史，提供的实现人类真正解放的现实精神前提和基础。由于现代性得以建立其上的精神前提和根基的错误，使现代世界被强行架构在主体—客体二元对立的模式中，世界被置于矛盾、敌对和分裂的框架内。

现代性赖以建立的精神前提和基础的错误，有其深刻的认识论根源。现代性把被盲目夸大的人类理性置于世界之上，把人类固有的理性看得比任何存在都要高，并且试图用有限的、渺小的人类理性去评判整个世界和人类历史的奥秘。现代理性盲目地自我肯定和自我满足，不仅把整个人类的东西划归自己统辖，而且把本质上超越人类的东西也划归自己统辖。当把人作为最高的主体性存在，把自然作为客体和征服对象的时候，人类便割断了与自然和他者相互沟通的能力。原因在于，当人的主体性被提升至世界之上并与世界相对而立的时候，人便丧失了认识世界的能力。世界作为整体是先于人类存在的，换言之，人类相对于世界的整体性来说是一种有限的存在。从自然中完全分离出来的现代人，从有限的主体视域去认识世界的时候，世界的整体性和统一性便逃逸出人的视域，不再能够被人类理性所辨识。因为这种总体性和绝对性难以被有限的现代理性所把握，便被逐出存在之外，世界被完全现实化和世俗化。主体—客体、现象—本质、时间—永恒、相对—绝对、个体—无限等西方形而上学思维中不可跨越的两种异质的存在，被赋予崭新的内容，但是二者之间的鸿沟依然难以抹平。现代性没有放弃自我主体性意图对于世界的染指和规制，真正与自然和他者实现和解。本雅明认为，人类认识世界的唯一方式是谦卑地把自身融入世界整体之中，在放弃主观意图性基础上，用本雅明的话说即"主体之死"，才能真正超越自身的有限视域，在对于世界的整体性和绝对性的关照中，领悟包括人类自身在内的世界的本质内涵。世界的辩证统一性意味着个体存在中蕴含着整体，时间中蕴含着永恒，现象中蕴含着本质。因此，个体、时间、现象与整体、永恒和本质不是两种相互不同的存在，而是个体—整体，时间—永恒，现象—本质的辩证统一。现代性建构起来的一切制度都是封闭的，被封闭在理性有限的界限之内，并没有向真正使个体存在成为自身的绝对性和无限性开放，因此，在封闭的圆环之内建构起来的一切，因为失去了与无限和绝对本质的关联，使自身与自己的本质相异化。现代性生存危机产生的原因，正是由于人类理性的僭越，把自身从自然中分离出来，用主体性染指世界的结果。在有限理性的界限内，必然使统一的世界支离破碎，在古代希腊世界，永恒的世界被确认为真实的，因此，现实世界被否定；现代社会与之相反，认为现实世界是真实的，而所谓的永恒世界因为无法被科学知识验证，被从现实世界中排除。从人类历史发展演变来看，现代理性依然没有解决现象与本质、个体与整体、时间与永恒之间的关系问题。这其中根本的原因，是因为人类受到理性的限制，只要当人类以分离的视域去观看和审视这个世界，这个世界便是一个自我—他者、个体—整体、时间—永恒对立的世界，世界的辩证统一性便逃离人类的有限视域。只有超越人有限的主观性视域，才能在与他者的相互构成关系中，领悟世界的统一性本质和特征。也只有把世界的统一性和整体性作为人类一切建构的精神前提，政治才能不再是敌我划分，历史也不再是阶级压迫和斗争的延续。在辩证统一前提基础上建构起来的政治，成为人类结成共同体的伦理纽带，而真正的历史是在时间中展开的人类真实生存状态，真正的历史意识使在有限的时间中存在的生命，能够关照到永恒。在本雅明看来，历史作为一本记录整个世界包括人类文化和生存方式的变迁的大书，并不是一些曾经发生的、已死的客观事实的堆积，相反，在历史中沉积着人类尚未实现的生命诉求。历史作为对过去人类生活的记忆，里面蕴含着对于现实政治实践迫切的要求，因此，历史并非已经完全过去，它在现实中存在并对现实提出要求。历史并非是封闭的，因为生命还没有实现，历史便不会封闭自身。因此，如果单纯把历史设想为已经结束的人类生存方式的客观记录，那么，历史便丧失了其存在的价值和意义。在本雅明看来，如果我们不能回应历史中尚未实现的人类生命诉求，那么，历史便会成为统治阶级证明自身统治合法性的文化财富。在主体—客体二元对立框架内，在人类有限的理性界限内建构起来的现代历史科学已经远离历史的本意，丧失了接近真正历史并与其相通的能力。现代性是一个割断人类历史性生存的反历史的时代，它无法洞悉历史生活的奥秘。

现代性的出发点是使人从神秘力量中摆脱出来，实现人的主体性自由，但是现代性启蒙遵循的依然是历史上曾经发生过的历次启蒙所遵循的逻辑前提。这个前提的本质特征是人从自我主体性视域出发，在破坏世界的统一性和整体性的基础上，使人类经济、政治、文化和历史的一切建构背离世界和人类本身固有的本质，因此，历次启蒙都无法逃脱走向自身的反面的命运和陷阱，现代性依然陷入启蒙和神话的二律背反之中。在本雅明看来，在现代社会，人与世界的分裂比历史上任何时代都要严重和普遍，走出现代性危机的唯一出路，是超越主体—客体的对立逻辑，在全新的精神基础和前提上，建立一个辩证统一和整体和谐的世界。别尔嘉耶夫在《历史的意义》一书中指出："因此，真正的历史哲学乃是真正的生命战胜死亡的哲学，乃是人向着另外一种、比他因直接经验而陷入的那个现实无可比拟地宽广和丰富的现实的回归。如果对个体的人来说不存在向历史经验回归的道路，那太可惜了，人自身的全部内容是多么空虚，他是必死的！……他投身于无限丰富的现实，以此战胜腐朽和自身的渺小，克服自己贫乏、狭窄的视野。"①

二　马克思未来社会理想的现实性

本雅明在揭示现代性危机产生的根源基础上，对马克思超越现代性逻辑的未来社会思想进行了创新性解读。在本雅明看来，马克思的未来社会

---

① ［俄］别尔嘉耶夫：《历史的意义》，学林出版社 2002 年版，第 15 页。

理想并非是指向遥远未来的乌托邦，它蕴含在人类当下的生存和政治实践中，实现真正解放的政治实践不可缺少的超越维度，只有这种实践才能真正结束资本逻辑的统治，代表未来社会发展方向。

与所谓正统马克思主义对于共产主义的理解不同，本雅明把马克思的共产主义，看作是承载着正义和指向人类真正解放的现实革命实践中不可缺少的超越性维度，而不是未来某个时刻自动到来的人类理想的生存状态。共产主义指向的是从现实有限的政治和历史逻辑中跳跃出来的无产阶级的现实斗争和革命实践，在其中承载着过去未实现的生命诉求和未来社会的解放理想。本雅明的历史哲学把被庸俗马克思主义重新僵化和封闭的历史唯物主义，从形而上学和目的论的二元对立模式中拯救出来，使蕴含在其中的彻底革命精神和能动力量得以彰显。在本雅明看来，共产主义不是在未来才会到来的社会理想，共产主义是指向人类真正解放的现实运动。在本雅明看来，马克思的未来社会思想不是与现实实践没有关系的纯粹理想，它就在人类的现实生存和革命实践中发挥作用。正是内在于人类现实生存和革命实践中的指向真正解放的共产主义实践，才为真正超越现代性设计和结束人类史前史提供了现实途径，没有在当下指向真正解放的现实实践，人类将会陷入现实暴力和神话逻辑的永恒轮回之中。

在《1844年经济学哲学手稿》《德意志意识形态》和《共产党宣言》这些早期文本中，马克思对共产主义思想进行了阐述。"共产主义对我们来说不是应当确立的状况，不是现实应当与之相适应的理想。我们所称为共产主义的是那种消灭现存状况的现实的运动。这个运动的条件是由现有的前提产生的"。① "共产主义是作为否定的否定的肯定，因此，它是人的解放和复原的一个现实的、对下一段历史发展来说是必然的环节。共产主义是最近将来的必然的形式和有效的原则。但是，共产主义本身并不是人的发展的目标，并不是人的社会的形式"。② 马克思把共产主义看作是超越现代性的现实政治实践，它既是无产阶级推翻资本主义制度的现实革命实践，同时蕴含着指向人类真正解放的未来和超越维度，它既具有现实性和具体性，又具有超越性和未来性。在马克思看来，共产主义是扬弃人的异化和实现人的本质的真正占有，承载着人类解放和历史之谜解答的现实政治实践，"共产主义是私有财产即人的自我异化的积极的扬弃，因而是通过人并且为了人而对人的本质的真正占有；因此，它是人向自身、向社

---

① 《马克思恩格斯选集》第1卷，人民出版社1995年版，第87页。
② 马克思：《1844年经济学哲学手稿》，人民出版社2000年版，第93页。

会的即合乎人性的人的复归，这种复归是完全的，自觉的和在以往发展的全部财富的范围内生成的。这种共产主义，作为完成了的自然主义＝人道主义，而作为完成了的人道主义＝自然主义，它是人和自然界之间、人和人之间的矛盾的真正解决，是存在和本质、对象化和自我确证、自由和必然、个体和类之间斗争的真正解决。它是历史之谜的解答，而且知道自己就是这种解答"。①

　　本雅明在资本主义新的历史时期，为拯救现代性危机，对马克思共产主义思想具有的现实性和超越维度，以及马克思的解放诺言与历史中的苦难记忆的关系，给予了现实回应。在本雅明看来，一方面，共产主义中蕴含着超越性和未来性的维度，它是同包括资本主义在内的历史上一切剥削和压迫制度完全异质的正义力量，这种正义力量构成了共产主义实践中真正的批判和革命精神，是现实政治实践具有合法性的不可或缺的精神要素，是蕴含在共产主义实践和无阶级社会中真正的弥赛亚面孔。共产主义中蕴含的不可解构的正义来自于生命本身的诉求，它不可避免地指向现实政治的有限性和现实暴力，以一种解构现实奴役和压迫的救赎力量显现出来。现实政治实践中蕴含着的救赎力量，超越一切给定性和现实性，它以不在场的形式伴随着现实实践，随时可能在当下的人类生存中得以实现。本雅明在马克思的共产主义理论中，看到了人类实现真正解放的现实途径，它是从资本主义压迫和剥削中解放出来的现实力量，构成马克思主义的活的灵魂和批判精神。丧失了超越性和未来性维度的现实政治实践，必然成为窒息正义诉求的无灵魂的形式和僵死的制度，成为一套机械化和教条化的制度体系和客观的历史规律。在本雅明看来，共产主义实践中蕴含的不可解构的正义和批判精神，成为现实政治实践不可或缺的维度。另一方面，共产主义中蕴含着现实性的维度，共产主义是立足于现实世界和不断改变现实世界的一种实践。共产主义不是一种先验的目的论设定，而是对客观的社会关系进行的具体的和历史的分析，寻找并提出人类解放得以实现的现实途径。共产主义运动从现实的人和人的生存实践出发，寻找人类异化和社会矛盾产生的根源，以及把人类从奴役和压迫中解放出来的现实力量。"实际上，而且对实践的唯物主义者即共产主义者来说，全部问题都在于使现存世界革命化，实际地反对并改变现存的事物"。② 对于共产主义的现实性维度，马克思在《1844 年经济学哲学手稿》中写道："要

---

① 马克思：《1844 年经济学哲学手稿》，人民出版社 2000 年版，第 81 页。

② 《马克思恩格斯选集》第 1 卷，人民出版社 1995 年版，第 75 页。

扬弃私有财产的思想，有思想上的共产主义就完全够了。而要扬弃现实的私有财产，则必须有现实的共产主义行动。历史将会带来这种共产主义行动，而我们在思想中已经认识到的那正在进行的自我扬弃的运动，在现实中将经历一个极其艰难而漫长的过程。但是，我们必须把我们从一开始就意识到这一历史运动的局限性和目的，把意识到超越历史运动看作是现实的进步"。① 马克思通过对资本主义制度的政治、经济和意识形态批判，在对人类社会历史和资本主义社会现实的实证研究基础上，寻找推翻资本主义制度的现实途径，第一次把历史建立在科学的基础上。"这个由历史运动产生并且充分自觉地参与历史运动的科学就不再是空论，而是革命的科学"。② 马克思正是"从对历史运动的批判的认识中，即对本身就产生了解放的物质条件的运动的批判的认识中得出科学"。③ 必须认识到，马克思对于人类社会历史的起源、发展形态、发展动力和发展规律所做的实证科学研究，在根本上要解决的问题是人类真正的联合体如何在现实政治中得以实现。蕴含在共产主义实践中的弥赛亚精神作为一种超越性，是在现实生活中打开的，同时需要在现实实践中得以实现。这种伴随着现实实践的超越性维度，成为战胜暴力和奴役的现实实践中不可缺少的精神力量。人类的现实生存和政治实践不是封闭和固定的，里面蕴含着指向未来的正义力量。

本雅明把共产主义作为实现人类真正解放的现实途径和环节，而人类真正的解放不会自动到来，它需要无产阶级的革命精神和解放意识的觉醒，并自觉地认识到其承担的历史使命。共产主义运动必须通过无产阶级的自觉实践才能得以实现，共产主义实践的目的和无产阶级的阶级意识和革命意识是一致的，换言之，无产阶级的阶级意识反映的是共产主义实践的内在要求，共产主义实践要实现的目的与无产阶级和整个人类的解放是一致的。在对于马克思主义的庸俗化理解中，基于对历史必然性规律的错误认识，把人类历史的发展过程看作是纯粹客观的，同人的自由自觉的实践无关因而是完全自动实现的过程。针对当时德国社会民主党等待革命形势和时机到来的寂静主义末世论倾向，本雅明的历史哲学是对于无产阶级革命意识的召唤。在马克思看来，无产阶级的存在意味着产生无产阶级的社会制度的压迫和非正义本质，同时在这种制度中产生了自身解体的力量，这就是无产阶级存在的秘密。"无产阶级宣告迄今为止的世界制度的

---

① 马克思：《1844年经济学哲学手稿》，人民出版社2000年版，第128页。
② 《马克思恩格斯选集》第1卷，人民出版社1995年版，第158页。
③ 《马克思恩格斯选集》第1卷，人民出版社1995年版，第617页。

解体，只不过是揭示自己本身的存在的秘密，因为它就是这个世界制度的实际解体"。① 无产阶级的存在，是现实和历史中奴役和压迫的证明，无产阶级的阶级地位决定只能以人类彻底解放作为自身的阶级意识和历史使命，而不能通过获得自身特殊的阶级利益而实现自身的解放。这就是无产阶级作为一个阶级具有的辩证性，即无产阶级作为这样一个有别于历史上其他一切阶级的阶级而存在，它存在的历史使命是消灭一切阶级和压迫，才能使自身成其为自身。无产阶级与其他阶级的不同在于，在别的阶级那里，自身的阶级利益和社会整体利益的对立，不可避免地使先前的征服者成为既得利益的获得者，从而使自身陷入无法解决的矛盾之中。对于资产阶级来说，"因为接受这种科学的解决办法，即使是理论上的，也意味着是不再用资产阶级的阶级立场来观察社会现象。没有一个阶级有能力做到这一点，因为这样一来，他就必须自愿放弃它的统治。因此，使资产阶级的阶级意识成为'虚假'意识的界限是客观存在的，它即是阶级地位本身"。② 现实和历史中存在的压迫和剥削是无产阶级存在的前提，因此，只有无产阶级才能够把自身解放的目标与全人类解放的目标统一起来，成为正义实现的现实力量。马克思在《共产党宣言》中说："过去一切阶级在争得统治之后，总是使整个社会服从于它们发财致富的条件，企图以此来巩固它们已经获得的生活地位。无产阶级只有废除自己的现存的占有方式，从而废除全部现存的占有方式，才能取得社会生产力。无产者没有什么自己的东西必须加以保护，他们必须摧毁至今保护和保障私有财产的一切"。③ 无产阶级的阶级地位和历史使命，使无产阶级的阶级意识具有一种辩证性，一方面，它是与资产阶级相对立存在的一个阶级，具有自身存在的现实性和要求；同时，它代表的是一种历史中普遍的和绝对的正义力量，不但要摧毁资本主义制度，而且担负着重建人与人之间统一关系的历史使命。马克思在《黑格尔法哲学批判导言》中对于无产阶级的本质作了论述，"那么，德国解放的实际可能性到底在哪里呢？答：就在于形成一个被戴上彻底的锁链的阶级，一个并非市民社会阶级的市民社会阶级，形成一个由于自己遭受普遍苦难而具有普遍性质的领域，这个领域不要求享有任何特殊的权利，因为威胁着这个领域的不是特殊的不公正，而是一般的不公正，它不能再求助于历史的权利，而只能求助于人的权利，它不是同德国国家制度的后果处于片面的对立，而是同这种制度的前提处于全

---

① 《马克思恩格斯选集》第1卷，人民出版社1995年版，第15页。
② ［匈］卢卡奇：《历史与阶级意识》，商务印书馆2004年版，第110页。
③ 《马克思恩格斯选集》第1卷，人民出版社1995年版，第283页。

面的对立，最后，在于形成一个若不从其他一切社会领域解放出来从而解放其他一切社会领域就不能解放自己的领域，总之，形成这样一个领域，它表明人的完全丧失，并因而只有通过人的完全回复才能回复自己本身。社会解体的这个结果，就是无产阶级这个特殊等级"。①

对于历史上被压迫阶级和受难者产生根源的科学阐释，以及在政治和经济中追忆这些受难者的重要性，贯穿于整个马克思的思想中，尤其反映在《资本论》中。"对历史受难者的失落感和愤怒感交织于马克思的心中，而所谓的承诺就是基于这两种情感做出的"。② 在《资本论》中，通过对于资本主义政治经济学的实证研究，"马克思对历史牺牲者的悼念不仅通过'科学'工作来完成，他也时不时地批判那些资产阶级政治经济学家对此蓄意的遗忘（他们的积极遗忘行为往往诉诸基督教神学），而且通过资本论的行文可以感受到，一种道德上的义愤从批判中流露出来——今日富人的生活乃是建立在昔日农奴、奴隶、雇佣工人的苦痛之上。暴力牺牲作为资本主义诞生的一个必然，它被资本主义继承了下来，随之成为资本主义的一个污点：'这段历史，这段用血与火书写的剥削历史，永远被记录了下来，难以磨灭'"。③ 如果把马克思无阶级社会的解放承诺置于历史目的论的逻辑中，这种目的论逻辑衍生出来的未来，必然以牺牲历史和历史中的受难者为代价。这样，无阶级社会在现实化的过程中，就会重新招致苦难的到来，再一次陷入权力的怪圈中。社会主义的革命实践在庸俗马克思主义者那里，走向一种集权主义政治，把苦难视为正当并且主动遗忘历史中的受难者，受难者的历史面临被抹去的危险。在庸俗马克思主义那里，未来社会的解放承诺变成了一种遥远的理想，而无产阶级的现实斗争成了"无穷尽任务"，革命总是拒绝来临。马克思在《路易波拿巴的雾月十八日》一文中对于历史苦难的积极遗忘和对于无产阶级革命意识的淡漠进行了批判，"无产阶级中有一部分人醉心于教条的实验，醉心于成立交换银行和工人团体，换句话说，醉心于这样一种运动，即不去利用旧世界自身所具有的一切强大手段来推翻旧世界，却企图躲在社会背后，用私人的办法，在自身的有限的生存条件的范围内实现自身的解放，因此

---

① 《马克思恩格斯选集》第 1 卷，人民出版社 1995 年版，第 14—15 页。
② ［加拿大］弗莱切：《记忆的承诺：马克思、本雅明、德里达的历史与政治》，华东师范大学出版社 2009 年版，第 1 页。
③ ［加拿大］弗莱切：《记忆的承诺：马克思、本雅明、德里达的历史与政治》，华东师范大学出版社 2009 年版，第 27 页。

必然是要失败的"。①

在马克思那里，共产主义实践指向的是超越现实社会有限正义、彻底实现人类解放的未来社会，正确理解马克思的未来社会思想，是理解马克思唯物史观的关键。它超越了现实政治的框架和界限，构成了现实政治概念的非政治化和伦理的尺度。把马克思的政治哲学视为一种不具有现实性的乌托邦政治的学者，并没有真正理解马克思未来社会思想的真正内涵，没有弄懂政治中蕴含着超越政治的伦理维度。马克思的未来社会思想并不是与现实政治相脱离的另一种乌托邦政治，不是作为历史阶段论的未来社会，而是在现实政治中蕴含的超越维度，是内在于现实政治中的价值理想。现实政治本身就包含着超越性的因素，缺少了超越和未来维度的现实政治将永远陷入暴力之中，只有这种在有限政治中存在的未来性和超越性，才保证了实现人类真正民主制的可能性。

马克思把政治事务的理解纳入到非政治的领域，在政治和非政治的相互构成的框架内，揭示出政治概念的辩证内涵，为政治哲学留下了宝贵的理论遗产。面对当时非常紧急的政治形势，本雅明利用激进的神学形式，重新把历史唯物主义中蕴含的超越现实政治的解放和革命精神阐发出来，通过唤醒无产阶级的革命意识和斗争精神，期待在当下指向人类真正解放的政治实践，这是走出现代性危机的唯一出路。

---

① 《马克思恩格斯选集》第 1 卷，人民出版社 1995 年版，第 592 页。

结　　语

　　20 世纪前期社会主义运动的低潮，使本雅明痛感历史时间观念在革命意识中的重要性。他借用犹太神秘主义中的弥赛亚观念，重新阐发了马克思历史唯物主义中共产主义运动的现实性。在本雅明看来，历史不是历史主义所认为的是过去的客观事实堆积而成，建立在过去、现在和未来空洞的线性时间链条上；同样，历史时间也不是庸俗马克思主义所认为的是连续和均匀流逝的物理时间。社会历史的发展并不是不可打破的连续线性阶段构成的，共产主义社会不是未来的某一时刻开始的人类社会发展阶段，正如马克思所说共产主义是现实的运动。连续的、线性的社会历史是压迫者构造的历史，它试图抹去受压迫者的苦难，真正的历史恰恰应该打断这一线性进程。未来作为人的解放并不是单纯的理想，而是应该随时成为当下人类解放的意识；过去并不是线性积累的一个环节，它是承载着受难者解放希望的碎片，这些希望应该从线性历史的废墟中拯救出来，革命的意识应该把过去与未来连接于每一个可能打断线性历史的时机中。本雅明的这一历史和时间意识，不仅从形式上阐释了马克思唯物史观中的革命和未来社会理论，而且进一步深入地展示了他对马克思主义能动实践精神和人的解放理想的深刻理解。

　　20 世纪前期欧洲紧张的政治形势，促使本雅明重新思考时间和历史的本质内涵，旨在用不同于胜利者构建起来的另一种历史和时间意识来唤醒无产阶级阶级的革命意识，以此来应对现代性给人类带来的生存危机。本雅明通过对犹太教弥赛亚主义和马克思历史唯物主义的创造性解读，同时在与德国古典哲学、浪漫主义、施米特的政治神学和超现实主义等思想的开放式对话中，提出了与他生活的那个时代盛行的各种历史和时间观念格格不入的另一种历史和时间意识。

　　本雅明对于时间和历史本质的重新审视和思考，以对存在本质的探究作为前提和基础。对于人类面临的必然和自由之间的基本生存矛盾，西方传统的本质主义思维通过寻求一种永恒的本质世界来替代有限和不完满的现实世界，来解决人类现实生存的有限和无限之间的矛盾和冲突。它否定了现实生存的合法性和确定性，试图用一种统一性和永恒性为现实生存提供意义和目的，不可避免地造成了人类现实生存的分裂。存在被二分为现象和本质两种完全不同的存在，有了现实世界和本质世界的区分，在把现实世界作为一种有限性存在的同时，把绝对性和永恒性投射到本质世界，在把世界分裂开来的基础上试图用虚假的同一性来弥合世界的分裂。但是，这种试图把分裂的世界统一起来的同一性，已经打上了人类主观性的价值和判断，不可能使世界真正地统一起来。在本雅明看来，本质主义思维的错误，根源于人类的知性思维对于存在本性的错误认识和判断，原本辩证统一的世界在人类知性思维中成为二元分立的世界，存在本身的辩证统一性被人类遗忘，世界在人类主观性的建构中成为碎片和废墟。

本雅明从犹太教神秘主义对于上帝在场的高级经验、柏拉图的理念论、歌德的元现象和莱布尼茨的单子论等思想中受到启发，他超越了二元对立和本体论思维方式，彻底从形而上学的概念思维和逻辑框架中跳跃出来，在独特的星座式方法论框架内，通过停顿的辩证法和辩证意象的呈现，来认识和把握存在的本质。本雅明通过意象式思维揭示了存在的辩证本性，世界在本质上是辩证统一的构型存在，以碎片形式存在的经验现象中蕴含存在的统一本质，在有限的现象存在中伴随着生命的本性即弥赛亚性，存在是有限性存在和超越有限性存在的无限性本质的一种辩证构成，在现实存在本身中蕴含着超越现实存在的弥赛亚性，这使有限的现实存在真正成为确定的存在。存在的辩证本性使人类历史呈现为一种辩证的结构，历史不是如实证的历史主义所认为的是由过去的客观事实堆积而成的，建立在过去、现在和未来空洞的线性时间链条上。时间并也不是如历史主义和历史进步论理解的自然和机械的时间，而是在时间中显现出来的永恒，在每一个当下的瞬间都与起源连接在一起，时间是共时性和结构性的辩证构成，而非一种发生学意义上的时间。过去并不是纯粹的事实，它承载着生命未完成的弥赛亚诉求，要求在当下的现实中得以实现；未来也不是纯粹的理想，它要求超越现实的不完满性，在当下指向真正的未来和解放。这种时间和历史的辩证构成，使时间与永恒、个体与整体、自我与他者、必然与自由在当下的现实中辩证地结合起来，使有限性政治和历史具有了自身的合法性和确定性。这构成现实政治和历史的本真内涵，是马克思的未来社会解放承诺得以实现的现实途径。本雅明对于历史和时间辩证本质的思考，超出了在目的论思维框架下的传统历史观念，它既不同于实证主义历史观把历史看作是在线性时间中展开的历史事实的客观堆积，也不同于唯心主义历史观把历史看作是一种客观或主观精神实现自身的过程。人类的真实历史画面呈现为一幅辩证的历史意象，即在有限性的世俗生存中蕴含着存在原初的弥赛亚性本质，历史是在时间中显现出来的人类生存的辩证统一本性。

　　本雅明通过提出一种新的历史和时间意识，力图彻底颠覆把历史构建为一个虚假的连续体的资产阶级历史主义和历史进步论的历史观念，把历史从胜利者的历史中解放出来，同时批判了当时庸俗马克思主义对于历史唯物主义的错误理解。通过阐明时间和历史的辩证构成本性，即过去和未来在当下存在中的现实性，使历史唯物主义中蕴含的指向未来解放的革命性和批判性维度显现出来，通过唤醒无产阶级的阶级意识和革命精神，以应对当时严峻的政治形势。本雅明对于历史唯物主义的独特阐释，为我们理解马克思未来社会的思想提供了独特的视角和阐释空间，为回答"马克思主义向何处去"提供了一种思想的启迪。本雅明对现代性的救赎式批判为新时代中国特色社会主义建设提供了思想指南。

参考文献

一　外文文献

（一）本雅明英文文献

Walter Benjamin, *Arcades Project*, translated by Howard Eiland and Kevin Mclaughlin, The Belknap Press of Harvard University Press, 1999.

Walter Benjamin, *Illuminations*, trans. by H. Zohn, ed. with intro. by Hannah Arendt, NY：Schocken, 1969.

Walter Benjamin, *Selected Writings*, Vol. 2：1927 – 1934, ed. Michael W. Jennings, Cambridge, Mass. and London, Belknap Press – Harvard University Press, 1999.

Walter Benjamin, *Selected Writings*, Vol. 4：1938 – 1940, ed. Michael W. Jennings & Howard Eiland, Cambridge, Massachusetts & London：Belknap Press of Harvard University Press, 2002.

Walter Benjamin, *Selected Writings*, Vol. I：1913 – 1926, Cambridge, Mass. and London：Bellknap Press of Harvard University Press, 1996.

Walter Benjamin, *Selected Writings*, Volume 3：1935 – 1938, Cambridge, Massachusetts and London：Belknap Press of Harvard University Press, 2002.

（二）关于本雅明的英文研究文献

Ackbar Abbas, *Walter Benjamin's Collector*：*The Fate of Modern Experience*, Modernity and the Text：Revisions of German Modernism, ed. Andreas Huyssen and David Bathrick, New York, Columbia University Press, 1989.

Beatrice Hanssen, *Walter Benjamin's Other History*：Of Stones, Animals, Human Beings, and Angels, Berkeley, California, University of California Press, 1998.

Ben Brewster, *Walter Benjamin*, New Left Review, Number 48, March-April 1968.

Bernd Witte, *Walter Benjamin: An Intellectual Biography*, trans. by J. Rolleston, Detroit: Wayne State Univ. Press, 1991.

Carol Jacobs, *In the Language of Walter Benjamin*, Baltimore & London: Johns Hopkins University Press, 1999.

Carrie L. Asman, Theater and Agon / Agon and Theater: *Walter Benjamin and Florens Christian Rang*, in MLN: Walter Benjamin: 1892 – 1940. 〔Johns Hopkins University Press, Baltimore, Maryland〕, Vol. 107/Nr. 3, April 1992.

Dagmar Barnouw, *Marxist Creationism: Walter Benjamin and the Authority of the Critic*, in Weimar Intellectuals and the Threat of Modernity, Bloomington & Indianapolis, Indiana University Press, 1988.

David Bathrick, *Reading Walter Benjamin From West to Eastin Colloquia Germania*, 12, 3 (1979).

David S. Ferris, ed. , *Walter Benjamin: Theoretical Questions*, Stanford, CA: Stanford University Press, 1996.

Esther Leslie, *Walter Benjamin: Overpowering Conformism*, Pluto Press, London and Sterling, Virginia, 2000.

Gary Smith, *On Walter Benjamin: Critical Essays and Recollections*, Cambridge, Mass. MIT Press, 1991.

Gerhard Richter, *Walter Benjamin and the Corpus of Autobiography*, Detroit: Wayne State University Press, 2000.

Gershom Scholem, *Walter Benjamin: The Story of a Friendship*, trans. by H. Zohn, NY: Schocken Press, 1981.

Gershom Scholem and Theodor W. Adorno, *The Correspondence of Walter Benjamin* 1910 – 1940, translated by Manfred R. Jacobson and Evelyn M. Jacobson. The University of Chicago Press, 1994.

Harvey Blume, "For Benjamin: The Theses on the Philosophy of History" in Telos, No. 41, Fall 1979.

Horst Bredekamp, *Excerpt from From Walter Benjamin to Carl Schmitt*, *via Thomas Hobbes* 〔From Critical Inquiry, Winter 1999, Volume 25, Number 2〕.

Howard Caygill, Alex Coles, Andrzej Klimowski, *Introducing Walter Benjamin*, New York, Totem Books, 1998.

Howard Caygill, *Walter Benjamin: The Colour of Experience*, New York & London, Routledge, 1998.

Jeffrey Mehlman, *Walter Benjamin for Children*: An Essay on His Radio Years, Chicago: University of Chicago Press, 1993.

John McCole, *Walter Benjamin and the Antinomies of Tradition*, Ithaca and London, Cornell Univ. Press, 1993.

Julian Roberts, *Walter Benjamin*, London: Macmillan Press, 1982.

Marcus Paul Bullock, *Romanticism and Marxism*: *The Philosophical Development of Literary Theory and Literary History in Walter Benjamin and Friedrich Schlegel*, NY (NY, Bern, Frankfurt, Paris), Peter Lang (American Univ. Studies Series I, Vol. 51), 1987.

Margaret Cohen, *Profane Illumination*: *Walter Benjamin and the Paris of Surrealist Revolution*, Berkeley, CA: University of California Press, 1993.

Martin Jay, *The Dialectical Imagination*: *A History of the Frankfurt School and the Institute of Social Research*, 1923 – 1950, Boston & Toronto, Little, Brown and 24、Company, 1973, 382 pages [Cloth, 1st edition].

Michael André Bernstein, "*One-Way Street*," [Reviews of the Harvard University Press edition of Benjamin's Selected Works, Momme Brodersen's Walter Benjamin: A Biography, and the novel Benjamin's Crossing by Jay Parini] in The New Republic, December 8, 1997.

Michael W. Jennings, *Dialectical Images*: *Walter Benjamin's Theory of Literary Criticism*, Ithaca & London: Cornell University Press, 1987.

Mlchael Lowy, *On Changing the World Essays in Political Philosophy*, *from Karl Marx to Walter Benjamin*, Humanities Press, 1993.

Momme Brodersen, *Walter Benjamin*: *A Biography*, trans. by M. R. Green & I. Ligers, London & NY: Verso Press, 1996.

Norbert Bolz and Willem Van Reijen, *Walter Benjamin*, trans. by L. Mazzarins, New Jersey: Humanities Press, 1996.

Pierre Missac, *Walter Benjamin's Passages*, trans. by Shierry Weber Nicholsen, Cambridge, Mass. : MIT Press, 1995 [trans. of Passage de Walter Benjamin, Paris: Editions du Seuil, 1987].

Rainer Nägele, ed. , *Benjamin's Ground*: *New Readings of Walter Benjamin*, Detroit: Wayne State University Press, 1988. 36、Gerhard Richter, ed. , *Benjamin's Ghosts*: *Interventions in Contemporary Literary and Cultural Theory*, Stanford: Stanford University Press, 2002.

Rainer Rochlitz, *The Disenchantment of Art*: *The Philosophy of Walter Benjamin*, trans. Jane Marie Todd, New York & London: The Guilford Press, 1996.

Richard Wolin, *Walter Benjamin*: *An Aesthetic of Redemption*, Berkeley, CA: University of California Press, 1994.

Robert Alter, *Necessary Angels*: *Tradition and Modernity in Kafka*, *Benjamin & Scholem*, Cambridge, Mass.: Harvard University Press, 1991.

Rolf Wiggershaus, *The Frankfurt School*: Its History, Theories, and Political Significance, trans. Michael Robertson, Cambridge, Mass., MIT Press, 1994.

Susan A. Handelman, *Fragments of Redemption*, Jewish Thought and Literary Theory in Benjamin, and Levinas, Indiana University Press. 1991.

Susan Buck-Morss, "*Aesthetics and Anaesthetics*: *Walter Benjamin's Artwork Essay Reconsidered*," October 62, Fall 1992, MIT Press.

Susan Buck-Morss, *The Dialectics of Seeing*: *Walter Benjamin and the Arcades Project*, Cambridge, Mass.: The MIT Press, 1989.

Susan Buck-Morss, *The Origin of Negative Dialectics*: Theodor W. Adorno, Walter Benjamin, and the Frankfurt Institute, NY: The Free Press, 1977.

Terry Eagleton, *Walter Benjamin or Towards a Revolutionary Criticism*, London: New Left Books (Verso), 1981.

Theodor W. Adorno, "*Letters to Walter Benjamin*," trans. Harry Zohn, New Left Review, No. 81, September-October 1973.

Theodor W. Adorno And Walter Benjamin, *The Complete Correspondence 1928 – 1940*, Edited by Henri Lonitz, translated, by Nicholas Walker, Harvard University Press, 1999.

二　中文文献

（一）本雅明中文文献

［德］瓦尔特·本雅明：《巴黎，19 世纪的首都》，上海人民出版社 2006 年版。

［德］瓦尔特·本雅明：《柏林童年》，天津人民出版社 2015 年版。

［德］瓦尔特·本雅明：《本雅明文选》，中国社会科学出版社 1999 年版。

［德］瓦尔特·本雅明：《布莱希特研究》，中国社会科学出版社 1984 年版。

〔德〕瓦尔特·本雅明：《单行道》，江苏人民出版社 2006 年版。

〔德〕瓦尔特·本雅明：《德国悲剧的起源》，文化艺术出版社 2001 年版。

〔德〕瓦尔特·本雅明：《德意志人》，北京师范大学出版社 2014 年版。

〔德〕瓦尔特·本雅明：《发达资本主义时代的抒情诗人》，生活·读书·
新知三联书店 1989 年版。

〔德〕瓦尔特·本雅明：《机械复制时代的艺术作品》，浙江摄影出版
1993 年版。

〔德〕瓦尔特·本雅明：《经验与贫乏》，百花文艺出版社 1999 年版。

〔德〕瓦尔特·本雅明：《开箱整理我的图：本雅明读书随笔》，金城出版
社 2014 年版。

〔德〕瓦尔特·本雅明：《莫斯科日记　柏林纪事》，东方出版社 2001
年版。

〔德〕瓦尔特·本雅明：《评歌德的〈亲和力〉》，北京师范大学出版社
2016 年版。

〔德〕瓦尔特·本雅明：《启迪　本雅明文选》，生活·读书·新知三联书
店 2008 年版。

〔德〕瓦尔特·本雅明：《驼背小人——1900 年前后柏林的童年》，上海
文艺出版社 2003 年版。

〔德〕瓦尔特·本雅明：《无法扼杀的愉悦——文学与美学漫笔》，北京师
范大学出版社 2016 年版。

〔德〕瓦尔特·本雅明：《写作与救赎——本雅明文选》，东方出版中心
2009 年版。

〔德〕瓦尔特·本雅明：《迎向灵光消逝的年代》，广西师范大学出版社
2004 年版。

〔德〕瓦尔特·本雅明：《作品与画像》，文汇出版社 1999 年版。

〔德〕瓦尔特·本雅明：《作为生产者的作者》，河南大学出版社 2014
年版。

（二）关于本雅明的研究文献

郭军、曹雷雨：《论瓦尔特·本雅明：现代性、寓言和语言的种子》，吉
林人民出版社 2003 年版。

郭军、曹雷雨编：《论瓦尔特·本雅明：现代性、寓言和语言的种子》，
吉林人民出版社 2003 年版。

刘北成：《本雅明思想肖像》，上海人民出版社 1998 年版。

刘北成：《本雅明思想肖像》，上海人民出版社 1998 年版。

秦露：《文学形式与历史救赎：论本雅明〈德国悲剧起源〉》，甘阳、刘小
　　枫主编，华夏出版社 2006 年版。

石天强：《流浪在破碎的世界中　本雅明寓言思想评述》，人民日报出版
　　社 2018 年版。

于闵梅：　《灵韵与救赎——本雅明思想研究》，文化艺术出版社 2008
　　年版。

朱宁嘉：《艺术与救赎　本雅明艺术理论研究》，上海人民出版社 2009
　　年版。

朱宁嘉：《艺术与救赎　本雅明艺术理论研究》，上海人民出版社 2009
　　年版。

〔英〕彼得·奥斯本：《时间的政治——现代性与先锋》，商务印书馆
　　2004 年版。

〔英〕戴维·弗里斯比：《现代性的碎片》，商务印书馆 2003 年版。

〔德〕弗雷德里克·黑特曼：《瓦尔特·本雅明——行囊沉重的旅客》，北
　　京出版社 2016 年版。

〔德〕毛姆·布罗德森：《本雅明传》，敦煌文艺出版社 2000 年版。

〔德〕斯文·克拉默：《本雅明》，中国人民大学出版社 2008 年版。

〔法〕居伊·帕蒂德芒热：《20 世纪的哲学与哲学家》，江苏教育出版社
　　2007 年版。

〔美〕汉娜·阿伦特：《黑暗时代的人们》，江苏教育出版社 2006 年版。

〔美〕汉娜·阿伦特：《启迪　本雅明文选》，生活·读书·新知三联书店
　　2008 年版。

〔英〕霍华德·凯吉尔等著：《视读本雅明》，安徽文艺出版社 2009 年版。

〔加拿大〕弗莱切：《记忆的承诺：马克思、本雅明、德里达的历史与政
　　治》，华东师范大学出版社 2009 年版。

〔美〕理查德·沃林、瓦尔特·本雅明：《救赎美学》，江苏人民出版社
　　2008 年版。

〔美〕马克·里拉：《当知识分子遇到政治》，新星出版社 2005 年版。

〔日〕三岛宪一：　《本雅明——破坏·收集·记忆》，河北教育出版社
　　2001 年版。

〔英〕特里·伊格尔顿：《审美意识形态》，广西师范大学出版社 2001
　　年版。

〔英〕特里·伊格尔顿：《沃尔特·本雅明或走向革命批评》，译林出版社

2005 年版。

[英] 特里·伊格尔顿：《审美意识形态》，王杰等译，广西师范大学出版
　　社 2001 年版。

[以] G. 肖勒姆：《本雅明　一个友谊的故事》，上海世纪出版集团 2009
　　年版。

边平恕：《本雅明论现代艺术和艺术家在文化市场中的地位》，《河北师范
　　大学学报》1994 年第 1 期。

陈世雄：《本雅明美学与布莱希特戏剧》，《戏剧艺术》1992 年第 2 期。

陈挺：《现代性视域中的本雅明“历史——时间”研究》，吉林大学硕士
　　论文，2005 年 4 月。

单世联：《如何理解本雅明》，《广州文艺》1996 年第 12 期。

范萍萍：《机械复制与艺术的命运——阿多诺本雅明之争及其现实意义》，
　　《浙江学刊》2001 年第 6 期。

方开瑞：《本杰明的“纯语言”浅解》，《山东外语教学》1999 年第 1 期。

顾筠：《试论中国年画的艺术韵味——兼析瓦尔特·本雅明的艺术理论》，
　　《广西民族学院学报》2001 年第 5 期。

郭广：《现代性的批判与救赎——本雅明神学马克思主义思想研究》，博
　　士论文，中国知网。

郭军：《语言与回归——本雅明的救赎文化思想研究》，北京师范大学博
　　士学位论文，2001 年 5 月。

郭军、智晋平：《世俗的启迪——读解本雅明的〈超现实主义〉》，《外国
　　文学》2001 年第 4 期。

黄兆华：《对瓦尔特本雅明的“Aura”概念及其艺术理论的当代理解》，
　　《艺术科技》2001 年第 3 期。

李红满：《解构主义翻译理论的发轫——读沃尔特·本雅明的“译者的任
　　务”》，《山东外语教学》2001 年第 1 期。

刘象愚：《本雅明译论发微》，《外语与翻译》1999 年第 4 期。

刘志：《思与诗的张力——本雅明批评思想研究》，浙江大学博士论文，
　　2005 年 4 月。

栾昌大：《杰姆逊误读本雅明——本雅明“机械复制时代的艺术作品”读
　　后》，《现代传播—北京广播学院学报》1996 年第 6 期。

罗良清：《“异化”理论的文学化表达——读本雅明〈发达资本主义时代
　　的抒情诗人〉》，《哈尔滨学院学报》2002 年第 3 期。

莫梅清：《瓦尔特·本杰明的韵论研究》，《广西师范大学学报》2002 年第 2 期。

睢园竹：《技术时代的艺术处境——本雅明与艺术现代性问题》，《文艺理论与批评》2001 年第 4 期。

陶水平：《从激进变革走向消极怀旧——本杰明艺术思想简论》，《南昌大学学报》1993 年第 4 期。

王杰：《什么是理解艺术的基础——瓦·本杰明艺术人类学思想评析》，《广西民族学院学报》1989 年第 1 期。

王雄：《论瓦尔特·本杰明的"艺术生产"理论》，《南京大学学报》1995 年第 4 期。

王志耕：《韵味的悬搁：从崇拜走向展示——谈本雅明的"机械复制"理论》，《河北学刊》1999 年第 3 期。

吴勇立、姚继冰：《通向"救赎"的真理之路——青年本雅明的艺术—真理观》，《福建论坛》2001 年第 4 期。

杨小滨：《废墟的寓言——瓦尔特·本雅明的美学思想》，《外国文学评论》1989 年第 3 期。

杨晓新：《"西马"文论对中国马克思主义文艺学研究的启示》，《濮阳教育学院学报》2001 年第 1 期。

杨玉成、王春燕：《本雅明论艺术现代性及其现代性社会理论之建构》，《山西大学师范学院学报》2000 年第 2 期。

张旭东：《从"资产阶级世纪"中苏醒》，《读书》1998 年第 11 期。

张旭东：《书房与革命：作为"历史学家"的"收藏家"本雅明》，《读书》1988 年第 12 期。

张旭东：《现代"文人"：本雅明和他笔下的波特莱尔》，《读书》1988 年第 11 期。

张旭东：《性格与命运：本雅明与他的卡夫卡》，《读书》1989 年第 2 期。

张旭东：《寓言批评——本雅明"辩证"批评理论的主题与形式》，《文学评论》1988 年第 4 期。

周泉：《审美文化的辩证法——法兰克福学派的审美理论及其大众文化批评》，《华中师范大学学报》1999 年第 2 期。

朱立元：《"寓言式批评"理论的创立与成熟——本雅明文艺美学思想探讨之一》，《外国文学研究》1996 年第 1 期。

庄加逊：《论瓦尔特·本雅明"弥赛亚主义"的文学批评观》，上海交通大学硕士论文，2007 年 1 月。

（三）其他相关文献

阿多尔诺：《否定的辩证法》，张峰译，重庆出版社1993年版。

阿多尔诺：《美学理论》，张峰译，重庆出版社1993年版。

阿尔都塞：《保卫马克思》，顾良译，商务印书馆2006年版。

安东尼·J. 卡斯卡迪：《启蒙的后果》，忠志译，商务印书馆2006年版。

丹尼尔·贝尔：《资本主义文化矛盾》，生活·读书·新知三联书店1989年版。

冯宪光：《"西方马克思主义"美学研究》，重庆出版社1997年版。

葛兰西：《狱中札记》，曹雷雨等译，中国社会科学出版社2000年版。

郭晓丽：《俄罗斯的弥赛亚意识》，人民出版社2009年版。

汉娜·阿伦特：《极权主义的起源》，林骧华译，台北时报文化出版企业有限公司1995年版。

汉娜·阿伦特：《耶路撒冷的艾希曼：伦理的现代困境》，孙传钊等译，吉林人民出版社2003年版。

黑格尔：《法哲学原理》，范扬等译，商务印书馆1961年版。

黑格尔：《历史哲学》，王造时译，上海书店出版社2006年版。

黑格尔：《哲学史讲演录（第四卷）》，贺麟、王太庆译，商务印书馆1978年版。

黑格尔：《哲学史讲演录（第一卷）》，贺麟、王太庆译，商务印书馆1959年版。

黄进兴：《历史主义与历史理论》，陕西师范大学出版社2002年版。

黄陵渝：《当代犹太教》，东方出版社2004年版。

吉登斯：《超越左与右：激进政治的未来》，社会科学文献出版社2003年版。

吉登斯：《第三条道路》，北京大学出版社2000年版。

吉登斯：《现代性的后果》，田禾译，译林出版社2000年版。

杰姆逊：《后现代主义与文化理论》，唐小兵译，北京大学出版社1997年版。

卡尔·洛维特：《世界历史与救赎历史》，李秋零等译，上海人民出版社2006年版。

柯尔施：《马克思主义和哲学》，王南湜等译，重庆出版社1993年版。

理查得·沃林：《文化批评的观念》，张国清译，商务印书馆2000年版。

罗尔斯：《正义论》，中国社会科学出版社1988年版。

马尔库塞：《理性和革命》，程志民译，上海译文出版社 2007 年版。

马克思，恩格斯：《马克思恩格斯全集：第 3 卷》，人民出版社 1960 年版。

马克思，恩格斯：《马克思恩格斯选集：第 1 卷》，人民出版社 1995 年版。

马克思，恩格斯：《马克思恩格斯选集：第 2 卷》，人民出版社 1995 年版。

马克思，恩格斯：《马克思恩格斯选集：第 3 卷》，人民出版社 1995 年版。

马克思，恩格斯：《马克思恩格斯选集：第 4 卷》，人民出版社 1995 年版。

马克思：《1844 年经济学哲学手稿》，人民出版社 2000 年版。

麦金太尔：《谁之正义？何种合理性？》，当代中国出版社 1996 年版。

尼采：《悲剧的诞生》，孙周兴译，商务印书馆有限公司 2012 年版。

尼采：《查拉图斯特拉如是说》，孙周兴译，上海人民出版社 2009 年版。

斯宾格勒：《西方的没落》，吴琼译，上海三联书店 2006 年版。

孙斌：《审美与救赎　从德国浪漫派到 T. M. 阿多诺》，复旦大学出版社 2014 年版。

汤因比：《历史研究》，刘北成等译，上海人民出版社 2005 年版。

吴国盛：《时间的观念》，北京大学出版社 2006 年版。

西美尔：《现代人与宗教》，曹卫东等译，中国人民大学出版社 2003 年版。

衣俊卿：《历史与乌托邦——历史哲学：走出传统历史设计之误区》，黑龙江教育出版社 1995 年版。

詹明信：《晚期资本主义的文化逻辑》，三联书店 1997 年版。

张一兵：《马克思哲学的历史原像》，北京人民出版社 2009 年版。

赵家祥：《马克思主义历史哲学》，吉林人民出版社 2006 年版。

［奥］F. 卡夫卡：《审判》，中国书籍出版社 2007 年版。

［德］G. G. 索伦：《犹太教神秘主义主流》，四川人民出版社 2000 年版。

［法］柏格森：《时间与自由意志》，商务印书馆 2007 年版。

［希腊］柏拉图：《柏拉图全集》，人民出版社 2003 年版。

［意］贝奈戴托·克罗齐：《历史学的理论和实际》，商务印书馆 2005 年版。

［俄］别尔嘉耶夫：《历史的意义》，张雅平译，学林出版社 2002 年版。

［法］伯格森：《形而上学导言》，商务印书馆 1963 年版。

［英］戴维·麦克莱伦：《马克思主义与宗教》，林进平、林育川、谢可晟译，天津人民出版社 2018 年版。

［美］格奥尔格·G. 伊格尔斯：《德国的历史观》，译林出版社 2006 年版。

［德］海德格尔：《存在与时间》，生活·读书·新知三联书店 2000 年版。

［德］海德格尔：《尼采》，商务印书馆 2004 年版。

［德］海德格尔：《尼采》，商务印书馆 2004 年版。

［美］汉娜·阿伦特：《论革命》，译林出版社 2007 年版。

［美］汉娜·阿伦特：《论革命》，译林出版社 2007 年版。

［美］汉娜·阿伦特：《马克思与西方政治思想传统》，江苏人民出版社 2007 年版。

［法］吉尔·德勒兹：《哲学与权力的谈判——德勒兹访谈录》，商务印书馆 2005 年版。

［加］菲利普·汉森：《汉娜·阿伦特》，江苏人民出版社 2007 年版。

［英］卡·波普尔：《历史主义贫困论》，中国社会科学出版社 1998 年版。

［德］卡尔·洛维特：《世界历史与救赎历史：历史哲学的社学前提》，上海人民出版社 2006 年版。

［英］柯林伍德历史的观念》，商务印书馆 1997 年版。

［法］德里达：《解构与思想的未来》，吉林人民出版社 2006 年版。

［美］理查德·沃林：《海德格尔的弟子：阿伦特、勒维特、约纳斯和马尔库塞》，江苏教育出版社 2005 年版。

［美］理查德·沃林：《文化批评的观念——法兰克福学派、存在主义和后结构主义》，商务印书馆 2000 年版。

［匈］卢卡齐：《历史与阶级意识》，商务印书馆 2004 年版。

［法］路易·加迪：《文化与时间》，郑乐平、胡建平译，浙江人民出版社 1988 年版。

［英］罗纳尔德·威廉逊：《希腊化世界中的犹太人——斐洛思想引论》，华夏出版社 2007 年版。

［英］罗斯·威尔逊：《导读阿多诺》，路程译，重庆出版社 2016 年版。

［英］马尔霍尔：《海德格尔与存在与时间》，广西师范大学出版社 2007 年版。

［德］马克斯·韦伯：《新教伦理与资本主义精神》，四川人民出版社 1986 年版。

［德］马克斯·韦伯：《新教伦理与资本主义精神》，陕西师范大学出版社2002年版。

［德］迈尔：《隐匿的对话》，华夏出版社2002年版。

［德］尼采：《历史的用途与滥用》，上海人民出版社2005年版。

［德］尼采：《论道德的谱系·善恶之彼岸》，漓江出版社2000年版。

［德］尼采：《权力意志》，漓江出版社2007年版。

［德］尼采：《上帝死了——尼采文选》，上海三联书店1989年版。

［英］齐格蒙特·鲍曼：《流动的现代性》，上海三联书店2002年版。

［英］齐格蒙特·鲍曼：《现代性与矛盾性》，商务印书馆2003年版。

［英］齐格蒙特·鲍曼：《现代性与矛盾性》，商务印书馆2003年版。

［英］斯图亚特·西姆：《德里达与历史的终结》，北京大学出版社2005年版。

［德］奥斯瓦尔德·斯宾格勒：《西方的没落》，上海三联书店2006年版。

［英］特里·伊格尔顿：《历史中的政治、哲学、爱欲》，中国社会科学出版社1999年版。

［挪威］托利弗·伯曼：《希伯来与希腊思想比较》，上海书店2007年版。

［法］雅克·德里达：《马克思的幽灵：债务国家、哀悼活动和新国际》，中国人民大学出版社1999年版。

［法］雅克德里达：《友爱的政治学及其它》，吉林人民出版社2006年版。

［法］雅克·德里达、［意］基阿尼·瓦蒂莫：《宗教》，商务印书馆2006年版。

［美］亚伯拉罕·海舍尔：《觅人的上帝》，山东大学出版社2005年版。

［德］尤尔根·哈贝马斯：《现代性的哲学话语》，译林出版社2004年版。

［德］尤尔根·哈贝马斯：《重建历史唯物主义》，社会科学文献出版社2000年版。

［德］于尔根·莫尔特曼：《创造中的上帝：生态的创造论》，生活·读书·新知三联书店2002年版。

［德］于尔根·莫尔特曼：《来临中的上帝：基督教的终末论》，上海三联书店2006年版。

［德］约恩·吕森：《历史途径的新思考》，上海世纪出版集团2005年版。

［英］约翰·博瑞：《进步的观念》，上海三联书店2005年版。

［英］约翰·哈萨德：《时间社会学》，北京师范大学出版社2009年版。